21世纪
经济管理新形态教材
营销学系列

U0645452

网络广告
理论与实务

（第二版）

杨连峰 ◎编著

清华大学出版社

北京

内 容 简 介

随着网络广告活动的日趋活跃和市场规模的飞速增长，网络广告的相关研究成果大量涌现，网络广告实践不断推陈出新并快速迭代，整个行业发展也如火如荼且日新月异。网络广告学已摆脱网络营销，逐步构建起自身的理论体系，迅速成为互联网经济的一个重要知识领域，在相关专业人才的培养中也已经占据了越来越重要的地位。

本书系统地阐述了网络广告理论与实务的若干重要课题，全书共分八章，主要内容包括广告与广告伦理、网络广告概述、网民行为及其心理规律、网络广告的创意、网络广告策划、网络广告的投放与运营、网络广告的定价与效果评测，以及新媒体营销。

本书内容丰富，不仅吸收了网络广告理论研究的最新成果，而且充分涵盖了网络广告实践中的主要应用。全书通俗易懂，尤其适合普通高校非广告学专业的学生学习使用，重点针对电子商务专业的学生或有志从事网络营销的专业人士，对广告学专业的学生也有一定的参考价值，既可作为普通高校相关专业课程的教材，也可以作为政府机关、企事业单位人员自学用书。

图书在版编目（CIP）数据

网络广告理论与实务/杨连峰编著. —2版. —北京：清华大学出版社，2023.1（2024.1重印）
21世纪经济管理新形态教材. 营销学系列
ISBN 978-7-302-62533-9

Ⅰ. ①网… Ⅱ. ①杨… Ⅲ. ①互联网络－广告学－高等学校－教材 Ⅳ. ①F713.8

中国国家版本馆 CIP 数据核字(2023)第 017660 号

责任编辑：陆浥晨
封面设计：李召霞
责任校对：宋玉莲
责任印制：沈　露

出版发行：清华大学出版社
网　　　址：https://www.tup.com.cn，https://www.wqxuetang.com
地　　　址：北京清华大学学研大厦 A 座　　　邮　　编：100084
社 总 机：010-83470000　　　邮　　购：010-62786544
投稿与读者服务：010-62776969，c-service@tup.tsinghua.edu.cn
质 量 反 馈：010-62772015，zhiliang@tup.tsinghua.edu.cn
课 件 下 载：https://www.tup.com.cn，010-83470332

印 装 者：北京鑫海金澳胶印有限公司
经　　销：全国新华书店
开　　本：185mm×260mm　　印　张：15.5　　字　数：366 千字
版　　次：2017 年 3 月第 1 版　2023 年 3 月第 2 版　印　次：2024 年 1 月第 2 次印刷
定　　价：49.00 元

产品编号：094344-01

前 言

随着传统互联网走向幕后，以 4G 为主流、5G 为潮流的移动互联网已走向台前，风靡全球。我国网民数量的庞大基数和依然还在不断增长的趋势，以及互联网应用的日益丰富，光手机 App 的数量就不下 400 万款，每个 App 就相当于一个中小微企业一个以移动互联网为核心经济的生态圈正在加速构建和完善。人们日常工作生活的很大一部分已经化为这个生态圈上的信息流，他们在网络上传送信息、获取资讯、社交娱乐，进行着各种各样的交易，尽情享受着互联网带来的便利。

哪里有人群聚集，哪里就有广告的商机。中国是一个人口大国，也是一个网络大国，截至 2021 年 12 月，中国的网民数量已经达到 10.32 亿，互联网渗透率超过了 70%。在城市里你已经很难碰到不上网的人了，而且基本上都是手机网民。网民中使用手机上网的比例达 99.7%。如此庞大的网民数量，无疑是广告业的一片蓝海，越来越多的企业把聚集在互联网的人群看作一个巨大的营销市场，都在努力通过互联网进行产品（服务）的营销和品牌建设。中国网络广告市场规模逐年快速增长，2005 年达到 40.7 亿元，超过杂志广告；2006 年达到 60.5 亿元，超过广播广告；2011 年达到 512.9 亿元，超过报纸广告，成为广告市场的第二大媒体。到 2014 年，其市场规模已经超过 1500 亿元，领先电视广告成为广告市场第一大媒体。

一方面，尽管互联网的生态圈已经越来越完善，互联网企业的赢利渠道也日益丰富，但是网络广告的收入依然是很多互联网企业收入的主要来源，甚至直接决定着一些企业的生死存亡。广告兴则企业兴，因此网络媒体机构对网络广告经营管理人才有着大量的需求。另一方面，网络广告由于在投入上可大可小、进入门槛低，特别适合于广大的中小微企业进行市场营销，越来越多的传统企业从中尝到甜头，纷纷应用网络广告手段去拓展市场，它们也亟须懂得运作企业网络广告的经营管理人才。本书的内容编排就是为培养这两类应用人才而设计的。

全书共分八章。第一章"广告与广告伦理"论述了广告的一些基本概念，适合于初学者学习广告相关的基础知识。本章的重点是对广告伦理的讨论，指出作为一种商业行为的广告活动应该遵循的基本原则，厘清道德沦丧与伦理困惑的边界。第二章"网络广告概述"从互联网和自媒体开始，对网络广告的相关概念展开讨论，重点介绍了原生广告和信息流广告，是传统广告从业者学习网络广告的铺垫，有互联网相关知识背景的人员通过学习能快速了解网络广告的特点、形式等。第三章"网民行为及其心理规律"是在阐述传统广告心理学相关知识的基础上，结合网民和网络的特点，揭示网络媒体受众的行为活动规律和心理活动规律，同时介绍有关网络广告作用机制的基础理论和网络广告心理效果模型，以指导网络广告的设计和发布。第四章"网络广告的创意"通过介绍创意产生的基本过程、良好创意的案例展示，激发读者的创意灵感，领悟创意是广告的灵魂的思想。第五章"网络广告策划"旨在从宏观上指导学生如何去运作一个大型的网络广告活动。大型的网络广告活动无疑是一个系统工程，离不开科学的方法指导，网络广告策划书就是大型网络广告活动的蓝图。第六章"网络广告的投放与运营"旨在从微观上指导学生如何有效地将设计好的广告更好、更经济地投放出去，以实现网络广告的目的。第七章"网络广告的定价与效果评测"重点介绍网络广告的定价方法和网络广告效果的评估方法。恰当的定价方式是网络媒体与广告主博弈的角力点，网络媒体企业确保收入最大化和广告主寻求低成本高收益都将通过定价方式的选择来实现。第八章"新媒体营销"则以新媒体中营销活动最为活跃的微博、微信和短视频为例，介绍了自媒体营销的方法。

　　本书尤其适合普通高校非广告学专业的学生使用，重点针对电子商务专业的学生或有志从事网络营销的专业人士，对广告学专业的学生也有一定的参考价值。感谢作为本书读者的老师、同学和其他朋友，期待大家的批评与指正。

目 录

第 1 章

广告与广告伦理

1.1 广 告 概 述

1.1.1 广告的概念

现代广告业的大师级传奇人物、广告大亨大卫·奥格威曾经说:"这个世界是由空气、水和广告组成的。"广告,作为现代社会生活中出现频率非常高的一个词汇,是大众生活中不可或缺的一分子。我们常常会将"广告"一词挂在嘴边,广告和广告中的内容也成为人们日常生活中的话题之一。那么,到底什么是广告呢?

"广告"一词源于拉丁语 adverture,其意思是吸引人注意,后演变为英文中的 advertise,其含义也演变为使某人注意某件事。

广告,即广而告之之意,是为了某种特定的目的,通过一定形式的媒体,公开而广泛地向公众传递信息的一种传播手段。在日常生活中,广告一般有广义和狭义之分。狭义的广告是指营利性的经济广告,即商业广告,通常是商品生产者/服务提供者、经营者和消费者之间沟通信息的重要手段,是企业占领市场、推销产品、提供劳务的重要利器。广义的广告除了商业广告外,还包括不以盈利为目的非经济类广告。例如,政府公告,政党、文化教育团体、宗教团体等的启示、声明,以及防止空气污染、美化公共环境、促进公共福利等方面的社会公益性广告,一般由各种广告媒体免费提供广告的空间和时间,创作人员免费提供广告的设计和制作。

公益广告小常识

公益广告亦称公共服务广告、公德广告,是为公众服务的非营利性广告。最早出现在 20 世纪 40 年代初的美国。当时由于经济高速发展,而公众的思想道德品质没有跟上社会的发展,引发一系列社会问题,为了向社会呼吁,引起社会公众的关注和响应,公益广告应运而生。世界公益广告大面积、大密度投放则始于 20 世纪六七十年代,如日本从 70 年代后期开始,成立由广告公司、著名企业组成的公益广告委员会,每年评选表彰最佳公益广告,以促进公益事业发展。相比之下,我国公益广告起步较晚,最早通过电视播出的公益广告是 1986 年贵阳电视台摄制的《节约用水》。之后,1987 年 10 月 26 日,中央电视台开播《广而告之》栏目,使公益广告不像商业广告那样一字千金,同时使公益广告以极强的亲和力倡导健康的社会风尚。

国内外关于广告的定义有很多，其中有代表性的有以下几种。

美国广告主协会认为："广告是一种付费的大众传播，其最终目的是为了传递情报，改变人们对广告商品的态度，诱发行动，而使广告主得到利益。"

美国广告学家克劳德·霍普金斯将广告定义为："广告是将一种高度精练的信息，采用艺术手法，通过各种媒介传播给大众，以加强或改变人们的观念，最终引导人们的行动的事物和活动。"

"广告是被法律许可的个人或组织，以偿款的、非个人接触的形式介绍物品、事件和人物，借此影响公众意见、发展具体的事业。"

"凡是以说服的方式（不论是口头方式或文字图画方式），有助于商品和劳务的公开销售，都可以称为广告。"

"广告能直接发生销售的效果，确立商品和制造者的声誉，并能扩展市场、排除障碍。"

"广告是广告主有计划地通过媒体传递商品或劳务的信息，以促进销售的大众传播手段。"

"广告是一种传播信息的说明艺术。"

"个人、商品、劳务、运动以印刷、书写、口述或图画为表现方法，广告者出费用做公开宣传，以促进销售、使用、投票或赞成为目的。"

"广告是有计划地通过媒体向所选定的消费对象宣传有关商品或劳务的优点和特色，唤起消费者注意，说服消费者购买使用的宣传方式。"

以上广告的定义从不同的角度揭示了广告的本质属性，各有其合理性。各种定义之间并不矛盾，只是侧重点不同。我们可以对广告的定义做出如下分析。

①广告是一种传播活动，由多个环节有组织地进行。广告的内容和发布方式由广告主决定。也就是说，广告主是广告的整体设计、部署的基础。因此，广告主对广告的目标应该有预先的构想。

②广告的受众是产品的潜在消费者。

③绝大多数广告都是有偿的。

④广告的对象可以是有形的，如企业生产出来的商品、食品、服装等，也可以是无形的，如银行、旅游城市等对自己提供的服务所做的宣传。

⑤广告的效果可以影响人们的行为，如通过一系列广告活动，使某品牌的食用油得到了更多消费者的认知和认可，在他们需要购买食用油的时候，大脑中的记忆会促使其购买此品牌的食用油。提示、促使人们购买此产品，也正是广告主进行广告传播的目的。

⑥广告并不是通过虚幻无形的方式向大众进行传播，它是通过具体的、可感知的媒介来让大众知晓。当今社会最主要的媒介形式有广播、电视、印刷品、户外、手机、网络等。广告依靠一定的广告媒介向大众传播产品的信息，因此媒介对于广告活动来说是至关重要的。

本书仅研究狭义广告，因此我们将广告定义为：广告主以付费方式有计划地运用媒介将有关商品或服务的信息传递给消费者，唤起消费者注意，并说服消费者购买使用的一种信息传播活动。

1.1.2　广告的要素

1. 广告主

广告主是指提出发布广告的企业、团体或个人，如工厂、商店、宾馆、饭店、公司、戏院、农场、个体生产者、个体商贩等。

2. 广告信息

广告信息是指广告的主要内容，包括商品信息、劳务信息、观念信息等。商品和劳务是构成经济活动的基础。商品信息包括产品的性能、质量、产地、用途，以及购买时间、地点和价格等。劳务信息包括各种非商品形式买卖或半商品形式买卖的服务性活动的消息，如文娱活动、旅游服务、理发、浴室、照相、饮食，以及信息咨询服务等行业的经营项目。观念信息是指通过广告活动倡导某种意识，使消费者树立一种有利于广告主推销其商品或劳务的消费观念。

3. 广告媒介

广告媒介是指传播信息的中介物，它的具体形式有报纸、杂志、广播、电视网络等。国外把广告业称为传播产业，因为离开传播媒介，广告信息将无法扩散。

4. 广告费用

广告费用是指从事广告活动需要付出的费用，它包括直接费用和间接费用，直接费用，如广告调查费用、广告设计制作费用、广告媒介发布费用等，间接费用如人员工资、办公费、管理费、代理费等。

5. 广告代理商

广告代理商是指在广告活动中代理广告主广告业务的一种专业性组织。它是广告活动的核心，包括广告公司、制作公司、调查公司等组织。广告代理商的出现是广告活动进入专业化操作的标志。

6. 广告受众

广告信息的接收者就是广告受众，包括消费者、经销商以及下游客户。广告受众是广告活动的终点所在，广告成功与否，最终要看受众的反应。

1.1.3　广告的情感艺术性

1. 广告需要有艺术性

广告是艺术的行销，更是说服的艺术。广告活动必须应用艺术手法去形象化地表达和传递信息，因为消费者不仅要求广告能告诉他们信息，而且要求广告要具有艺术性和娱乐性，满足其心理上的审美需求。众多的广告活动表明，具有极强的艺术性和表现力的广告总是容易引起消费者的注意与兴趣，造成一种生机勃勃、富于情趣的意境，起到引导消费的作用，使人们在获得信息的同时得到美的享受。

成功的广告能够通过艺术的表现把自己的商业动机乃至商业本质巧妙地掩藏起来，给人不是在做广告的感觉。

艺术与广告艺术的渊源

　　艺术是通过形象塑造来反映社会生活，寄托情感的一种社会意识形态，它所达到的完善、统一和感人的程度是艺术性的体现。"一切艺术创作都是人的主观世界和客观世界的互动，都是以艺术的形式反映生活的本质、提炼生活蕴含的真善美，从而给人以审美的享受、思想的启迪、心灵的震撼。只有用博大的胸怀去拥抱时代、深邃的目光去观察现实、真诚的感情去体验生活、艺术的灵感去捕捉人间之美，才能够创作出伟大的作品。"（习近平 2016 年 11 月 30 日在中国文联十大、中国作协九大开幕式上的讲话——《学习强国·习近平谈艺术》）

　　广告艺术说的代表人物是威廉·伯恩巴克，美国著名的广告大师，世界十大广告公司之一——DDB（恒美）广告公司的创始人。他曾说过："从本质上看，广告是劝说，劝说便不是科学而是艺术。"他认为，广告就应该让人得到美的享受，产生愉悦的情感。在别人重视创意和文字说明的时候，他却反复强调艺术的重要性。威廉·伯恩巴克最经典的作品莫过于为甲壳虫汽车制作的广告。

案例 1-1

威廉·伯恩巴克的经典之作——Think small

　　20 世纪 60 年代的美国汽车市场是大型车的天下，大众的甲壳虫汽车刚进入美国时根本无人问津，是伯恩巴克拯救了大众的甲壳虫，他提出"Think small"的主张，一大片空白底色衬托出一辆非常小的大众汽车，并配以简朴无衬线的活字广告说明（如图1-1所示），给人留下深刻的印象，使美国人开始认识到小型车的优点。从此，大众的小型汽车就稳执美国汽车市场之牛耳，直到日本汽车进入美国市场。

图 1-1　大众甲壳虫的 Think small 广告

想想还是小的好（Think small 文案）

我们的小车没有标新立异。

许多学院派对它不屑；加油站的小伙子也不会问它的油箱在哪里；没有人注意它，甚至没人看它一眼。

但是，驾驶过它的人不这样认为。

因为它耗油低，不需防冻剂，能够用一套轮胎跑完 40000 英里。这就是为什么你一旦用上我们的产品，就会对它爱不释手。

当你挤进一个狭小的停车场时，当你交纳保险金发现只是原来的一个零头时，当你支付修理账单发现只有一小笔时，或者当你用旧大众换得一辆新大众时。

请想想小的好处。

2. 广告是一种情感的艺术

情感诉求广告所表现出来的感情色彩和审美抒情往往会产生出浓郁的情调，通过情调来提示广告主题，更能够拨动人的心弦，使人情系于怀，产生言有尽而意无穷的回味感。所以，它经常用说故事的方式来表达信息与人的关系，以卓越的创意、动人的形象、诱人的情趣、变换多样的艺术处理手法表达广告内容，从而使消费者产生身临其境并与之心灵对话的境界，进而唤起消费者潜意识的欲求。

在很多成功的广告中，贯穿其中的情感常常成为最终俘获受众的杀手锏。富有情感的广告通过把商业信息与人类的各种基本情感相结合，在娓娓道来中构建一种关怀人、尊重人的信息环境，从而实现与消费者的心灵沟通，进而诱发其购买欲望。南方某著名洗涤用品公司的洗衣粉广告就是其中的成功典范。广告画面中一位 30 岁左右的母亲在为婆婆洗脚，她七八岁的孩子看到后，也颤悠悠地端来一盆热水送到母亲面前，用充满童稚的声音说道："妈妈，洗脚！"然后是画外音："其实父母是孩子最好的老师。"整则广告就像一部情感剧，充满了亲情与温馨，在将敬爱长辈这一人类的基本情感诉求传达给消费者的同时，提高了品牌的知名度与美誉度。类似的例子还有支付宝的"十年日记"广告，其中，"十年，十亿人的账单算得清，美好的改变算不清"的台词直击用户脆弱的心灵，仿佛支付宝不仅仅是一个支付渠道，还是一个承载用户点滴成长的平台，酸甜苦辣均细心收藏。

美国著名广告人罗宾斯基说："我坚信一流的感情才能组成一流的广告。"可口可乐公司的 J.W.乔戈斯也说："你不会发现一个成功的全球名牌，它不表达或不包括一种基本的人类情感。"

3. 广告诉求中常见的情感维度

人类的情感从喜、怒、哀、乐到道德感、自豪感、荣誉感、民族感等有着许多维度，不过，在广告中常见的情感维度则是亲热感、幽默感、恐惧感和美感。

（1）亲热感

这一维度反映着肯定的、温柔的、短暂的情绪体验。它往往伴随着生理的反应及家族、朋友间关爱关系的体验。在这个维度上，经常使用的形容词有和蔼、温柔、真诚、友爱、安慰等。

（2）幽默感

幽默的广告能使人发笑，产生兴奋、愉快等情绪体验。它的成功可能导致这些积极体验潜在地同特定品牌发生联系，从而影响受众对该品牌的态度，或许还影响到它的表象、信念等。此外，它还可能潜在地影响着信息加工。麦克柯伦·施皮曼研究机构对500则电视广告调查发现，引人发笑的广告更容易被人记忆，也更有说服力。

（3）恐惧感

人类天然具有寻求免于恐惧的反应，广告主如果能够通过特定的广告引起消费者产生惧怕及有关的情绪体验，如惊恐、厌恶和不适等，就可能让消费者遵照广告传播的要求，改变态度和行为。这类广告应用得最多的是有关免受财产损失和确保人身安全的产品。

（4）美感

美感具有主观性、社会性、阶级性。不同的历史时代、社会制度和民族，人们的审美标准常有不同，因而对美的感受也不尽相同。

美感是一种积极的情感体验，追求美是人类共有的心态，尤其是年轻人。因此，广告者善于以此进行情感诉求，有可能获得以情动人的效果。如美国博士伦眼镜广告诉求：美国博士伦软性隐形眼镜美化您的眼睛，它让你摆脱框架的遮挡，还你美丽的眼睛和俊俏的面容。

除了以上几种普通的情感之外，人类还有另一类的高级情感，诸如道德感、自豪感、荣誉感、民族感等。这是一些更深层的情感体验，具有强烈的支配力，能左右人们很多的行为。

广告的情感诉求是通过情感迁移来实现的，情感迁移有两类。一类是让观看者对当前广告画面中主人公的情感体验产生共鸣。例如《那些年我们一起追过的女孩》，这部电影的名字其实就是一句非常成功的广告语。谁没有在记忆中给自己曾经的美好留有一席之地，当记忆的大门被打开时，美好的体验必然接踵而来。另一类是让观看者回忆先前有过的体验。如节日宴会的画面，可能唤起人们对曾经在一起欢聚时热烈场面的回忆。[①]

案例 1-2

情感诉求的广告案例

南方某儿童食品厂的黑芝麻糊广告以浓郁的怀旧情调展开：在遥远的年代，江南麻石小巷，天色近晚。一对挑担的母女向幽深的陌巷走去，伴随着"南方黑芝麻糊哎……"的叫卖声，同时音乐响起。而在深宅大院门前，一个小男孩拨开粗重的樘栊，挤出门来，深吸着飘来的香气。小男孩再也坐不住了，跑了出来，看着一位阿婆端着热气腾腾的芝麻糊，急得直搓手，情不自禁地舔了下唇。这时阿婆也给小男孩舀了一碗，只见他埋头猛吃，大碗几乎盖住了他的脸庞。卖芝麻糊的小女孩投去新奇的目光。小男孩也不在意，吃完了还大模大样的将碗舔得干干净净，逗得小女孩掩嘴善意地笑起来。看着小男孩可爱的样子，

---

① 马谋超. 广告心理学. 北京：中国市场出版社，2008：149-152.

阿婆又爱怜地给他添上一勺芝麻糊，轻轻地抹去他脸上的残糊。这时小男孩默默地抬起头来，目光里似羞涩、似感激、似怀想，意味深长。此时，恰到好处地出现字幕加画外音："一股浓香，一缕温暖，南方黑芝麻糊。"

视频链接：https://www.iqiyi.com/w_19rvlwmjyl.html.

1.1.4　广告与其他信息传播手段的区别

1. 广告与推销

在传播方式上，广告属于非个体传播，推销属于个体传播；在作用上，广告推销商品树立形象，而推销仅仅推销商品。

2. 广告与促销

从性质来看，促销是鼓励人们对产品和服务进行尝试或购买的各种短期激励机制。促销活动的种类很多，按照使用工具的不同可分为赠品、赠券、免费样品、折价券、竞赛与抽奖、加量不加价、以旧换新、联合促销等。而广告是一种传播活动，是信息的传递。

从功能来看，广告为消费者提供了一种购买的理由，而促销是促进消费的诱因，以额外的利益刺激来促进销售；从持续时间来看，广告的持续时间较长，促销作用的时间短；从作用的程度来看，广告不仅对促进销售有实际的作用，也对品牌的建立和维护有着十分重要的意义，而促销只对产品的销售有直接作用，对其他长远的利益作用甚微。

3. 广告与新闻报道

在本质上，广告属于有偿宣传，新闻报道属于无偿的；在频率上，广告反复传播，新闻报道是一次性的报道；在态度上，广告是自我宣传，新闻报道是客观宣传。

4. 广告与公共关系的区别

（1）目标和原则不同

广告的目标是推销某种产品或服务。公共关系的目标是要树立整个组织的良好形象，从而使组织事业获得成功。广告的首要原则是引人注目，追求的是与众不同的轰动效应，而公共关系工作要以公众利益为原则，追求的是真实可信，向公众提供全面的事实真相而非片面的局部消息。

（2）主体范围不同

从主体上看，广告范围小，公共关系范围大。广告在绝大多数情况下是为营利性组织服务的，公共关系的主体可以是任何组织，既可以是营利性组织也可以是非营利性组织。

（3）传播手段和周期不同

广告传播手段种类少，公共关系传播手段多。广告为了引人注目，可以借助新闻、文学、艺术、虚构形式，采用广播、电视、报纸、杂志、路牌、灯箱等手段，常有明显的季节性、阶段性和短暂性特点。而公共关系可以利用人类传播的一切手段，如人际传播、组织传播、大众传播等。由于公共关系重点在树立组织形象，因此需要进行长期的努力，其传播周期较长。

（4）传播的目的和评价不同

广告倾向于短期的、具体的、易于界定的，重具体效果；公共关系倾向于长期的、整体的、宏观的、效果不易界定的，重整体效果。

1.1.5 广告的功能

1. 信息传播

信息传播是广告最基本的功能，也是广告活动的本质体现。在商品日益丰富的今天，信息已成为一种重要的战略资源，信息参与并主宰着一切经济活动。甚至有学者认为，新的社会权力来自一种认知力量，拥有信息便拥有了财富或者是一种可以被转化的财富。

现代广告作为信息的一种重要形式，不断实现着生产与生产、生产与流通、生产与消费、流通与消费之间的联系。在社会分工日臻专业化和细分化的今天，能使社会运行中重要的"产、供、销"环节实现良性循环，并促进社会再生产的顺利实现和不断发展，这本身就是信息载体所独有的功能和特征。

同时，科技的发展使广告可以通过多种媒介进行传递，使更多公众了解信息、实现资源共享，传媒的多样化更促使广告的信息传播功能不断扩大。今天出现的一些大型国际广告公司，其资源整合的能力使它们可以在全球范围内共享资源、发布广告信息。广告传媒的功效正向着更高端的领域迈进。

2. 激发需求，引导大众消费

在这个信息爆炸的时代，各种商品琳琅满目、数不胜数，通过广告对商品或服务的优点、特色进行连续的、集中的展示，能够让消费者准确识别产品，有效地调动和刺激消费者的潜在需要，诱发消费欲望，导致购买行为。

在激发需求方面，广告显示着强大的威力。如，"人头马一开，好事自然来"。很多中国人就是通过这句广告语认识了人头马，并因这句吉祥的广告语而选择了这种洋酒。"喝了娃哈哈，吃饭就是香"。这句简单的广告语使娃哈哈产品成为许多母亲的第一选择，而杭州娃哈哈集团更是凭此叫响了中国的大江南北。一些新的消费群体在广告的连带效应中产生，如百事可乐的"新一代的选择"使全球许多有着新新人类特质的青年在一种时髦的心理暗示下选择了百事可乐。

在引导大众消费上，广告对于正确引领消费、树立消费者正确的消费观念也起着重要的作用。随着物质水平和精神文化生活水平的不断提高，人们已逐渐具有品牌意识，在消费时更多倾向于选择可信赖的品牌。如海尔集团"真诚到永远"的企业文化理念，通过大众传媒的推广，已深入千家万户，海尔也成为人们心目中可信赖的国产品牌。

3. 促进竞争，加速社会再生产

广告是企业获取和向市场传递信息的重要渠道。通过广告，商家可以获知同行业者的产品信息、生产与发展状况、价格情况、市场情况及竞争者的市场资源情况等。提高商品

的知名度是企业竞争的重要内容之一，而广告是提高商品知名度不可缺少的武器。精明的企业家总是善于利用广告，提高企业和产品的名声，从而抬高身价，开拓市场。

广告缩短了商品的流通过程，加速了社会再生产进程。商品从生产到流通领域的时间如果过长，会积压大量资金，从而导致成本增高。而广告促进销售的作用可以使商品减少在流通领域的停留时间，无形中加速了社会再生产的进程。其具体表现是：可以减少消费者获知信息的时间；可以减少消费者寻找、选购的时间；可以减少生产者、批发商、零售商在流通领域提供各种服务的时间和成本。

4. 促进经济发展

在当今世界，一个国家的广告发展水平和它的经济发展水平往往是密切关联的。一般说来，广告越发达，说明该地区经济越发达。美国是当今世界的经济大国，也堪称世界广告大国，多如牛毛的广告几乎构成了美国的一种时尚文化。中国虽然还是一个发展中国家，但经过改革开放 40 多年的发展，已经成为全球第二大经济体。伴随着经济的腾飞，中国的广告市场也迅速地发展壮大，中国的互联网广告更是独领风骚，成为中国经济的一个重要组成部分，不仅推动着社会经济的高速前进，也为社会创造了大量的就业机会。广告在为社会创造价值和财富方面正起着越来越重要的作用。

5. 美化生活

广告是一门实用性很强的视听艺术。它通过艺术化的语言与形式传播信息，在推动社会经济发展的同时，使人们得到了艺术熏陶。今天，广告的魅力无处不在。无论是电视上跃动的色彩缤纷的广告画面，还是遍布城市大街小巷构思新颖、美轮美奂的路牌、橱窗广告，或是报纸杂志上一幅幅构思精巧的平面广告……它们都在装点着我们的生活，美化着我们的城市。优秀的广告集中了众多的审美元素，本身就是一件艺术品，可以给我们带来许多难得的审美享受。

6. 折射现实，洞察社会价值取向

商家为了精准地覆盖人群，其制作的每一个广告都是在进行了详尽的市场调研之后，再经过精心策划才推向市场的。尤其是一些大型企业，它们做广告可能只是为了拓展市场，却让人们透过广告的文案，洞察到广告背后一些真实的社会存在。2020 年 9 月，某互联网知名企业 3&0 发布了一条其名下的借条短视频广告。视频演绎了一个空姐与一位大叔的爱情故事。故事中的大叔是高富帅的反面，却能凭借其在 3&0 借条上新申请的 15 万元额度"俘获"了空姐的芳心。尽管广告内容荒诞不经，但类似的放贷广告视频在互联网上却屡见不鲜。这恰恰说明了，即使是反智的广告，在底层社会也存在庞大的市场，折射出现实社会中残酷的一面——因为阶层攀升的无望，转而喜欢传说、喜欢追求小概率事件，试图通过高阶设计，实现阶层攀升的社会心理。底层社会这种普遍的精神需要，被 3&0 等一些互联网金融平台精准地捕捉到，3&0 借条恰到好处地送来了"温暖"，而这样的追求，对于底层来说往往是在透支自己的未来，也为社会埋下不稳定的因素。①

---

① 杨国英. 标题 https://www.sohu.com/a/439114520_389570.

共同富裕是社会主义的本质

当前，我国发展不平衡、不充分的问题仍然突出，城乡区域发展和收入分配差距较大，促进全体人民共同富裕是一项长期任务，但随着我国全面建成小康社会、开启全面建设社会主义现代化国家新征程，我们必须把促进全体人民共同富裕摆在更加重要的位置，脚踏实地，久久为功，向着这个目标更加积极有为地进行努力。（2020 年 10 月，习近平关于《中共中央关于制定国民经济和社会发展第十四个五年规划和二〇三五年远景目标的建议》的说明）

在全面建设社会主义现代化国家新征程中，我们必须把促进全体人民共同富裕摆在更加重要的位置，脚踏实地、久久为功，向着这个目标更加积极有为地进行努力，促进人的全面发展和社会全面进步，让广大人民群众获得感、幸福感、安全感更加充实、更有保障、更可持续。（2021 年 2 月 25 日，习近平在全国脱贫攻坚总结表彰大会上的讲话）

1.2 广告的历史

1.2.1 广告产生的初期

据史料记载，早在 2000 多年前人类的广告活动就已出现，它有两种表现形式：一种是以社会行为为内容的社会广告。如公元前 196 年雕刻的 Rosetta Stone 石碑，即可视作宣扬战功的社会广告。又如，我国的禹九鼎，可视作宣示国家政权的社会广告。另一种是传递经济信息的商业广告。如把商品标志刻在石头、土块或木头上，或把招牌悬挂在商店门楣上，或用灌木为酒店作标识，或用靴子作为鞋店的标志，还有走街串巷叫卖等多种商业广告形式。在我国进入了奴隶社会后，以商品等实物标识的广告或叫卖形式的广告开始盛行起来。

我国是世界上最早拥有广告的国家之一。早在西周时期（公元前 1046 年—公元前 771 年）便出现了声响广告。例如，古代寓言《自相矛盾》里就是这种形式的广告。另据《战国策·燕策二》记载："人有卖骏马者，比三旦立市，人莫之知。往见伯乐，曰：'臣有骏马，欲卖之，比三旦立于市，人莫与言。愿子还而视之，去而顾之，臣请献一朝之贾。'伯乐乃还而视之，去而顾之。一旦而马价十倍。"可见我们的祖先很早就知道用名人来进行推销。

现今人们能够见到的最古老的实物广告，收藏于大英博物馆，它是一张写在莎草纸上的约在公元前 1000 年发布的广告。这则广告写道：

男奴西姆从善良市民织布师哈布那里逃走。坦诚善良的市民们，请协助把他带回。他身高 5 英尺 2 英寸，面红目褐。有告知其下落者，奉送金环半副，将其带回本店者，愿奉送金环一副。

——能按您的愿望织出最好布料的织布师哈布

这则缉拿逃奴的张贴式广告表明，当时的广告已具备了广告的某些基本要素：①广告主：织布师哈布；②广告信息：缉拿逃奴；③传播手段：运用媒体（莎草纸），传播形式（张贴）；④受众激励：奉送金环。时至今日，该广告仍有参考意义。

1.2.2　近代广告的孕育期

在初期经历了很长的时间后，进入了近代广告的孕育时期。这一时期从机器印刷术的发明和应用起到报纸杂志进入大众化为止。1041 年，我国北宋毕昇发明了活字排版印刷术，再传入欧洲。1436 年，德国人古登堡发明平压活版印刷机并印刷《圣经》。活版印刷，使得记载知识的各类书籍，如诗歌、哲学、经济学、宗教教义等可以大批量印刷并广为传播，传单、招贴标语和商业名片等一些广告雏形也应运而生。

在机器印刷技术促进了报纸和杂志等媒体迅速发展之后。1625 年，英文版《英国信使报》第一次在背面刊登了一则推销图书的广告。这被认为是世界上最早出现的报纸广告。1811 年，由于英国《泰晤士报》报业的发展，以报纸为载体的广告开始日益增多，经常作为广告信息在报纸上登载的有巧克力、咖啡、茶叶等物品。报纸编辑为吸引读者注意力，往往把广告放在特定商业栏目中，这些栏目又往往采用 "advertisement"（通告）作为标题。这一标题用语沿袭至今，被作为 "广告" 的专用词语。

由此可见，尽管早期报纸印数较少，但报纸已有专门的广告栏，且发布广告信息成为常例。不过它作为可有可无的附属品，并未得到社会足够的重视，发展也较为缓慢。

1.2.3　现代广告的形成期

19 世纪中叶，由于电力、内燃机等发明运用，许多西方国家陆续进入了工业化大生产阶段，新产品大量涌现，市场竞争激烈，使得产品销售成为企业经营中的主要问题，促使企业通过各种渠道吸引消费者，营业推广、人员推销、公共关系活动及广告成为普遍使用的营销手段，其间广告成为营销组合中有力的促销形式。

同时，世界范围内娱乐、旅游、航运等服务性行业的发展，推动着人们对文化、艺术、旅游等需求与日俱增。那时，除产品广告外，各种戏剧、展览、客运等服务性广告数量也大幅度增长。如 1895 年诗剧《艾尔索达》的演出海报。这样，广告活动就成为各行业一种普遍使用的传播产品或服务信息的手段。

广告供给需求增加的同时，报纸、杂志的大众化开始形成。一方面，铁路、海底电缆等铺设使得信息传播条件得以改善，机器造纸又使报纸的纸张成本大幅降低；另一方面，政府执行新闻出版自由政策，解除了许多禁令，为报纸发展创造出良好条件。两者相结合，使报纸杂志大众化逐步成为可能。加上城市的扩大和新城市的不断出现，读者队伍也迅速壮大，报纸大众化从而成为现实。报纸大众化催生了广告的确立，企业纷纷在报刊上大量登载广告，以促进产品的销售与扩大市场份额。如英国《泰晤士报》，1854 年发行量已达51648 份，与1815 年相比，短短的 39 年中增长了 10 倍，广告量也由每天 100 多条增加到400 多条。

报刊大众化奠定了广告基础，市场竞争催生了现代广告，现代广告由此确立。这表现在：①广告数量增加，广告成为企业重要的营销手段，变成了一个相对独立的行业；②社会对广告的需求愈来愈大，专门从事广告活动的行业正在成为社会一部分而存在。

1786年，英国人威廉·泰勒（Willian Tayler）为《梅德斯通》（*Maidstone*）杂志承揽了一则广告，被认为是英国第一位广告代理商人。1800年，詹姆斯·怀特（James White）建立了第一个广告公司。1841年，美国广告经纪人沃尔尼·B. 帕尔默（V. B. Palmer）在费城为报纸推销版面，并向广告主提供信息服务、为客户撰写文案等，吸引版面买主，然后从报社抽取25%佣金，后降至15%。这种收取代理费的做法一直为后世沿袭。

1865年，美国出现了由乔治·P. 罗威尔（G. P. Rowell）创建的"广告批发代理"，从此，广告代理逐步从媒体独立出来形成专门机构。

伴随着广告的发展，围绕广告活动的各种学术研究、广告教育、广告管理等也不断形成并完善。广告行业深入人们的社会、经济、文化生活之中，广告进入全面发展阶段。

历史文献证明，以报刊为媒介的中国现代广告是由外商引入的。1858年，外商首先在香港创办了《孖剌报》，到1861年成为专登船期、物价的广告报。这期间，相继出现《东方广告报》《福州广告报》和《中国广告报》等。1872年3月23日，《申报》创刊，同期创办的还有《上海新报》和《中国教会新报》。

1.3 广 告 伦 理

1.3.1 广告伦理及其原则

1. 何谓伦理

"伦理"（ethics）一词源自希腊文的"ethos"，本意是本质、人格，也与风俗、习惯的意思相联系。古汉语中，"伦理"一词由"伦"和"理"两个字组合而成的。《说文解字》记载，"伦，从人，辈也，明道也"，也即伦为人伦，指人与人之间的关系；"理，从玉，治玉也"，即理为治理、整理，指条理、原理和规则。"伦理"一词，最早见于秦汉之际成书的《礼记·乐记》："凡音者，生于人心者也；乐者，通伦理者也。"意思是说：一切音乐都生于人的内心，乐与事物的伦理相同。这里所说的伦理已经具有处理人际关系应该遵守的道理、规范、准则的含义。因此，伦理主要是指处理人与人、人与社会之间的相互关系时所需要遵循的准则、原则和规定。如"天地君亲师"为五天伦，"君臣、父子、兄弟、夫妻、朋友"为五人伦，"忠、孝、悌、忍、信"为处理人伦的规则。

天伦原指自然的道理，代指父子、兄弟等亲属关系。

"天地君亲师"是中国儒家祭祀的对象，是古代祭祀天地、祭祖、祭圣贤等民间祭祀的综合，也是传统敬天法祖、孝亲顺长、忠君爱国、尊师重教的价值取向。祭天地，源于自然崇拜。中国古代以天地为至高神，主宰一切，以天配地，化育万物，祭天地有顺服天意，感谢造化之意。祭祀君王，源于君权神授观念。祭亲也就是祭祖，由原始的祖先崇拜发展而来。"天地君亲师"发端于《国语》，形成于《荀子》，在西汉思想界和学术界颇为流行，明朝后期以来，崇奉"天地君亲师"更在民间广为流行。

"天地君亲师"是传统社会中伦理道德合法性和合理性的依据。

在日常生活中，人们往往视"伦理"和"道德"为同义词，将两者混用或互相取代，原因就在于它们都涉及人们行为品质的善恶正邪，乃至生活方式、生命意义和终极关怀等。其实，"伦理"和"道德"之间还是有一些区别的。

道德是指作为个体的人遵循事物变化发展的普遍规律和人们的共同价值取向来行事，并把这种观念和做法内化为自己的行为自觉，就是"道能自守之谓德"。由此可见，道德是指个体品性，是个人的主观修养与操守，是主观法，是自律的。伦理关系则是一种客观存在，伦理的要求体现了社会的、群体的要求，是客观法，是他律的。伦理一旦化为个人的自觉行为，变为一个人的内在操守，就成为道德。

伦理是道德形成和发展的基本前提和客观依据，是道德的本质和原则，而道德是伦理的具体化和必然指归；伦理是理性的应然，对道德生活有指导和约束作用，道德是知性的必然，体现伦理精神；伦理是自在的，是普遍的共性和客观存在，道德是自为的，是特殊的个体对普遍共性和客观精神的体悟；伦理是既定的方向和目标，是道德教育和修养的皈依标准，道德是追寻伦理方向、实现伦理目标过程中的行为自觉。[①]

中华民族在漫长的历史发展中，建构起了成熟的道德体系，形成了丰富多样的个人伦理、家庭伦理、国家伦理，乃至宇宙伦理的道德规范体系，从内在的情感信念，到外在的行为方式，都提出了比较完备的德目。

中华民族十大传统美德

中华文化源远流长、博大精深，如同一座宝藏，一旦探秘其中，就会终生受用。我们要取其精华、去其糟粕，赋予中华传统文化以新的时代内涵，使之成为我们的精神追求和行为准则。（2014 年 12 月 20 日，习近平在澳门大学横琴校区考察时，就弘扬优秀传统文化谈了自己的看法）

1. 仁爱孝悌。恻隐之心，仁之端也；孝，父慈子孝；悌，兄友弟恭。
2. 谦和好礼。辞让之心，礼之端也；谦者谦虚、谦让也。
3. 诚信知报。诚，真实无妄；信，诚也；报，知恩思报。
4. 精忠爱国。祖国不仅是衣食之源，而且是情感之源。
5. 克己奉公。公义胜私欲；"公"，道德的最后标准；本质上是先公后私。
6. 修己慎独。修己，律己修身；慎独就是在自我独处时要严于律己。
7. 见利思义。先义后利、以义制利，舍身而取义者也。
8. 勤俭廉正。勤劳节俭、谦明正直。"廉"的根本是在取予之间取道义、去邪心，严格自我约束；正即遵循公义和道德。
9. 笃实宽厚。中国传统道德崇尚质朴、朴素，道家更是主张"见素抱朴"，以"返璞归真"为最高境界；实，反对虚伪、虚妄，老子说："信言不美，美言不信"；宽厚，严于律己，宽以待人，"躬自厚而薄责于人"。

---

① 高云. 伦理与道德关系刍议. 南京财经大学学报，2014（1）：94-95.

10. 勇毅力行。这是中华民族在践履道德方面所具有的德性和德行。"毅"即在艰难困苦下面坚持下去的毅力；身体力行，"力行近乎仁"。

（资料来源：中国文化概论. 北京：北京师范大学出版社，2004：212-219.）

2. 广告伦理

人们在现实生活中到处可以看到广告，尤其是在现代科技和市场经济快速发展的信息时代，作为一种具有高度开放性的大众传播行为——广告扮演着极为重要的角色，已成为社会进步、企业发展乃至个体生活不可或缺的组成部分。广告不仅是一种物化的信息及信息传播方式，而且是一个社会经济活动过程。广告业在快速发展过程中，也暴露出了一些迫切需要解决的问题，因此，有必要对广告业进行监督管理。国家行政法律法规管理、广告行业自律和广告社会监督是现代广告管理的三种最基本途径。

作为生产者、经营者和消费者之间的信息沟通桥梁，一种有效的市场营销工具，商业文化的载体，广告已经从最初的"告知型"功能发展到了"说服型"功能。兼具科学和艺术双重性质的广告总是试图以夸张的手法向受众进行劝说，试图以频繁的亮相和精美的艺术加深受众记忆，并极力倡导特定的价值观念，或是以生活方式引导受众的消费。另一方面，受众大多只在特定的时候（如有某种产品的需求时）才真正需要广告信息的支持，并且受众并非完全或是始终能够对广告内容做出正确判断。于是，广告在传播过程中出现的各个元素，由于其本身所处的地位和立场的不同，以及传播目的及方式的差异而产生出诸多伦理问题。

美国著名广告人汤姆·迪龙曾说过，广告的创作在本质上是一种制造有说服力的信息的技巧。为了达到说服的效果，广告传播者绞尽脑汁，以无穷的创新手法应对市场，其中也惹出了无数的争议，诸如虚假广告、低级庸俗的广告、夸大其词的广告等，长期以来都备受批评。上述问题如果都以法律手段来解决，恐怕难以做到，也或多或少限制了广告的发展。

广告伦理问题，涉及两个概念需要区分——道德沦丧和伦理困惑。

道德沦丧一般是明显的违法行为。我国的法律都对广告内容的合法性做出过规定，这种行为的性质比较容易界定。如《中华人民共和国广告法》（以下简称《广告法》，第四条规定："广告不得含有虚假或者引人误解的内容，不得欺骗、误导消费者。"因而广告的伦理问题往往出现在伦理困惑上。

首先，"有权做的事"和"正确的事"之间是有区别的。例如，广告主是否应该劝说贫穷的内地城市青年购买价格超过 1000 元一双的鞋？法律并不反对这种做法，但（社会的和道德的）责任感会约束这种做法。再如，某牛仔系列广告中的模特看上去只有 15 岁，穿着暴露，还摆出具有性暗示的姿势，成为具有伦理问题的广告典型。因此，我们会有广告伦理上的困惑。

其次，在夸张与欺骗之间也只存在一步之遥的伦理困惑。广告主必须弄清楚夸张的适用范围，哪些可以夸张，哪些不可夸张。在商品广告中，有关商品的功能、效用、品质等事实部分应准确明白，不允许有任何程度的夸张。广告夸张一方面受所表现商品本身特性的制约，另一方面又要受目标对象的心理与习惯能否理解与接受的制约。如某一保健品广告，说喝了之后考试可以得 100 分，这显然夸张过度，成了欺骗性广告。

此外，信息不充分也是滋生伦理困惑的另一个温床。广告主往往突出其商品的优点而省略中性之处或缺点，广告所描述的一切都是真实的，却未讲出全部事实。还有的广告利用科学技术歪曲形象，只表现产品最好的一面，也有可能引发新的伦理问题。例如，通过技术处理，广告中的模特可以显得比本人更苗条，由此可能造成的社会后果是，年轻女性中饮食不正常的比例呈上升趋势。

所谓广告伦理是指任何内容和形式的广告行为都必须遵循的道德准则和行为规范总和。具体来说，是指广告参与者（包括广告主、广告经营者、广告发布者、广告代言人、受众）在广告活动中所发生的人与人之间的行为规范和准则，其中最主要的是广告经营者与受众关系的行为规范与准则。广告伦理涉及广告主、广告经营者、广告发布者和受众四个部分。广告行为本质上属于社会行为，广告伦理本质上是广告道德问题，服从于整个社会的伦理。值得注意的是，被批评为"不道德的"广告活动同时也可能是违法的，某些合法的但仍引起争论的广告也同样值得关注，因为它们无法达到社会公众所期望的道德水平这一伦理标准。

在西方，广告伦理学（advertising ethics）这一研究如何将道德标准应用于广告决策、行为和机构的系统科学正方兴未艾。在人类共同价值观念的指引下，广告行为正逐步走向规范、文明，出现了许多既让人赏心悦目又能启迪受众心智的优秀广告作品。

3. 广告伦理价值

尽管广告伦理的概念已经深入人心，也初步总结了一些广告伦理的原则，但在广告界涉及伦理的问题依然层出不穷，投诉、批评、质疑的声音不绝于耳。目前学界和业界有关广告伦理方面的讨论，可以归结为以下两个特征。①始于失范现象，止于道德判断。以隐私问题为例，大量的文献和报道揭示了盗用用户信息的现象，达成了"侵犯用户隐私不道德"的社会共识，提出了保护用户隐私的行动倡议。这里的逻辑是：以具体的伦理失范现象为起点，通过讨论，提升人们对该现象的伦理意识，给出明确的伦理判断，希冀形成积极的伦理气候。②重自律准则，轻伦理价值。在中国广告协会、中国广告主协会以及其他专业协会的自律规则、自律公约或自律宣言中，对失范行为的限制性或禁止性的条款占主要部分，而对伦理价值缺乏系统阐释。中国广告协会于 2008 年发布的《中国广告行业自律规则》是涉及广告伦理规范的重要文件。该自律规则仅在总则中简要提及了"诚实守信""承担社会责任和社会义务"的伦理价值，其余部分则主要为与具体现象相关的伦理准则，如禁止虚假和误导广告，也不应对商品或服务作片面的宣传；不应将科学上尚未定论的观点、现象当作产品或服务的特点用于广告……

这种强调具体伦理情景和禁止性条款的伦理准则能够解决"不该做什么"的问题，但不能解决"应该做什么"和"为什么"的问题，不利于伦理信念的塑造，也不利于形成自发的伦理行动意愿，有舍本逐末之嫌。有学者甚至批评这种行业规范，混淆了最低水平的期望和理想标准之间的界限。因此，回归伦理价值，建构能够与实践中的伦理冲突关联、具有普遍意义的伦理价值框架，对提升我国的广告伦理水平具有积极的意义。

（1）伦理价值的含义

价值（value）来自拉丁语，词根为"valere"有值得之意，通常有三个含义：①是一种持久的偏好信念；②指出了个人或者社会的理想的行为模式或者终极状态；③可以指导人们的决策，解释和预测人们的行为。

在伦理学中，伦理价值是指导和激励态度与行动的核心信念，它与道德主体自主感知到的善与恶、对与错的连续体有关，是伦理实践的根基。人们依靠伦理价值理解伦理冲突的本质，并在职业活动中发展出与业务有关联的伦理价值体系，用以指导他们的伦理决策。伦理准则是对伦理价值的进一步界定和澄清，通常与具体对象相连接，可以直接告知人们哪些个体行为是不可以接受的。

（2）广告伦理价值框架

参与广告活动的多个主体之间存在多重伦理关系，其中最为重要、外部性最强的是广告发布者与消费者的关系，伦理价值框架就是以这对关系为基础构建的，并将广告伦理限定为广告发布者的职业伦理。

①基本立场

广告伦理价值框架的基础是应用伦理学的基本立场，从为广告活动的主要伦理冲突寻求解答的认证活动中建构价值框架。

应用伦理学于20世纪60—70年代兴起，是哲学的价值论转向在伦理学中的体现。应用伦理学与古典伦理学的区别主要在于：前者体现出一种公民时代崭新的道德观，认为道德既不是人们头脑中的先验存在，也不是哲圣们的规定，而是人们在处理伦理冲突的具体经验中逐渐建构出来的；而后者试图探寻普世伦理原则。在应用伦理学的视角下，广告伦理应采用"原则应用模式"吸纳古典伦理学理论，广告学提供现实的伦理"问题"，伦理学则提供可用的"价值原则"，其中某些长期共存于伦理学体系间的重要共同点可以作为广告伦理价值框架的起点。

②基本假设

广告发布者和消费者在广告活动中发生关系，他们的利益诉求、道德情感有相同之处也有不同之处，广告伦理价值框架旨在为双方交往中的伦理冲突提供伦理决策的基本原则和依据，有如下三个基本假设。

首先，广告发布者是负有社会责任的道德主体。这个道德主体既可以是服务于广告机构的个人，也可以是广告机构本身。营利性组织需要建立有效的商业价值和伦理价值之间的转译关系。商业价值关乎公司要去实现的目标，如以顾客为中心、质量、效率、创新、现金价值等；伦理价值则关乎商业价值的实现方式，如不说谎、有操守、公平、可靠、尊重、开放、透明等。

其次，消费者是具有能动性的道德接受者。一般来说，道德主体具有某些伦理权利。在广告伦理关系中，消费者并不是完全被动的接受者，他们应该以一种具有消费者主权的"他者之脸"出现在道德主体的想象中。

最后，广告活动中突出的伦理冲突和伦理失范是构建伦理价值框架的参照体系。它们包括信息失真的欺骗性广告、不披露广告身份的隐性广告、有歧视色彩的广告、格调低下的广告、侵扰用户阅听体验的广告、未经许可使用用户信息的广告等。

③价值框架

在应用伦理学中,可以将复杂的道德体系简化为最基本伦理价值的"硬核"是什么呢?应用伦理学中关于伦理原则的表述语言可以分为鼓励、允许和禁止三种类型,属于鼓励及允许范畴的"正义"与"行善"等原则无法满足成为最核心的价值原则的先决条件,只有属于禁止范畴的"不伤害"才能作为道德的主导理念及应用伦理学最核心的价值原则。

商业广告是发生在营利性组织与人之间的交往活动,其本质是一种关系行为。由"不伤害"这个应用伦理学硬核出发,具体到广告这种商业交往中,首先应当凝练出的是广告伦理价值框架的中心——公平原则。公平看待买卖双方的权利,才能使双方都"不伤害"。从广告的信息属性上看,公平原则要求消除买卖双方的信息不对称;从广告的劝服属性上看,公平原则要求消除凌驾于消费者理解能力之上的劝服操控;从广告的文化属性上看,公平原则要求避免社会不平等、偏见和歧视。

以公平原则为中心,在广告的内容、形式和关系方面,延伸出三个更具指向性的伦理价值,它们分别是真实、透明和尊重,如图 1-2 所示。

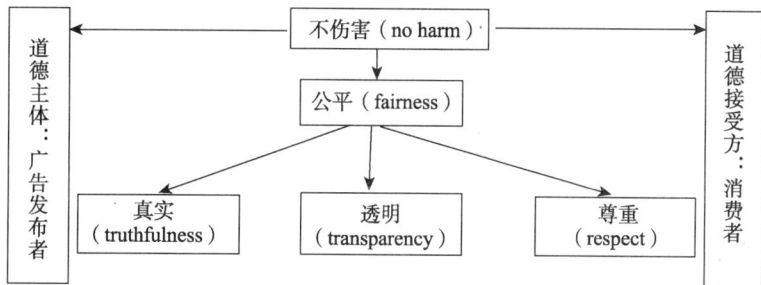

图 1-2 广告伦理价值框架

真实就是"准确或正确的陈述"。真实原则作为广告伦理的重要价值由来已久。1920年在澳大利亚举行的第二次广告人大会就将"广告中的真实"作为大会的口号。徐宝璜 1919年的《新闻学》中也曾指出,广告应该"所说者为事实,而又无碍风纪"。真实原则表现在广告内容中可以分为"说实话"和"不误导"两个方面。"说实话"指广告提供的信息本身是属实的;"不误导"指不故意隐藏重要信息,不故意提供干扰信息。

透明是与公平、真实和尊重都具有相关性的概念。透明原则强调的是公开性,既包括交往双方的身份和意图的公开性,也包括行动和过程的公开性。它能保证个体在不被操纵的情况下做出决策。在广告实践中,实现透明原则的方式主要是使广告活动具有形式上的可识别性,包括在内容上标识"广告"字样,披露赞助信息的商业属性,以及对用户信息的收集行为。广告的透明原则在数字化时代显得尤为重要,既是保护消费者隐私权的关键,也是建立品牌信任的关键。

尊重在古典伦理学中有深厚的根基,道德黄金律(The Golden Rule)明确提出"以希望别人对待我们的方式来对待别人"。在广告活动中,尊重原则要求广告发布者不仅要关注群体,也要关注个人;不仅要尊重消费者的群体利益,如安全、健康和多样性,避免有害消费者身心的广告，避免制造群体污名化的广告，特别要尊重和保护女性、残疾人、低收入者、少数族裔等人群，也要尊重消费者作为个体的自主性和自治权，避免过度侵扰消费者的洗脑式、运动式广告，避免在广告中将理想生活方式消费主义化和单一化。

综上所述，广告伦理价值框架是从"不伤害"的伦理学"硬核"出发，以公平为中心，以真实、透明、尊重为外延的价值体系，为深入理解具体的广告准则提供依据，为广告人在实际工作中的伦理决策提供指导①。

4. 广告伦理的价值原则

（1）真实诚信原则

真实诚信原则即依据事实向消费者提供信息，推动商品或劳务销售的原则。广告商通过广告宣传必须向消费者准确迅速地传达某一商品的性能、质量、规格、品种以及其特殊的优点，方便消费者购买，最终实现商品和劳务的销售。广告所传播的信息要真实，符合客观实际。同时，广告要诚实、讲信用，言行一致，信守承诺。在我国现代社会主义市场经济条件下，由于人们对于广告真实性的原则还没有十分强烈的意识，所以导致了各种媒介充斥着虚假广告的"身影"，极大地影响了人们的正常生活。

大量的广告（含虚假广告）虽然能够在短时间内创造良好的经济效益，甚至能够打造一个名牌，但是，只有真实的广告才能经受住时间和广告伦理的检验。总之，实事求是地介绍商品，不搞夸大的、虚伪的广告宣传，这是企业起码的道德责任。真实诚信原则是广告伦理的底线。

（2）公正客观原则

公正原则是指广告活动是建立在真实性原则基础之上的，给生产同类产品的企业创造一个公平的竞争环境，不能有诋毁或贬低其他同类产品的情节、语言或图片等。另外，在广告信息的传播过程中，作为受众要坚持公正客观的原则，实事求是地理解和评价广告传播行为，做到根据广告的内容，尽量客观准确地理解、判断，把握广告传播主体的动机和广告信息。

（3）文明健康原则

除了广告的内容要符合社会道德要求外，广告的形式包括广告的环境、场合、媒介、时间甚至所使用的技巧、道具、语言、文艺表演等艺术表现手法也要文明健康，必须遵循必要的社会伦理道德和民族的传统风俗习惯，符合我国社会主义精神文明建设要求，有益于公众的身心健康，有益于形成良好社会风尚，不能只顾广告的新颖性、刺激性、轰动性而忽视了文明健康原则。

（4）维护公共利益的原则

广告不仅是一项与经济活动有关的传播行为，而且是能够产生一定社会效益的文化活动，通过传递与商品有关的信息，影响和渗透于人们的社会观念之中，从而在一定程度上改变人们的思想观念和行为方式。所以广告在追求自身经济目的、实现利益最大化的同时，

---

① 图文资料来源：康瑾. 哲学之思：回归"价值"谈伦理——对广告伦理价值框架的探索[J]. 中国广告学，2021（7）：33-35.

要维护社会的公共利益。这就要求"广告的传播要符合道德标准，符合个人利益和集体利益，从而最大限度地保护社会的公众利益。[①]

广告只有做到坚持上述伦理原则才能够发挥其应有的功能，才能够在激烈的竞争之中立于不败之地。但是在现实的竞争当中，总会有一些广告受利益的驱使，急功近利，只着眼于刺激受众的感官，不顾社会的伦理道德，违反广告伦理的原则，最终只能招致受众的反感，结果也只会事与愿违。

1.3.2　广告中的主要伦理问题

广告中的伦理问题是广告管理中的一个十分重要但又常常被人忽视的问题。广告是一种通过传播媒介向广大受众传播商品信息并对社会影响很大的宣传方式，但我们目前的广告伦理的建设还不尽如人意。例如，有的广告信息虚假，误导消费者；有的广告格调低下，庸俗无聊；有的广告从业人员受利益驱动，进行不正当竞争等。

目前受到关注的广告中的伦理问题，主要有七个方面。

1. 广告的真实性问题

广告的认知功能，能帮助消费者认识和了解各种商品的商标、性能、用途、使用和保养方法、购买地点和购买方法、价格等内容，从而起到传递信息，沟通产销的作用。广告通过商品知识的介绍，可以更好地指导消费者做好产品的维修和保养工作，从而延长产品的使用时间。广告也可以潜移默化地影响消费者的消费观念和消费习惯，同时引领时尚。

因此，广告的真实性应该作为起码的道德规范，并且成为广告从业人员遵循的基本原则。在我国《广告法》的第一章"总则"和第二章"广告内容准则"中，都突出强调广告的真实性，并加大了对违反真实性的处罚力度。广告的真实性原则就是指广告主、广告经营者和广告发布者在广告活动中应当讲诚实、守信用，用善意的方式履行自己的义务。中国为商者历来讲"诚信为本""货真价实""童叟无欺"，这既是生财之道，也是为人之道，更是中华民族的美德。但在商品经济大潮的冲击下，广告活动中的诚信度正逐步降低。在竞争日益激烈的市场上，某些企业为了自身的利益，常常置社会道德和法律于不顾，制作刊播一些虚假广告，向消费者传播不实的信息和虚假的承诺，或利用消费者常识判断、逻辑推理等心理活动规律，用不完全、不充分的事实误导消费者，以达到推销产品的目的。

虚假广告的"虚假"主要从广告宣传的信息层面来界定，这种信息的虚假主要表现在：①利用消费者信息不对称的弱点，刻意隐瞒产品或服务的缺陷；②有意夸大产品或服务的优点与功能；③做出无法兑现的承诺；④对消费者进行内容、观念的误导。

案例 1-3

大溪地诺丽果汁食品广告涉嫌违反《广告法》《食品安全法》

2015 年 3 月 10 日，上海市工商局发出 2015 年第 1 号虚假违法广告公告，对 2014

---

① 广告伦理原则，百度百科 https://baike.baidu.com/item/广告伦理/50903373.

年由上海市工商部门查处的 12 个典型案例予以曝光，大溪地诺丽果汁食品广告名列其中。

大溪地诺丽系列果汁在互联网站上宣称其产品对哮喘、风湿、关节痛、糖尿病和癌症有治疗作用，能使过敏、艾滋病等疾病的症状减轻，达 25 种疾症之多，并列举对过敏症状减轻有效率达到88%、关节炎症状改善有效率达到80%等。其广告使用医疗用语或者易与药品混淆的用语，被工商部门依法处罚款191.5万元。

2021 年 4 月 29 日修正的《广告法》第十七条规定："除医疗、药品、医疗器械广告外，禁止其他任何广告涉及疾病治疗功能，并不得使用医疗用语或者易使推销的商品与药品、医疗器械相混淆的用语。"《食品安全法》规定："食品广告的内容应当真实合法，不得含有虚假、夸大的内容，不得涉及疾病预防、治疗功能。"

产品的广告真实性原则不应该忽略以下三个认识底线。

第一，坚守广告的真实性，应首先坚持广告产品整体上的真实性（注意，不是产品的局部真实）。

第二，广告的真实性同时表现为广告内容中广告信息选择的准确性（任何局部信息表达的不真实同样导致整体的不真实）。

第三，广告的真实性还表现为广告信息在传递中能让受众进行正确理解，不会使广告受众发生误解的（导致百姓误解的广告就是不真实的广告）。

2. 针对儿童的广告问题

瑞典早在 1991 年就颁布法律，全面禁止针对 12 岁以下儿童的电视广告。作为第一个禁播儿童广告的国家，瑞典的这项政策得到大多数瑞典人的支持。该法律的制定源于 20 世纪 80 年代。当时，瑞典刚成立了第一家可以播放广告的商业电视台——电视 4 台。在此之前，瑞典的国营电视台不播放广告，收入主要靠电视用户缴纳收视费。而另一家商业电视台——电视 3 台，其总部设在伦敦，电视 3 台的儿童广告播放得很随意，惹恼了瑞典人。于是，瑞典消费者协会等机构就儿童广告问题展开了对瑞典政府和议会的游说。他们指出，儿童有权利免受广告的侵害，向儿童做广告是不道德的，因为儿童缺乏经验和判断力，根本无法明白电视广告和他们喜爱的动画片之间的区别。他们还指出，广告不应该在产品的大小和功能方面误导儿童，例如不应在展示玩具汽车时配以真实引擎的声音。最终，瑞典议会通过了禁止播放儿童广告的法律。

不只是瑞典，其他西方国家也在纷纷开展"反对儿童广告"的运动。2005 年，美国科学院医学院认为有足够证据显示，电视广告是导致儿童肥胖的诱因之一，呼吁食品厂家为儿童生产更多健康食品。2006 年，美国儿童科学院建议政府、企业、家长等共同努力，减少美国儿童接触各种形式的商业广告。这家机构认为，大量不良广告诱使美国儿童和青少年肥胖、厌食、酗酒及提前发生性行为，国会应立法对此予以限制。具体措施包括：禁止在儿童节目中插播垃圾食品广告；把电视节目的商业广告量减少50%，减至每小时商业广告时间不超过 6 分钟；酒类广告中不能出现卡通人物和性感女性形象；禁止通过互动形式在儿童中传播视频短片广告；特殊药品广告只能在晚上 10 时以后播出。对此，食品生产商率先做出反应。麦当劳等9家大型食品、饮料公司已向社会承诺将在儿童广告中推广健康食品，卡夫公司也于早先做出类似承诺。美国啤酒业协会主席杰夫·贝克尔表示，啤酒厂商致力于确保啤酒广告出现在成人节目时段。

爱尔兰广电主管机关严禁儿童仰慕的名人代言儿童广告，并要求糖果广告需要特别提醒刷牙；希腊严格禁止早晨7时至晚上10时播放有关玩具的电视广告；意大利国会亦修订广电法案，禁止14岁以下儿童拍摄电视广告。

在我国，为了保护儿童免于广告的侵害，相关行业组织和政府部门先后出台了众多的自律规则和法律、法规。

中国广告协会于1997年制定广告宣传精神文明自律规则，规定针对儿童的广告，不得出现利用儿童向家长施压的内容，广告中的儿童应该对长辈或其他人表示尊敬；不应该展现不安全的动作，包括饮酒与吸烟等。针对儿童的广告不应该向儿童灌输"以是否拥有某种商品而产生优越感或自卑感"的信息，更不应该使用超出儿童判断能力的描述，以欺骗儿童。

我国《广告审查标准》也有类似以上的规定，其中第三十七条还对儿童广告做了明确的定义："儿童广告，是指儿童使用的产品或有儿童参加演示内容的广告。"包含了两个方面的内容：①专供儿童使用的或以儿童为主要消费对象的产品广告，如儿童玩具、儿童食品等；②虽非宣传上述产品，但在广告中由儿童形象来担当主要演示角色的广告，这些产品并无特定的范围，只需广告创意中适合儿童演示即可。

2015年，我国修订的《广告法》中增设了对儿童的保护内容，第三十八条规定"不得利用不满十周岁的未成年人作为广告代言人"，第四十条对不满十四周岁的未成年人的商品或者服务的广告也做了限制性的规定。

然而，在众多的规定、法律和法规之下，儿童广告引发的道德沦丧和伦理困惑依然俯拾皆是。例如早年非常流行的"乐百氏"奶的电视广告——"今天你喝了没有？"在电视画面上一个天真、自信的小女孩，手里拿着一瓶乐百氏奶，她问电视机前的小朋友和他们的父母："今天你喝了没有？"接下来是一大群孩子欢天喜地地唱道："我们都喝乐百氏。"看似温柔的广告，却给你一种无形的压力。它通过一种在大庭广众之下的公开质问，给小朋友的父母施加一种心理上的压力。它利用普遍存在于我们社会中的攀比心理进行诉求，"同学们都喝，我也要喝"，对父母来说则是"别的孩子喝，我的孩子也该喝"。面对"今天你喝了没有？"这一看似建议实际上是一种命令的询问，你将别无选择。

与乐百氏类似的是娃哈哈的电视广告——"妈妈我要喝……"与乐百氏的询问相比，娃哈哈更直接，通过小女孩之口直接说出要求。一个天真单纯、娇羞可爱的小姑娘，轻柔地说："妈妈我要喝……"面对这种温柔的、天真的、合理的请求，哪个母亲会拒绝呢？电视机前的家长和孩子就这样让广告主给绑架了，至于产品是否有益儿童健康已经不在考虑的范围。

现在类似以上的广告都会被禁止发布，《广告法》第四十条规定："针对不满十四周岁的未成年人的商品或者服务的广告不得含有下列内容：①劝诱其要求家长购买广告商品或者服务；②可能引发其模仿不安全行为。"《广告法》第五十七条规定，违反以上规定者可以处 20 万元以上 100 万元以下的罚款，情节严重的，还可以吊销相关证照。

的确，儿童广告具有一个十分宽泛的空间，有着很大的容括性。只要能促进产品的宣传销售，广告商便有可能采用儿童广告。而从现实情况看，儿童广告确已铺天盖地，无孔不入，不夸张地说，儿童广告已经潜移默化地影响着孩子们的生活，进而影响着整个社会生活。现实中有关儿童的不良广告可能存在的危害主要有以下两个方面。

（1）误导儿童消费行为、损害儿童身心健康

自主意识不强、判断力不准确的少年儿童很容易受到广告的蛊惑，或者接受家长的安排，如果广告内容不实或者含有不正确的价值取向，就很容易给青少年的身心健康造成损害。

案例 1-4

小二郎护眼灯到底是护眼还是伤眼

小二郎护眼灯是深圳某科技公司为广大中小学生研发的一种健康灯，在宣传中号称以"LED 照明技术"为基础，拥有 3 项革命性技术突破，为孩子带来 10 项健康保证，成就"学生健康光源开创者"，为中国学生的眼睛全面减压减负，使学生在高效阅读学习的同时，体验健康优质的生活方式。

事实果真如此吗？2013 年 4 月，家住南京玄武区的李女士给某媒体打去电话，称其为即将中考的儿子花 300 多元买了一盏护眼灯，可没用多久发现孩子的近视度数竟然从 200 度涨到了 450 度，这可急坏了李女士。护眼灯到底能否真正有效预防近视？

记者通过深入调查后了解到，市面上绝大多数护眼灯的基本工作原理就是把普通日光灯的振荡频率提高，由低频闪提高至高频闪，使得肉眼分辨不出频闪，但这绝不是广告中宣传的"无频闪"。把频率调得很高，意味着光每秒钟变化的次数就更快了，几千次甚至上万次，这个带来的结果是什么呢？频率变化后，视神经仍然在试图跟着光去变，这可能使视神经一直在积极地试图跟上光变化的节奏，结果使眼睛更累。护眼灯的高频闪还有一个潜在的危害，就是电磁辐射。因为电磁辐射所衍生的能量取决于频率的高低，频率愈高，能量愈大，从而对人体造成的危害也就更大。[①]

从以上案例可以看出，深圳某科技公司对所生产的"护眼"灯的过度宣传严重地误导了广大消费者，不仅有虚假广告之嫌，还给使用其产品的青少年造成一定程度的身体损害，其行为在道德上存在瑕疵。

案例 1-5

黄金搭档广告渲染送礼文化涉嫌传递错误价值观

2013 年 2 月 6 日，国家广电总局下发《关于清理广播电视"送礼"广告的通知》，要求各级电台电视台立即删除含有渲染"送礼"内容的广告。

一段时间来，一些电台电视台频频播出含"送礼首选""送领导""上级有面子"等渲

---

① 资料来源：http://zj.qq.com/a/20150312/057903_2.htm.

染"送礼"的广告内容，有的广告竟打出"今年不送礼，明年没人理"的口号。个别广告还使用儿童形象，公开叫嚷："××搭档送老师，送亲友，送领导。"广告中反反复复表现出用物质来拉近人与人之间的关系，讨好别人，获得好评，将成人世界中人际交往庸俗的一面在儿童面前暴露无遗。许多儿童看了之后以为给别人送礼就可以讨好别人，达到原来难以达到的目的。通过这些含有"送礼"内容的广告，"不送礼就办不成事"的错误认识可能就这样潜移默化地进入了儿童的心里，传递了不正确的价值取向，助长了不良社会风气，严重损害了未成年人的身心发育。[①]

《广告法》第十条规定："广告不得损害未成年人和残疾人的身心健康。"违者可以处20万元以上100万元以下的罚款，情节严重的，并可以吊销相关证照。国内的电视节目并未分级，意味着任何电视广告都能落入儿童的眼中，而儿童缺乏成人的辨别能力。国内的企业在策划一则广告时能否优先考虑，它们的第一个观众有可能就是孩子。

（2）使儿童对社会产生不信任感

一些原本在儿童心目中有崇高地位的个人和组织，由于参与了不当的广告宣传，不但破坏了自己在儿童心目中的公信力，还危及儿童对整个社会的信任。

案例 1-6

滁州市相关部门以"安全教育与素质培养"为名行商业推销涉嫌欺诈

2013年10月13日上午，滁州市数万中小学生及家长按照学校要求观看滁州电视台新闻综合频道一档60分钟的专题片，并要求学生写观后感。但节目中根本没有与学生安全及素质培养相关的内容，而是推销一种名为"学习好帮手"的学习资料，这让很多家长颇为困惑。

记者随后进行了调查：10日，一名自称为滁州电视台的工作人员来到市教育局，声称滁州电视台新闻综合频道将于13日（星期天）播出"安全教育与素质培养"专题节目，要求教育局组织学生观看。滁州市教育局认为这与当前学校安全教育的要求相契合，故要求各县（区）教育局和市直学校组织学生及家长在家收看。

"直到节目播出后才发现，节目内容实为诱导中小学生及家长购买图书、影像等资料。"滁州市教育局一名工作人员说："我们已经以涉嫌欺诈向市公安局报案，并致函市电视台，商请调查处理此事。"

事件发生后，滁州市教育局立即在当地多家媒体上发布公开声明，阐述事件经过，并就造成的不良影响向广大学生及家长表示歉意。同时，通知各县（区）教育局和市直各学校，停止组织观看该节目，提醒家长和学生，无须购买相关学习资料，谨防上当。[②]

类似的事件在全国各地并不鲜见，地方电视台和教育局作为官方机构在普通人的心中具有较高的公信力。在该事件中，市电视台却沦为不法商家的同伙，为了吸引目标消费者

---

① 资料来源：http://news.xinhuanet.com/politics/2013-02/07/c_124334970.htm.
② 资料来源：http://news.163.com/13/1016/04/9B9I192700014AED.html.

的关注不惜采用欺骗的手段，而市教育局没有尽到详尽审查的义务，让数万名学生和家长以接受"安全教育与素质培养"为名专心观看了一场商业推销活动。该事件造成了恶劣的社会影响，严重损害了相关部门的声誉，也危及学生对社会的信任。

3. 恶俗广告

恶俗广告是指广告宣传采用粗陋、毫无智慧、空洞而令人厌烦的方式进行宣传。恶俗广告常见的有两种。一种是从广告宣传的具体方式看，单个短小广告重复播放。比如：恒源祥的十二生肖广告，在长达一分钟的时间里，由北京奥运会会徽和恒源祥商标组成的画面一直静止不动，单调的童声从"恒源祥，北京奥运会赞助商，鼠鼠鼠""恒源祥，北京奥运会赞助商，牛牛牛"……一直念到"恒源祥，北京奥运会赞助商，猪猪猪"，把十二生肖一一叫了个遍，是一种赤裸裸的广告轰炸。这种创意平庸、缺乏美感、可视性不强的广告，对受众而言是一种折磨，受众也许记住了恒源祥，但是曾经对恒源祥的好感荡然无存。另一种就是广告宣传内容背离积极、健康的生活观、消费观。近年来频现的炫富广告，过分宣传享乐主义、贵族化生活，刻意与百姓的日常生活区别开，人为地夸大社会分化的结果，激发了不同社会阶层和利益群体之间的矛盾，成为构建和谐社会的噪音。

《广告法》第七十三条规定："国家鼓励、支持开展公益广告宣传活动，传播社会主义核心价值观，倡导文明风尚。"恶俗广告虽然不违法，却有违广告伦理。与一些广告只是在感官上让人感觉难受、别扭不同，有些广告为了博出位、吸眼球，不惜挑战社会的道德底线，为国法所不容。

4. 敏感的性问题

西方广告界流传着这样一种说法：运用 3B，即婴儿（ baby ）、动物（ beast ）、美女（ beauty ），作为广告模特，是永远不会落伍、永远受人们喜爱的。

美女广告的成功运用可追溯到 19 世纪末期。当时，美国的可口可乐公司采用了一大批年轻漂亮的女模特在广告中吸引受众。从那时起到现在，美女广告被广泛运用，乃至到了被滥用的程度。

"情色"在不同的文化背景下有不同的界定，有些情境在西方广告中可以播放但在阿拉伯世界属于色情广告而被禁止。在中国，情色广告是指那些隐含性暗示、庸俗低级、亵渎社会、给大部分人带来不愉快体验的广告。这类广告中性的意味比较重，让人做出不健康的联想，违反了一个民族的文化和伦理道德标准。

情色广告主要的表现形式有：①暴露女性身体；②广告画面赤裸；③生殖器官描述；④直接或间接暗示性行为；⑤广告词所指暧昧，暗喻挑逗；⑥广告图片或文字的性暗示。

情色广告的传播具有严重的社会危害。首先，对于成长中的青少年，情色广告的性暗示会影响其身心健康发展。其次，情色广告中，女性常常作为诱惑的工具，在表现广告中为消费女性的意志情感，造成女性形象贬损。最后，大肆宣传情色广告，会造成大众审美低俗化，同时以暴露、裸露、诱惑等为主题的情色广告也会引发公众反感，带来不良的社会影响。

5. 歧视性广告

歧视性广告是指广告信息中对某一群体或某类属成员含有偏见或贬低的广告。主要包括种族歧视、性别歧视、宗教歧视、文化歧视和社会地位歧视等。

案例 1-7

著名网络红人李某带货女性内衣文案翻车

2021年2月24日，谐星李某在微博发布了一条女性内衣营销广告，文案"一个让女性轻松躺赢职场的装备"引来众网友质疑。

对于上述营销广告，有网友质疑："女性穿什么品牌的内衣和躺赢职场有什么关系？""请问谁躺赢了，赢了啥？""问题的关键不是在于一个男的代言女性内衣，重点在于那句营销文案——'躺赢'，真的是服了，真的是为了钱啥都敢说啊！""一边要赚女性的钱，一边要对女性意淫羞辱……"[1]

在招致评论区的翻车后，当晚品牌官方微博即发布声明称："由于营销推广中的不当措辞，给大家带来不适，我们深表歉意，并第一时间下架相关内容。"李某也对事态进行了迅速回应，在其个人微博上表示："措辞确实不当，作为语言工作者，我拿到这份文案时，理应更能意识到它带来的影响。目前，我已第一时间配合下架，一并致歉……"[2]

这场带货风波的出现和迅速平息，一方面，说明在社会上各种各样的歧视在人们的观念中依然根深蒂固；另一方面，反对歧视的声音也越来越得到社会的重视并拥有强大的力量。反对各种歧视的观念逐渐深入人心，社会主义核心价值建设总体取得了显著的进步。

《广告法》第九条规定：广告不得含有民族、种族、宗教、性别歧视的内容。对于违反以上条款的，《广告法》第五十七条规定，发布本法第九条规定的禁止情形的广告的可以处二十万元以上一百万元以下的罚款，情节严重的，并可以吊销相关证照。

6. 名人失范性广告

名人广告主要是邀请明星为产品代言，对产品或服务进行宣传。名人代言广告的伦理失范主要表现在以下几个方面。①情境广告，滥煽情，制造虚假公益广告。②假借消费者名义进行虚假宣传。有些明星并未对自己代言的产品有过体验，对产品的效果、性能根本不了解，广告中的宣传内容和产品实际不符。③盲目追捧，夸大其词。这种广告在医疗、药品、美容保健产品中出现较多，明星对产品效果进行不着边际的夸大宣传，产品好似灵丹妙药，能让人永远保持年轻健美，引导消费者进行错误购买。

中国明星代言广告泛滥早已是一个不争的事实。演员、导演、运动员、教练、电视台主持人，甚至房地产开发商都成了广告明星。很多人为了钱，随便什么广告都接，严重误导了消费者。据中国消费者协会受理投诉情况统计，2020年全国消协组织共受理消费者投

---

① 资料来源：http://www.meihua.info/a/67025 和 http://www.mnw.cn/news/shehui/1208818.html.

② 资料来源：https://new.qq.com/rain/a/20210225A08JLT00.

诉982249件，其中涉及虚假宣传和假冒的投诉达到59516件①。近几年消费者的投诉居高不下，广告中的虚假宣传和假冒现象依然突出。

在美国，名演员们热衷公益，对商业广告的兴趣不大。美国要求形象代言人广告必须为"证言广告"和"明示担保"，意思就是明星们必须是其所代言产品的直接受益者和使用者，否则就会被重罚。当然，明星广告在美国并不是完全没有了市场。在一些高档时装、珠宝、体育用品和化妆品广告中，仍然可以看到一些明星的身影。但人们不会因为某个明星的广告就轻易改变自己的选择。

在日本，明星做广告则比较普通。但日本明星接拍广告时非常慎重，因为一旦其所代言的产品出现了问题，就会名声扫地，甚至饭碗难保。所以，在日本，明星大腕一般代言的都是著名大企业的产品。

在欧洲，消费者认品牌不认明星。欧洲人对明星代言广告不太感兴趣。在欧洲播放的广告大都注重依靠新奇创意来突出产品品质，很少靠明星来拉拢人气。这和欧洲人相对理性的消费观念有很大关系，谁当企业的代言人并不重要，消费者看重的是产品本身的质量与价位。

案例 1-8

著名影星林某某代言"爱某丽"胶原蛋白饮品涉嫌虚假宣传

2013年11月25日，网络名人、著名打假人士方某在其博客上发表文章，炮轰艺人林某某推销的"爱某丽"胶原蛋白饮品是一种假保健品。林某某在其微博上不断地发布他组织团队研发产品的言论、照片、视频。事实是爱某丽胶原蛋白饮品并非林某某团队研发的，而是上海某王公司的定牌加工产品，生产胶原蛋白产品是低技术，也不需要研发。林某某还在其微博中放言："请大家以后不要再问我保养，或是逆生长的问题了，我已经组织一群顶尖的生技团队来研究我自己，相信这个逆生长的秘密很快就有答案了，相信我。"在对某胶原蛋白产品的功效介绍时他还用了这样的词句："逆生长的秘密从此打开。"事实上，口服胶原蛋白被胃肠道消化吸收后，会失去胶原蛋白的结构，变成更小的肽链或者氨基酸，主要作为能量被人体所利用，不会直接补充到皮肤的真皮层。如果有人口服胶原蛋白产品感觉"有效"，除了安慰剂效应之外，还可能与保健品商在产品中添加了激素等其他成分有关。人们的日常饮食中，动物皮肤、筋腱、软骨等含胶原蛋白丰富，肉类中含量较低，而纯素食的人皮肤并不会明显变差，更说明胶原蛋白并非美容必需品，胶原蛋白也没有逆生长的作用。因此，林某某在其博客中的广告涉嫌虚假宣传。

《广告法》第三十八条规定："广告代言人在广告中对商品、服务作推荐、证明，应当依据事实，符合本法和有关法律、行政法规规定，并不得为其未使用过的商品或者未接受过的服务作推荐、证明。"广告代言人如有违反，"由市场监督管理部门没收违法所得，并处违法所得一倍以上二倍以下的罚款。"《广告法》第五十六条还规定："关系消费者生命

① 数据来源：http://www.cca.org.cn/tsdh/detail/29923.html.

健康的商品或者服务的虚假广告，造成消费者损害的，其广告经营者、广告发布者、广告代言人应当与广告主承担连带责任"。

7. 广告中的个人隐私问题

"隐私"一词源自西方。在西方法学界，一般都认为"隐私"和"隐私权"概念是由美国人沃伦（Samuel D. Warren）与布兰代斯（Louis D. Brandeis）最早提出的。他们认为，隐私权本质上是一种个人对其自身事务是否公开给他人的权利，保护个人的隐私权就是保障人的思想、情绪及感受（thought，emotions and sensations）不受他人打扰的权利，保护自己人格不受侵犯的权利（inviolate personality）。在界限上，他们指出"公共利益"和"同意"是两项主要的限制：①隐私权不能阻止有关公关利益事务的公布；②隐私权本质上是属于私人的；③如个人加以公布或同意公布，隐私权即不存在。

2003 年 1 月 1 日实施的新版《上海市消费者权益保护条例》中，首次将个人隐私作为一项单独的权利加以保护，指出消费者的个人信息如姓名、性别、职业、学历、联系方式、婚姻状况、收入和财产状况、指纹、血型、病史等将作为隐私权纳入人格权范畴。2005 年初，国务院正式启动《个人信息保护法》的立法程序，标志着我国在公民隐私保护上向前迈出了重要一步。该法于 2021 年 11 月 1 日正式施行。

在信息网络时代，个人隐私被信息系统采集、检索、编辑、重组、传播，使某些人更容易获得他人信息，个人隐私面临空前安全威胁。保护个人隐私是一项社会基本的伦理要求，是人类文明进步的一个重要标志。在信息技术高度发达的网络时代，如何保障公民的个人隐私权，应当引起全社会的关注。

与个人隐私有关的广告问题最常见的是把通过正规渠道收集的个人信息用来谋利，让各种诈骗广告轻易抵达目标人群。由于信息准确常使消费者不得不信，结果上当受骗，轻则蒙受经济损失，重则严重损害身体健康。

案例 1-9

正规机构利欲熏心，泄露考生信息无道德底线

2014 年 8 月，天津市的宋女士遭遇了这样的一件事。

2014 年 5 月参加二级建造师考试的她，原本 8 月 16 日可在网上查成绩，没想到 8 月 14 日突然收到一名自称北京浩瀚教育机构的人打来的电话，说分数不合格的可以改分。她加了对方 QQ，开始了解如何改分。对方告诉她改一科是 2000 元，要先打 500 元的订金。21 日那天对方告诉她改完了但是得提交，提交之前要把剩下的 1500 元补齐，然后等通知重新考试。"我之所以相信他们，是因为他们能准确说出我的姓名，而且一共考三科，我自己觉得能过两科，对方竟然告诉我只要改一科就行，说另外两科肯定能过，建议改的那科就是我觉得危险的那科。我觉得他们应该是内部的人，可信，就把 1500 元打过去了。"

8 月 21 日，对方给宋女士传来一张图片，说是他们内部网的截图，图片内容证明分已经改了，但是现在网上还查不到，还需要她重新参加考试，以便卷面分和改的分能对上，

考试地点在本市和平区唐山道的人事考试中心。第二天，宋女士到了该地方，对方说考试在一辆黑色别克车上进行，车上正有一名改分的考生在考试，为了保护考生隐私，都是前一个下去了，后一个再上来，让她等。说着，他突然问我交没交担保金？我说没听说过。他说考试前必须交担保金，考完了马上就还回来。我犹豫了一下，他就说如果不交，前面那 2000 元就白交了，还让"考生"和我通话，证明考试结束，钱就拿回来了。当时我也糊涂了，就把钱打过去了。再和他联系，居然让我再交 1 万元，说是两个科室配合完成改分，一科室 1 万元，所以得再交 1 万元。我就不想交了，让他把前面的 1 万元退给我。直到这时我都没想过他们是骗子，因为对我的信息掌握得太准确了。

就这样宋女士只是不断催促对方把钱退还回来，可对方一直推说忙，让宋女士等等。眼看 3 个多小时过去了，对方还没有把钱退回来，着急的宋女士说："再不退钱，我就报警了。"结果对方挂了电话，然后就再也联系不上了。她这才意识到自己被骗了。

此事件中，人事考试中心泄露考生个人信息于德不当，不法分子散布诈骗广告违反了《广告法》第四十三条规定："任何单位或者个人未经当事人同意或者请求，不得向其住宅、交通工具等发送广告，也不得以电子信息方式向其发送广告"，"以电子信息方式发送广告的，应当明示发送者的真实身份和联系方式，并向接收者提供拒绝继续接收的方式"。这意味着今后未经接收者同意，擅自向个人发送广告将构成违法。

《广告法》第九条规定，"广告不得泄露个人隐私"。这也表明以公开个人隐私来泄愤的行为将涉嫌违法。

1.3.3　广告伦理问题的成因

为什么广告主认为纯粹商业性质的广告会背负上违背伦理的罪名呢？很多人认为，广告仅仅是商品营销工具，并没有承担社会伦理的义务。特别在现今"注意力经济"时代，广告主更是利用各种广告技巧轰炸消费者，力图抓住消费者的眼球从而达到促进销售的目的，广告伦理自然被抛到脑后。然而，无论是从个体还是整体来看，广告主基本上都是想要改变人们的优先选择，想让他们的产品、品牌、思想和他们所建议的生活方式成为消费者头脑中优先选择的东西。这便不能否认广告本身不仅具有经济功能、商业信息传播功能，且具有意识形态功能和文化信息传播功能。因此，广告主的广告对净化社会风气等方面具有伦理道德的义务。

违背伦理的广告的出现不是偶然的，其形成原因是多方面的、复杂的。既有社会和企业方面的原因，也有消费者自身的原因。

首先，从宏观方面看，法律、法规不健全，执法不严格是广告伦理问题形成的重要的原因。自改革开放以来，我国广告事业获得了长足的发展，但是广告立法明显落后于市场经济发展的需要。我国 1994 年颁布的《广告法》，虽然在 2015 年进行了修订，但其适用范围依然仅限于商业广告。事实上，近年来除了大量的商业广告传播中存在违背法律和伦理的问题外，也有不少的社会广告包括一些公益广告存在违背法律和伦理的问题。另外，某些法规中有关广告管理的规定不够完善，给一些从事广告违法活动的单位或个人以可乘之机。例如，法律所规范的对象除了广告活动的主体外，没有包括广告印刷单位、广告传播媒体、广告审查机构等。此外，现实中对违法广告的制裁不严格，使《广告法》《广告管理条例》起不到制约和规范广告行为的作用。

其次，广告者的素养、伦理道德观念差，也是导致广告背离伦理规范的根本原因之一。广告与伦理是双向互动关系，而不是对立取其一的关系。广告在进行信息传播的同时，影响着消费者的人生观、道德观和价值观，影响着社会的道德风尚。同时，社会伦理又制约和影响着广告的内容和形式。相当一部分广告主体缺乏伦理素质和市场营销观念，法律观念淡薄，缺乏行业自律精神，这必然导致广告中违反法律和违背伦理问题的产生。只要能给企业带来巨额利润，什么样的广告都敢制作，什么样的广告都能刊播，根本不考虑这些广告是否符合消费者的利益，是否符合法律与伦理道德标准的要求。在利益的驱动下，广告主往往敢于铤而走险，这就是引起伦理争议的广告层出不穷的原因。诸如卡文·克莱（Calvin Klein）一贯在其香水、内衣、牛仔服广告中带有性色彩，NIKE针对青少年的广告战役让毫无辨别能力的街区贫穷少年盲目地对昂贵的NIKE鞋产生欲求等。一些广告在伦理的是非判断上常常没有明确定论，需依靠传统习惯、社会舆论和人的内心信念来维系广告行业的良性发展。正如诺贝尔奖得主经济学家诺斯所说："自由市场经济制度本身并不能保证效率，一个有效率的自由市场制度，除了需要一个有效的产权和法律制度相配合之外，还需要在诚实、正直、公正、正义等方面有良好道德的人去操作这个市场。"。

最后，广大受众即消费者自我保护能力薄弱，也是不容忽视的原因之一。广告受众的伦理道德规范，不仅是一个理论话题，同样是一个现实话题。例如，囿于自身伦理道德素质的局限，有些被认为有色情倾向的广告，从广告者的角度看，实际上正是利用了一些受众的情欲心理需求。如一个关于女性内衣的灯箱广告，原本是想表达内衣让女性更加完美，在取谐音后，赫然印着"玩美女人"，这显然是在迎合部分公众的情欲心理，因此广告符号产生不文明不健康的信息，很大程度上与受众自身的伦理道德素质水平直接相关。另外，由于国民的平均文化程度还不高，虽然有40多年的改革开放和经济繁荣的基础，但广大消费者还不具备广泛的商品、价格、广告、商标及其相关法律知识等，部分消费者对劣质广告的识别能力较差，容易受虚假广告的诱惑，盲目选择不符合需要的产品，加之消费者法律意识淡薄，大部分消费者还不习惯运用法律武器来保护自己的利益，即使受了虚假广告的欺骗也不敢诉诸法律，忍气吞声，使得违法广告得以生存。

此外，现代广告一些固有的特点也成为产生伦理困惑的重要原因，这些特点主要有以下几点。

1. 现代广告"拟态环境"的成长背景

拟态环境，作为一个传播学概念，最早由传播学家李普曼在《公共舆论》一书中提出。他对"现实"进行了三重意义上的分类，即客观现实、"象征性现实"和主观世界。这三重现实的连接点就是"象征性现实"的依托——媒介。正是媒介将受众与原信息联系到一起，并且以第三方的形式将信息展现出来。传播学上，拟态环境是大众传播活动所形成的信息环境，并不是对客观现实的"镜子式"再现，而是通过对信息片段进行选择、加工、重构，再向人们展示的信息环境。由于媒体具有筛选信息片段来构建拟态环境的选择权，因此，拟态环境的成像在很大程度上取决于媒体的价值取向和所属立场。作为"现实"的中间环节，拟态环境的信息直接决定着这种环境下受众的世界观和知识构成。

广告，就是由广告主筛选要传递的产品信息，再由技术人员进行信息整理和美化以实现产品信息的艺术加工。这样展现在消费者面前的有关产品的现实，已经不能完全算作真正意义上的客观现实，而是带有人的主观意志的"拟态"现实。这种主观性主要表现在，广告的内容，即广告中产品的信息是人为主观筛选的，根据广告主认为最有利于产品销售的标准而进行的；产品信息的展示方式是人为拼凑的，是依据消费者对接收产品信息时的情感诉求或者是对于产品信息传递时的美感期待而设计的。在此背景下，产品信息的客观真实性必然遭遇折损，从而影响了广告信息的真实性。

2. 产品信息占有的天然不对称性和广告的时空局限性

从主观上看，作为营销手段的商业广告，其最终目标就是要实现商品价值的市场化，让产品能够进入市场流通，实现商业价值。为实现这一目标，广告主在投放广告的时候都希望能够对产品进行正面宣传，在广告信息的筛选中，正面积极地迎合市场需求的产品信息就成了有限时间内广告信息的主体内容，使得广告不可能全面反映商品的实际情况。此外，产品信息的天然不对称性也有其客观必然性。由于受众没有精力也没有必要去全面把握商品生产和销售的每一个细节，使得受众天然就处于产品的信息劣势的一方，造成产品信息占有的天然不对称性。

从客观上看，广告的时间和版面是受经济能力和媒体规定限制的，这种时空的局限性使得广告主不可能将产品的全部事实材料容纳其中，客观上造成了产品信息占有的天然对称性。广告主和受众在产品信息占有上的不对称性也必将会影响广告的真实性。

3. 艺术表现对于广告信息的干扰

美国广告大师威廉·伯恩巴克认为，广告传播是一个对艺术的感受、认知与理解的过程。广告总是"从美的角度来刺激人的联想与想象，并对文案的表象进行感知，进而达到理解、认同，并逐步产生欲望，最后达成在此欲求下的行动。在此过程中，人的情感始终交融其中，并与表现、感知、理解等交互作用着"。

从传播的内容看，广告总是以受众为主导的面目出现，通过展现对受众的情感需求的关怀，将两者的利益需求融为一体，"消解虚幻与真实之间的界限"，"受众总是被广告所组构且将自身认作是一个消费主体"。但事实上，广告主才是真正的主体，受众只是目标或者靶子。正是这种方法实现了广告中的"主客体置换"，造成了广告主与消费者利益的虚假统一，从而在思想上形成消费认同。

广告传播中的"梦幻加工"，模糊了受众的意识，广告"主要不是作用于现实，而是作用于幻想"。面对现实的残缺不全与诸多遗憾，广告通过艺术的手法构建了一个超现实的、虚幻的理想社会，它使"看得见的世界不再真实，看不见的世界不再是梦"。由此，广告借助艺术表现力所精心构建的虚拟世界就成了现实世界中人们的消费欲求，通过广告中的商品能实现广告中体现的虚幻美，成功地将既定信息植入受众的大脑，干扰人们对于产品信息的理性分析和消费决策。

问题与思考

一、即测即练

二、简答题

1. 广告有哪些特征？

2. 简述你曾在广告中获得的情感体验。

3. 简述广告与公共关系的区别。

4. 简述道德与伦理的关系。

5. 根据现代广告的固有特点分析其伦理困惑的困境。

6. 奥利奥新出了一款缤纷双果系列饼干，下图是这款奥利奥视频广告的其中一个镜头，广告内容大致是：大男孩拿了一个新款奥利奥在小男孩面前炫耀。

大男孩：我会用奥利奥变魔术哦——"蓝莓，树莓……"

小男孩：看，飞机！

大男孩转过头去，小男孩趁机拿起奥利奥塞到自己嘴里，大男孩转过头，反应过来：奥利奥呢？

小男孩嘴里含着被拿走的奥利奥，笑着说："变走了！"

分析广告中存在的伦理问题。

7. 为什么商业广告需要承担社会伦理义务？

第 2 章

网络广告概述

2.1 互联网与自媒体

2.1.1 互联网

互联网（Internet），又称网际网络或音译为因特网、英特网，是由多个网络通过网关互联，共同遵守一组通用的通信协议（TCP/IP），形成在功能和逻辑上统一的一个巨大的国际网络。这种将计算机网络互相联接在一起的方法称作"网络互联"。现今的互联网已经不单单是传统意义上的计算机网络，而是由计算机硬件、计算机软件、信息资源和广大用户及系统人员构成的极大规模的全球广域信息服务网络系统，如图 2-1 所示。

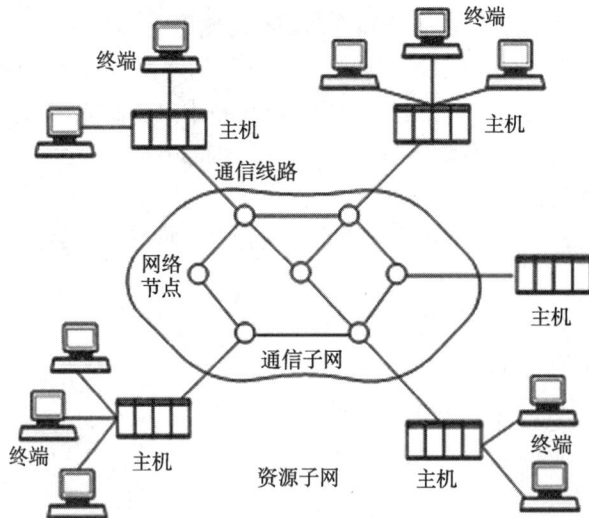

图 2-1　互联网示意图

互联网并不等同万维网（World Wide Web），万维网（WWW）简称 3W，有时也称Web，是一个由许多互相链接的超文本组成的信息浏览系统。它以超文本标记语言（HTML）与超文本传输协议（HTTP）为基础，分为 WWW 客户端和 WWW 服务器，可以让 WWW客户端（通常为浏览器）显示 WWW 服务器上的页面，并向服务器发送请求，而 WWW服务器负责组织管理那些可以在浏览器上显示的信息。在这个系统中，每个有用的信息、数据，被统一称为资源，并且由一个全局"统一资源标识符"（URL）标识。这些资源通过超文本传输协议传送给用户，而后者通过点击链接来获得资源。万维网只是互联网所能提供的服务之一，是靠互联网运行的一项服务。

1994 年 4 月，NCFC（中关村教育与科研示范网络，中国科技网前身）率先与美国 NSFNET（美国国家科学基金网）直接互联，实现了中国与 Internet 全功能网络连接，标志着我国最早的国际互联网络诞生。同年，中国教育与科研计算机网、中国科学技术网、中国金桥信息网、中国公用计算机互联网获准加入国际互联网。1995 年，张树新创立首家互联网服务供应商（ISP）——瀛海威，让普通老百姓也能够访问国际互联网。从此，互联网在中国生根发芽、茁壮成长。1998 年堪称中国互联网破局的元年，这一年三大门户网站（搜狐、网易、新浪）成立，为社交娱乐而生的腾讯也在这一年诞生。1999 年，百度开启搜索，随后，电商巨头阿里巴巴、京东也相继成立。这些企业的成长发展就是一部中国互联网的发展史。在这些企业的带动下，中国互联网紧随国际互联网的发展步伐，快速引领中国走向互联网时代。

2011 年之前，用户接入互联网的主要途径是 PC（个人计算机，包括台式和笔记本），故也称 PC 互联网。从互联网各个细分领域的渗透率来看，PC 互联网走过了"搜索引擎→社交娱乐→电子商务"三大阶段。随着，信息与通信技术（ICT）的飞速发展，到 2011 年网民通过智能手机上网的比例达到了 69.3%，并在 2012 年正式以 74.5% 的渗透率超过了台式电脑的 70.6%，宣告移动互联网时代来临[①]。

移动互联网实现了移动通信终端与互联网的融合，使用户可以使用手机、PAD 或其他无线终端设备，通过移动通信网络，在移动状态下（如在地铁、公交车上等）随时、随地访问 Internet 以获取信息，使用商务、娱乐等各种网络服务。

随着移动通信网络基础设施的不断升级换代，从 2009 年国家开始大规模部署 3G 移动通信网络，2014 年又开始大规模部署 4G 移动通信网络，2019 年启动 5G 商用。移动通信网络的网速直逼有线宽带，有力地促进了中国移动互联网的快速发展。移动互联网以更快的速度走过了"即时通信→社交娱乐→电子商务→细分领域"四个阶段。移动支付、移动搜索、移动网游、团购、打车、短视频、收听及下载音乐等大量线上线下结合的新商业模式被开发出来，并得到移动用户的积极响应。移动互联网应用快速普及，数据流量呈爆炸式增长。绝大多数的市场咨询机构和专家都认为，移动互联网是未来十年内最有创新活力和最具市场潜力的领域，这一产业已获得全球资金包括各类天使投资的强烈关注[②]。

1. 网络即传媒

由于互联网把计算机与最新的通信、数码技术结合起来，使得各种信息在传播范围、传播速度、通信容量及信息交互方法等方面都取得了前所未有的突破。互联网的发展早已超越了当初 ARPANET 的军事和技术目的，几乎从一开始就是为人类的交流服务的。即使是在 ARPANET 的创建初期，美国国防高级研究计划署指令与控制研究办公室主任利克里德尔就已经强调：电脑和电脑网络的根本作用是为人们的交流服务，而不单纯是用来计算。

---

① 部分内容来自 https://www.sohu.com/a/257442378_313170.

② 部分内容来自百度百科，"移动互联网"。

后来，麻省理工学院电脑科学实验室的高级研究员 David Clark 写道："把网络看成是电脑之间的连接是不对的。相反，网络把使用电脑的人连接起来了。"

互联网迄今为止的发展，完全证明了网络的传媒特性。一方面，作为一种狭义的小范围的、私人之间的传媒，互联网是私人之间通信的极好工具。在互联网中，电子邮件始终是使用最为广泛也最受重视的一项功能。由于电子邮件的出现，人与人的交流更加方便、更加普遍。另一方面，作为一种广义的、宽泛的、公开的、对大多数人有效的传媒，互联网通过每天至少有几千人乃至数亿人访问的网站，起到了真正的大众传媒的作用。互联网可以比任何一种方式更快、更经济、更直观、更有效地把一个思想或信息传播开来[1]。在1998 年 5 月的联合国新闻委员会年会上互联网被正式宣布为继报刊、广播、电视三大传统媒体之后的第四大媒体。

传统媒体与新兴媒体融合发展

推动传统媒体和新兴媒体融合发展，要遵循新闻传播规律和新兴媒体发展规律，强化互联网思维，坚持传统媒体和新兴媒体优势互补、一体发展，坚持先进技术为支撑、内容建设为根本、推动传统媒体和新兴媒体在内容、渠道、平台、经营、管理等方面的深度融合，着力打造一批形态多样、手段先进、具有竞争力的新型主流媒体，建成几家拥有强大实力和传播力、公信力、影响力的新型媒体集团，形成立体多样、融合发展的现代传播体系。（2014 年 8 月 18 日，习近平主持召开中央全面深化改革领导小组第四次会议强调）

网民来自老百姓，老百姓上了网，民意也就上了网。群众在哪儿，我们的领导干部就要到哪儿去，不然怎么联系群众呢？各级党政机关和领导干部要学会通过网络走群众路线，经常上网看看，潜潜水、聊聊天、发发声，了解群众所思所愿，收集好想法好建议，积极回应网民关切、解疑释惑。（2016 年 4 月 19 日，习近平在网络安全和信息化工作座谈会上的讲话）

网络空间是人类共同的活动空间，网络空间前途命运应由世界各国共同掌握。各国应该加强沟通、扩大共识、深化合作，共同构建网络空间命运共同体。（2015 年 12 月 16 日，习近平在第二届世界互联网大会开幕式上发表主旨演讲）

---

2. 互联网媒体的传播特征

作为一种新媒体，互联网具有传统媒体无法比拟的特点。

（1）小空间大数据

互联网是个信息的海洋，有数以千万计的专业网站。全球 600 多个国家图书馆，如英国大不列颠图书馆和美国国会图书馆等都成为互联网上信息资源的一部分，此外各类政府网站、企业网站也都提供了大量的市场信息、科技信息、社会政治信息等。互联网随时可以接纳几乎是任意数量的信息，而人们浏览这些信息仅需一个小小的屏幕。互联网以其超

---

[1] 百度百科，"互联网"。

链接的方式可以将需要展示的信息容量无限放大，直至穷尽互联网这个信息的海洋，而传统媒体要受版面、频道、时间等因素限制，无法任意扩大和丰富所发布的信息内容。

（2）强时效性

任何传播都是在一定的时间和空间中进行的，强时效性是网络传播最突出的特点。在互联网出现以前，传统媒体在传播的时效性方面虽然做了很多的改进，如尽可能缩短报纸的采写、编辑、印刷和发行的时间，电视上开办 24 小时滚动播出的新闻频道等，但传统媒体作为专业的传播机构，必须由专业人士来运作，采集、制作和发布信息的环节较多，有一套较为复杂的流程，因此要做到随时随地对新闻事件进行实时报道几乎是不可能的。而基于计算机技术、多媒体技术、网络技术的网络传播具有方便快捷、时效性强的特点，在任何地方、任何时间发生的事件，只要有一台能联网的设备，无论是台式机、笔记本还是手机，就可以在第一时间内将"新近发生的事实"传播出去，实现"我见即你见"。互联网的运用，大大加快了信息传播的速度，使人们能够更加迅速地了解周围世界发生的新情况、新经验、新问题，帮助人们消除对事物认识的种种不确定性。它不但极大减少了信息在传播过程中的衰减和失真，降低了信息传播的成本，而且对社会的政治、经济、文化的发展起着直接的促进作用。

（3）多媒体

从本质上讲，互联网是一种多媒体的综合性的信息平台。所谓多媒体，就是利用计算机技术把文字、图形、声音、静态图像、动态图像视频和动画等多种媒介形态综合一体化，使之成为有机的整体，并能对其压缩、编码、编辑、加工处理、存储和展示的信息产品。形象地说，就是通过计算机技术，把过去需要通过不同"通道"展现的文字、图形、声音、图像等信息汇集在同一通道，在"信息高速公路"上进行数字化处理。与网络媒体相比，传统媒体大多数是单一的媒介形态。例如，书籍、报刊是纸质媒介，承载的是符号信息。广播是声音媒介，承载的是听觉信息，广播的听觉也不是对外界事物的直接的、亲身的感受，而是对语音所表达的语意的辨识。只有电视是一种综合媒介，不但涵盖了符号信息、听觉信息，而且还具有视觉信息，使接受者对外界事物产生犹如身临其境的感受。但是，电视的视觉信息稍纵即逝，既不利于储存，也不便于反复阅读。网络传播打破了传统媒介形态之间的技术鸿沟，同时集中了传统媒介形态各自具有的优势，把文字、图形、声音和图像组成能够使人们随心所欲提取和转换的"超文本"。多媒体的传播形态又一次延伸了人的听觉和视觉，是人类在传播工具和方式上的又一次"突破境界"，使人类用于承载和交流思想的手段又一次得以完善，它既有利于人际间的精神交往，也有利于各种先进思想和文化的传播。

（4）高度交互性

我们知道，传统的大众传播方式是一种以传播者为中心的单向线性传播。传播媒介的控制者是传播的主体，是传播内容的"把关人"。来自不同信源的信息总是首先汇集到他们的手里，经过层层把关、筛选、过滤和加工，制成符合他们标准的产品后再传输给受众。相对于传播者来说，受众始终是被主体施控的客体，他们无法直接面对丰富的信息源，只能在传播者提供的信息范围内进行有限的选择。传播者与受众地位的不对等，给传播者赋予了过多的话语主导权和控制权，扼杀了信息传播中的民主意识和自由平等精神，形成了单向灌输式的传播模式。网络传播的出现，极大地动摇了传播者在大众传播中的地位。网络传播在传播方式上的最大特点是信息传播的双向交互性。在网络传播的过程中，传播者和受众不仅完全处于平等的地位，而且角色可以随时互换，受众可以成为传播者，传播者也可以是受众。任何个人或组织都可以在网络上发布新闻或信息，受众也可以及时地向媒体反馈自己的意见或建议，也可以就某一话题大家开展讨论，发表观点，这不仅仅是双向交流，而且是多向的互相交流。总而言之，网络传播在大众传播中实现了传播主体的多元化，带来了民间话语体系的崛起和"舆论一律"的传统传播格局的颠覆，有利于人们自由平等地发表各种意见，推动发展全过程人民民主。

（5）个性化

传统媒体传播信息的过程，是一个信息由传播者向受众单向流动的过程。由于受众的不确定性及受众对信息的被动接受，使信息传播往往采取高冲突的传播方式进行。换句话说，报社、广播电台和电视台根据自己的倾向性和编辑思想决定的信息内容，却有可能不能满足受众的需要不为受众接受。购买和阅读载有大量自己不需要的信息的报纸，或守着电视机面对着不喜欢看的节目和广告而不断地转换频道，这对读者和观众来说，无疑是时间和金钱的双重浪费。而网络传播使受众有了在接触传统媒体中没有的信息选择权，使信息传播过程中传受双方的冲突在一定程度上得到缓解。在网上搜寻信息时，受众不是被动地接受传播者"推"来的信息，而是主动地从网上"拉"出自己需要的信息，进行自主的选择和组织。例如，受众通过一个个有效的节点，在数分钟内就能把数家网络媒体对同一新闻事件的报道和评论尽收眼底，使受众摆脱了传统媒体的狭隘视野和媒体自身的风格对受众设置的诸多局限，为受众选择和接受新闻提供了极大的便利。网络传播发展的趋势是：受众不仅根据自己的需要自主地选择信息，甚至可以根据自己的需要在网上"预定"信息，或者通过一个软件将选取的信息编成一张完全符合自己个人口味的"报纸"，这种报纸被有"数字革命的传教士"——尼葛洛庞帝称为"我的日报"。网络传播的这种个人化的趋势，有利于人的自由的全面的发展。

2.1.2   自媒体

自媒体（We Media）又称"公民媒体"或"个人媒体"，是指私人化、平民化、普泛化、自主化的传播者，以现代化、电子化的手段，向不特定的大多数或者特定的单个人传递规范性及非规范性信息的新媒体的总称。自媒体平台包括博客、微博、微信、百度官方贴吧、论坛/BBS等网络社区。

美国新闻学会媒体中心于2003年7月发布了由谢因波曼与克里斯威理斯两位联合提出的"We Media"研究报告，里面对"自媒体"下了一个十分严谨的定义：自媒体是普通大众经由数字科技强化、与全球知识体系相连之后，一种开始理解普通大众如何提供与分享他们自身的事实、新闻的途径。简言之，即公民用以发布自己亲眼所见、亲耳所闻事件的载体。[①]

---

① 百度百科，"自媒体"。

自媒体中的"自"至少有两层含义，一层是自己，另外一层是自由。从自己的角度来看，公民从旁观者转变为当事人，从传播的客体变为主体，并且强调主客体的融合，媒体仿佛一夜之间"飞入寻常百姓家"，变成了个人的东西，从此媒体披上了平民化的外衣。从"自由"角度分析，"自媒体"意味着公民拥有更大的话语空间和自主性，拥有更大的自由度。[①]

1. 博客

博客的正式名称为网络日志，又音译为部落格或部落阁等，是一种通常由个人管理、不定期张贴新的文章的网站。博客上的文章通常根据张贴时间，以倒序方式由新到旧排列。Blog 的内容可以是纯粹个人的想法和心得，包括对时事新闻、国家大事的个人看法，或者个人对一日三餐、服饰打扮的精心料理等，也可以是在基于某一主题的情况下或是在某一共同领域内由一群人集体创作的内容。它并不等同于"网络日记"。作为网络日记是带有很明显的私人性质的，博客则是私人性和公共性的有效结合。它绝不仅仅是纯粹个人思想的表达和日常琐事的记录，它所提供的内容可以用来进行交流和为他人提供帮助，是可以包容整个互联网的，具有极高的共享精神和价值。一个典型的博客，其内容可以综合文字、图像、视频其他博客或网站的链接及其他与主题相关的媒体，能够让读者以互动的方式留下意见，是许多博客的重要特征。博客是社会媒体网络的一部分，它具有操作简单、持续更新、开放互动、展示个性等特点。目前仍然在运营的博客平台只有新浪博客。[②]

2. 微博

微博，微型博客的简称，是一种通过关注机制分享简短实时信息的广播式的社交网络平台。最早也是最著名的微博是推特。

微博是一个基于用户关系信息分享、传播以及获取的平台。用户可以通过 Web、Wap 等各种客户端组建个人社区发布信息，也可以发布图片、分享视频等。随着竞争的日趋激烈，微博的新特色服务持续诞生。例如，Plurk 有时间轴可以观看整合了视讯和照片的分享，Identi、Pownce 整合了微博加上档案分享和事件邀请、长微博等。微博的关注机制分为可单向、可双向两种。

微博最大的特点就是发布信息便捷、信息传播速度快。例如，你有 200 万关注者（粉丝），你发布的信息会在瞬间传播给 200 万人。相比于博客而言，微博更能表达出作者每时每刻的思想和最新动态，而博客更偏重于梳理自己在一段时间内的所见、所闻、所感。[③]

3. 微信

微信是腾讯公司于 2011 年 1 月 21 日推出的一个为智能终端提供即时通讯服务的免费应用程序。微信支持跨通信运营商、跨操作系统平台，通过网络快速发送免费（需消耗少量网络流量）语音短信、视频、图片和文字，也可以共享流媒体内容资料和使用基于位

---

① 百度文库，"自媒体时代概述"。http://wenku.baidu.com/view/b1e9f4bb69dc5022aaea001b.html.

② 百度百科，"博客"。

③ 百度百科，"微博"。

置的社交插件，如"摇一摇""漂流瓶""朋友圈""公众平台""语音记事本"等。

微信提供公众平台、朋友圈、消息推送等功能。用户可以通过"摇一摇""搜索号码""附近的人"、扫二维码方式添加好友和关注公众平台，同时将内容分享给好友以及将用户看到的精彩内容分享到微信朋友圈。2013年10月，微信推出的LBS图文回复功能由商家设置店铺位置、用户提交当前所在位置后，可以找到最近的商家店铺，并进行一键导航、一键拨号，如果店铺当前有进行的活动（如优惠券、刮刮卡），也可把活动显示出来。全城搜索志在帮助那些不懂技术的个人或企业建立属于自己的接口程序，让完全不懂技术的个人或企业通过简单的配置，即可拥有强大的功能。企业使用全城搜索可以用低廉的成本实现智能客服机器人功能，店家可以轻松实现店铺商品和粉丝的关联与互动，也将为微信地方号运维人员提供强大的地方运维管理功能模块。[①]

4. 短视频

短视频是指在各种新媒体平台上播放的、适合在移动状态和短时休闲状态下观看的、高频推送的视频内容，时长从几秒到几分钟不等（一般在5分钟以内）。内容融合了技能分享、幽默搞怪、时尚潮流、社会热点、街头采访、公益教育、广告创意、商业定制等主题。由于内容较短，可以单独成片，也可以成为系列栏目。[②]

短视频类社交媒体是以个人创作的短视频、设置的挑战话题和用户直播为主要内容，是个人通过短视频的方式进行的一种自我表达。同一个平台的短视频用户之间可以进行互动，互动方式包括聊天、点赞、评论、转发等。截至2021年，我国短视频用户规模为9.34亿，占网民整体的90.5%[③]。目前头部的短视频类社交媒体主要包括抖音、快手、西瓜视频、火山小视频等，而抖音和快手占领了短视频类社交媒体的绝大部分市场份额。

5. 论坛/BBS

论坛，全称为Bulletin Board System（电子公告板）或者Bulletin Board Service（公告板服务），是Internet上的一种电子信息服务系统。它提供一块公共电子白板，每个用户都可以在上面书写，可发布信息或提出看法。它是一种交互性强，内容丰富而及时的Internet电子信息服务系统，用户在BBS站点上可以获得各种信息服务、发布信息、进行讨论和聊天等。

BBS最早是用来公布股市价格等信息的，当时BBS连文件传输的功能都没有，而且只能在苹果机上运行。早期的BBS与一般街头和校园内的公告板性质相同，只不过是通过网络来传播或获得消息而已。一直到有些人尝试将苹果计算机上的BBS转移到个人计算机上，BBS才开始渐渐普及开来。近些年，由于爱好者们的努力，BBS的功能得到了很大的扩充。用户通过BBS系统可随时取得各种最新的信息，也可以通过BBS系统来和别人讨论计算机等各种有趣的话题，还可以利用BBS系统来发布一些征友、廉价转让、招聘人才及求职应聘等启事，更可以召集亲朋好友到聊天室内高谈阔论。

论坛一般由站长（创始人）创建，并设立各级管理人员对论坛进行管理，包括论坛管

---

① 百度百科，"微信"。
② 百度百科，"短视频"。
③ 数据来源：中国互联网络信息中心.第49次《中国互联网络发展状况统计报告》。

理员、超级版主（有的称"总版主"）、版主（俗称"斑猪""斑竹"）。超级版主拥有的权限仅次于站长（创始人），站长本身也是超级版主、超级管理员。一般来说，超级版主可以管理所有的论坛版块（普通版主只能管理特定的版块）。国内比较著名的论坛有：猫扑社区、天涯社区、搜狐论坛、强国论坛、百度贴吧等。[①]

6. QQ 空间

QQ 空间是腾讯公司于 2005 年开发出来的一个个性空间，具有博客（Blog）的功能，自问世以来深受广大 QQ 用户的喜爱。用户在 QQ 空间上可以书写日志、上传个人的图片、听音乐、写心情，通过多种方式展现自己。除此之外，用户还可以根据个人的喜爱设定空间的背景、小挂件等，从而使每个空间都有自己的特色。QQ 空间还为精通网页制作的用户提供了高级的功能：即通过编写各种各样的代码来打造自己的个人主页空间。

需要特别说明的是，认证空间是经过腾讯官方认证的，针对知名品牌、机构、电子商务、应用商、网站媒体、名人等推出，拥有专属功能的腾讯专页（Tencent page）。认证空间是普通空间的高级版本，比普通空间增加了一些功能和模块，目前版本的最显著特点是"我喜欢"的海量粉丝功能。当用户点击"我喜欢"成为某个认证空间的粉丝之后，空间的更新内容将会在粉丝的个人中心展现[②]。

2.2　网络广告及其发展

随着在互联网上聚集的群体——网民的数量快速增长，互联网已经成为企业进行营销的重要渠道。特别是伴随着互联网发展而成长起来的"80 后""90 后"乃至其后的众生代，可以说互联网已经成为他们的文化基因，是他们获取信息、赖以生存的重要渠道，而总有一天他们会成为未来世界的全部。因此，未来企业要想生存，没有网络的渠道是不可想象的，拥抱网络就是拥抱未来。

2.2.1　网络广告的含义

网络广告（internet advertising/web advertising），至今尚无统一的定义。一般认为，网络广告是指以互联网为载体，通过图、文、声、像等多种形式所发布的广告。同其他传统广告的最大区别就是，它以互联网为载体。通俗的理解就是由广告主通过互联网这种新媒体向顾客或潜在的顾客发送与企业相关的信息的过程。2016 年 9 月 1 日正式实施的《互联网广告管理暂行办法》中，将互联网广告（网络广告）定义为：通过网站、网页、互联网应用程序等互联网媒介，以文字、图片、音频、视频或者其他形式，直接或者间接地推销商品或者服务的商业广告。

一般地说，网络广告有广义和狭义之分。广义的网络广告是指企业在互联网上所发布的一切信息，包括公益性信息、企业的商品信息以及企业自身的互联网域名、网站、网页

---

① 百度百科，"论坛"。
② 百度百科，"QQ 空间"。

等。狭义的网络广告是指可确认的广告主通过付费所发布的商业信息，具有交互性，由具有声音、文字、图像和动画等多媒体元素组成，可供上网者观看。

2.2.2 网络广告的形成及其发展

一般认为，互联网新媒体的第一个商业广告是 1994 年 10 月美国著名的 Wired（在线）杂志在其网络版 Hotwired.com 网站上推出的一个旗帜广告，其内容是："你的鼠标点击过这儿吗？来吧！"（图 2-2）用户点击进去之后是 AT&T 公司的网站，在后来的发布期间还链接过其他公司的官方网站，包括 IBM 公司、Sprint 公司、MCI 公司、沃尔沃公司、Zima 公司和 Club Med 公司等。这一广告一共发布了 12 个星期，收费 3 万美元，点击率达 30%。这是网络广告发展史上的一个里程碑。业内人士普遍认为，Hotwired 是最早的网络媒体，也是第一个承接网上广告的网络媒体。

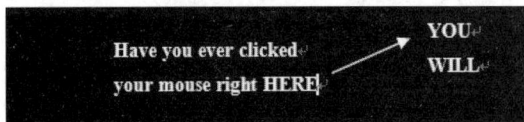

图 2-2　互联网的第一个商业广告

网络广告的发展与互联网的发展是紧密相连的，新媒体的出现为广告开辟了新的天地，给广告主和广告公司带来巨大的商机。网络广告起源于 IT，这也使得最开始一段时间的广告主都是从事 IT 及其相关行业的人员。IT 作为新兴行业的代表，也托起了网络广告这一个新兴事物，并创造了这个行业。从网络广告的历史来看，网络广告的发展大体经历了以下三个阶段。

1. 萌芽阶段

新闻组、电子邮件、时事通信、电子杂志和列表服务器等通信手段是网络广告的雏形。Web 专家们从一开始就交换链接，互相引导访问，从某种意义上讲这就是一种广告。但这些广告形式大多昙花一现，而且多为免费，还不具备现代商业广告的全部特征。Prodigy 公司是最早尝试网络广告的，早在 1990 年，互联网发展初期，还尚未实现商业化时，Prodigy 就期望网络广告能成为收入来源，但未如愿。1979 年就涉足网络的 Comusever 公司直到 1995 年才达成第一笔广告业务。美国在线（AOL）等公司也直到 1995 年才真正开始发布网络广告。

2. 探索阶段

Prodigy 尝试广告服务时，美国的两位年轻律师坎特和西吉尔也发现互联网作为营销媒体的成本优势，他们在 7000 个新闻组上刊登广告，向用户提供申请绿卡服务，并将同样的信息反复发给各新闻组。由于广告内容与讨论组主题毫不相干，坎特和西吉尔不但没有得到想要的业务，反而激怒了用户，毁坏了公司的声誉。通常情况下，那些与新闻组的主题没有任何关系的网络广告被称作"Spam",即"午餐肉"的意思。著名网络营销专家吉姆·斯丁姆表示:他们的行为是恶劣的行为,得罪了 95%的受众而只取悦于其中的 1%,非常不明智。坎特和西吉尔的行为不仅使自己的公司信誉受损,网络广告的声誉也随之"一落千丈"。一段时间内,甚至在互联网上还掀起了反网络广告的运动。

以电子邮件为媒介的网络游戏也给一些人带来广告设想,借助电子邮件的往返玩国际象棋的行为让一些游戏管理员敏锐地意识到电子邮件的商业价值。

Yoyodyne 公司是 H&R Blok 公司、读者文摘、微波通信公司等众多公司的代理商,为它们设计游戏和有奖竞赛,奖品是由广告商赞助的观看体育赛事的必要花费和 T 恤。这种活动要求玩游戏者提供一个电子邮件地址,然后在 Yoyodyne 公司提供的网址中随意访问网页或阅读广告即可。Yoyodyne 通过这种方式帮助广告商同用户建立联系,掌握更多的消费者的信息。这种"以允许为基础"的"病毒"式推销活动收到了意想不到的效果,Yoyodyne 公司吸引了 100 万用户参加游戏和有奖竞赛,使 H&R Blok 公司、读者文摘、微波通信公司等公司的访问人数大大增加。

3. 发展阶段

1994 年 4 月 15 日,美国连线(Wired)杂志和美国电话电报公司(AT&T)签署合同,完成第一笔网络广告交易。1994 年 10 月 14 日,在 Wired 的网络版 Hotwired 的主页上出现了 AT&T 等 14 个客户的旗帜广告,宣告了网络广告的正式诞生。之后,在 Hotwired 做网络广告的客户越来越多,其中包括宝洁、IBM 等知名公司。起初,为了避免网络社区居民对网络广告产生反感,美国热线(Hotwired)提出一种全新的广告商业模式,将原来的广告尺寸缩小成现在的旗帜广告(Banner Ad),将作为广告的横幅图文置于网页显眼之处,用户点选之后,就可以链接到广告主的网站或者媒体网站为客户特制的微型站点上。

当时的网络广告还没有定价标准,美国热线采取了比照传统平面媒体的做法,比较杂志彩色全版广告为网络广告定价,一个月 10000 美元。美国热线的这一创举给刚开始商业化的互联网一个启示——网络需要庞大的维护费用,广告应该成为重要的收入来源。

从此,网络广告的发展走上正轨,广告主和受众逐渐喜欢上这种新的广告形式,网络广告发展异常迅速。在美国,互联网广告市场规模从 1995 年的不足 6000 万美元,逐年快速增长,2001 年超过户外广告、2007 年超过广播、2008 年超过杂志、2010 年超过报纸[①],到 2013 年互联网广告总营收达 428 亿美元[②],超过电视广告收入,成为美国广告市场第一大媒体,在不到 20 年的时间里增长了约 700 倍。

1996 年 8 月 19 日,《计算机世界》发表《Internet 上的广告现状》一文,将网络广告概念第一次引入中国。1997 年 3 月,天极网(Chinabyte)上出现了中国第一个商业性网络广告——IBM 为其 AS400 制作发布的一则 468×60 像素的动画旗帜广告,IBM 为此向天极网支付了 3000 美元,成为国内最早在互联网上投放广告的广告主。1999 年,北京三元牛

---

① 艾瑞咨询. 1995—2011 美国网络广告市场数据研究报告. http://news.iresearch.cn/Zt/146986.shtml.
② IAB. 2013 年美国互联网广告营收 428 亿美元. http://www.199it.com/archives/209026.html.

奶在网易上发布网络广告，开创了我国传统企业做网络广告的先例。1997 年 4 月，Chinabyte 由国际权威的媒体机构 AC 尼尔森旗下的专业公司实行站点访问流量的第三方审计，迈出了与国际接轨的第一步。此后的两年，网络广告的发展经历了一个特殊阶段。那时的网络广告虽然形式上没有如今这般丰富，但已经吸引了许多跨国公司的目光，它们开始测试网络广告的效果，并着手将网络媒体的使用列入其预算之中。1999 年，新浪网获得了 IBM30 万美元的广告投放。同年，中国 27 家互联网媒体机构获得了国家工商总局颁发的广告经营许可证，获准经营网络广告业务，这标志着中国网络广告已经开始形成市场力量。

2003 年，对于中国的网络经济发展来说是个特殊的年份，在全球互联网经济复苏和 SARS 肆虐的强力推动下，中国的电子商务发展呈井喷之势，网络广告市场规模也急剧增长，当年的市场增长率达到 116.2%。从此，中国网络广告的发展进入一个全新的发展阶段，网络广告市场规模飞速增长，在 2005 年达到 40.7 亿元超过杂志广告，2006 年达到 60.5 亿元超过广播广告，2011 年达到 512.9 亿元超过报纸，成为广告市场第二大媒体，并于 2013 年达到 1105 亿元，超过千亿大关，次年又大幅增长至 1546 亿元，超过电视广告收入规模，成为广告市场第一大媒体[①]。网络广告的市场增长一再突破人们的保守预期，市场价值得到了越来越多企业的广泛认同。

从 1994 年至今，虽然网络广告的发展历史还不到 30 年，但其发展历程经历了五个时代：门户网站广告时代、B2B 平台广告时代、搜索引擎广告时代、社交媒体广告时代、移动互联网广告时代。

（1）门户网站广告时代

前面我们了解的广告发展历史基本上属于门户网站广告时代。门户网站时期最具代表性的是新浪、搜狐、网易、腾讯，它们最大的优势在于其对新闻报道的实时性远高于纸媒。不过由于当时国内对互联网的认知度不高，门户广告并没有取代纸媒、电视、广播、户外等广告渠道成为主流。因此，当时门户网站对广告主的要价不高，流量通常打包售卖，采取 CPM、CPT 的计价形式，广告销售顾问提前与客户确定广告的位置、内容、展示时间，媒体在相应的时间展示广告。

（2）B2B 平台广告时代

提起 B2B，大家第一时间就会想到阿里巴巴，但最早做 B2B 的是慧聪网。慧聪风光上市的时候，阿里巴巴才刚刚开始组建。如同现在的淘宝、天猫，在其平台上充斥着大量广告一样，慧聪作为一家 B2B 电子商务平台，为客户提供 B2B 行业资讯、供应和求购信息。

（3）搜索引擎广告时代

伴随着国外雅虎、谷歌等搜索引擎的发展，互联网广告开始有了第一次革命。在三大门户网站上市的 2000 年，谷歌推出了搜索广告 Adwords 并在早期按 CPM 计费（两年后也推出了 Adsense 以及 CPC 计费方式）。随后，国内的百度、360、搜狗等搜索引擎异军突起。

搜索引擎对流量进行了精细划分，广告主可以根据需求购买流量。比如二手车行业的广告主，可以通过锁定"二手车"相关关键词，并以实时竞价的形式抢占靠前排名，获得

---

① 数据来源：艾瑞咨询. 中国网络广告市场年度监测报告.

精准曝光和巨额流量。

从搜索引擎广告这个阶段开始，精准流量的概念迅速发展。

（4）社交媒体广告时代

从 2007 年以前以论坛形式存在的天涯论坛、猫扑、西祠胡同、百度贴吧，到后来娱乐化的人人网、开心网等博客网站兴起，再到新浪微博、腾讯微博等微信息平台崛起，社交媒体广告作为一种新型广告形式也随之出现。

最早期的社交媒体广告往往以关键意见领袖（key opinion leader，KOL）营销和信息流广告这两种主要形式出现。广告主通过与大 V 的内容合作进行品牌信息植入，通过搜索引擎时代发展起来的精准投放技术，获得海量曝光，但流量变现能力尚未体现。只不过这个时期能够给广告主们提供规模化广告投放的公司并不多，社交媒体广告的价值也尚未被全面发掘。

（5）移动互联网广告时代

上面提到的门户网站广告时代、B2B 平台广告时代、搜索引擎广告时代、社交媒体广告时代都属于 PC 时代。随着移动互联网的快速发展，传统 PC 上的广告迅速转向手机端转移。从 2012 年移动广告市场规模（53.2 亿元）占整体网络广告市场规模的 6.88%，到 2016 年的 60.67%，超过 PC 端的市场规模，宣告网络广告进入移动互联网广告的时代。到 2020 年，移动广告市场规模（6725 亿元）已经占整体网络广告市场规模的 87.7%，移动互联网广告时代已不可逆转。

随着移动互联网时代的到来，网络广告的形式也层出不穷，一种精准、高效的原生广告——信息流广告异军突起，并实现了对搜索引擎广告的弯道超车，最典型的平台有腾讯社交广告和今日头条等。[①]

网络广告发展至今，无论是在市场上还是技术上都取得了令人瞩目的巨大成就，与网络广告刚诞生时已不可同日而语，广告主和媒体方在发展过程中面临的诸多问题也推动着互联网广告行业不断迭代升级。

现在的许多 IT 网站上还保存着一份关于网络广告起源的历史文档。这份文档记述了一次网络广告创始人之间的谈话，他们是 Joe、Barry 和 Herbie。

——越来越多的人在使用互联网，让我们把它变成一个广告载体吧。

——我们能提供什么样的广告呢，屏幕这么小，而且人们要看的是内容又不是广告。

——我们只要把广告搞得小一点，让它很容易嵌入页面就行了。

——但如果广告小的话，很容易被忽略，而且上面的内容不容易看，是不是？

——我们以后再解决这个问题。

——那么怎么定价呢？

——网站可以按照一个固定的千人成本来收费。

——固定的费率？如果广告库存是无限的，卖方怎样保证一个固定的费率呢？广告价格会不会无止境的下跌呢？

---

① 资源来源：互联网广告发展简史. https://zhuanlan.zhihu.com/p/259306815.

——我们以后再解决这个问题吧。

——会不会出现固定的广告形式和技术呢？

——最终会的。

——在最终有一个固定的标准之前会不会有很大的混乱呢？

——我想会的，但只是在最初的五到十年，然后一切就会稳定下来。

——媒介计划人员会对这个新媒体有信心吗？

——我们会给他们准备大量受众数据的提供者。

——大量？会不会产生混淆和模糊呢？

——过一段时间他们自己会解决这个问题。

——媒介计划人员会不会有帮助他们正确分析和使用网络的工具呢？

——现在还没有，开发这样的工具太贵了。

——你的意思是说媒介计划人员手头只有模糊混淆的受众数字，而且没有任何媒介计划工具来做计划，听起来像是个产生灾难的处方。

——我们只好将来再解决这些问题了。

——对于那些创造网络广告的代理公司，谁来负责服务客户呢？

——是那些刚从学校出来的自信的年轻人吗？

——听起来用"毫无经验"来形容更准确一些。

——他们将从客户的小小的花费中学习受益。

——你怎么知道广告主会对这个新媒体有信心？

——他们用不着对这个有信心。大多数广告将按实际表现来收费，比如按照看到广告的人数或者点击广告的人数。

——听起来诱人，但如果太多的网站想卖广告，而广告费用又没有那么多怎么办？

——那么大量的网站将会灭绝，而剩下的将足够使这个行业最终走向繁荣。

——杂志和报纸会怎么看这个新媒体？

——他们肯定会对它抱有敌意。他们会说它没效果。当它增长缓慢时，他们会过度反应，在潜在的网络广告主中造成更多的恐慌。

——那么网络广告行业如何应对呢？

——会找出解决的办法来的。

从这份记录可以看到网络广告兴起的最初状态和人们当时的想法，其中包括：①网络广告的内容；②网络广告如何定价；③网络广告固定的形式和技术；④网络广告固定的标准；⑤正确分析和使用网络工具；⑥代理公司；⑦广告主的需求；⑧广告费用；⑨传统媒体对广告的态度；⑩网络广告如何应对质疑。这些关于网络广告发展最初的思考显然并没有过时，在新的发展阶段依然是值得进一步思考的问题，依然在指引着这个市场的从业者并继续引导着网络广告市场发展。

2.2.3　网络广告的特点

网络作为新型但已趋向成熟的广告媒介，有着区别于电视、广播、报刊等其他广告媒介的独特之处。相对于传统广告形式，网络广告呈现出一些自身的特点，了解这些特点是利用网络广告成功进行网络营销的基础。

1. 传播范围广、进入门槛低

互联网的传播范围是全球性的，不受时间空间的限制，以互联网为依托的网络广告自然也是超时空的，可以通过互联网把广告信息全天候不间断地传播到世界各地。用户可以在世界任何地方的互联网上随时浏览广告信息，而电视、广播、报纸及杂志等大多数传统媒体都有一定的地域限制，要想把国内刊播的广告拿到国外发布，还涉及申请当地政府部门许可、在当地寻找合适的广告代理人、洽谈并购买当地媒体等一系列复杂的工作。而通过互联网进行广告发布，发布出去的信息就可以瞬间直面全球所有的互联网用户，广大的中小企业也可能因此一夜成名，变为国际知名的公司。

2. 非强迫性传送信息

众所周知，报纸广告、杂志广告、电视广告、广播广告、户外广告等都具有强迫性，都是要千方百计吸引受众的视觉和听觉，强行灌输到你的头脑之中。网络广告则属于按需广告，具有报纸分类广告的性质，却不需要受众彻底浏览而可以自由查询，并根据潜在顾客的需要主动呈现和展示，这样就节省了整个社会的注意力资源，提高了广告的针对性和有效性。

3. 受众数量可准确统计

利用传统媒体做广告，很难准确地知道有多少人接触到了广告信息。以报纸为例，虽然报纸的读者人数可以通过计算发行量来确定，但是刊登在报纸上的广告有多少人阅读却只能推测而不能精确统计。至于广播电视的受众人数只能通过广播电视的覆盖率粗略估计。而在互联网上，可以通过权威、公正的访客流量统计系统，精确地统计广告的浏览次数，评估广告的宣传效果。不仅可以知道有多少人浏览过这个广告，还可以获得浏览者的地域分布及点选时间等重要信息，这些统计数据对于广告商和广告主评估广告的营销效果和制定相应的广告投放策略非常有帮助。目前，网络技术可以实时监测广告的即时效果，有利于广告投放者即时调整决策，最大限度地减少广告决策失误，提高效率。

4. 广告内容能及时更新

网络广告可以随时发布、随时更新、随时删除，这个优势是任何传统媒体不能比拟的。利用传统媒体做广告，受限于媒体自身特性，广告发布后不能随意更改。报纸和杂志有一定的发行周期，想要变更广告信息，最快也是等到下一期发行时才能调整。电视广告理论上可以不受播出周期的限制，但由于传统媒体广告制作、审查的特点，想要改动广告内容并不简单，而且代价不菲，往往得不偿失。网络广告就不同，网络广告可以全天候发布，广告主可以及时将产品的最新信息传播给用户，包括修正错误，这样经营策略的变化可以得到及时的实施和推广。

5. 交互性

与传统媒体上的广告相比，交互性是网络广告最显著的优势。如果受众对广告所传达的信息感兴趣，可以通过进一步的操作使之切换到能进一步了解的商品有关信息的页面，这些信息可以是有关商品的性能、价格、用户评价等，并有可能通过在线客服进一步咨询商品的售后服务、优惠折扣等。这种有选择性的、互动的浏览方式可以使用户获取他们认为有用的信息，厂商也可以随时得到宝贵的用户反馈信息。

6. 可定向性

可定向性，即在合适的时间将合适的广告发送给合适的受众。网络广告可以按照受众的身份如性别、年龄、职业、地理位置、国家等进行精确定向，亦可以按照时间、计算机平台或浏览器类型进行定向。

网络广告因为有这类特性也被称为窄告广告，包括定位广告和定向广告。它是通过运用先进的网络技术和特有的窄告发布系统，使广告客户的广告内容与网络媒体上的文章内容、浏览者偏好、使用习性、浏览者地理位置、访问历史等信息进行匹配，并最终发布到与之相匹配的文章周围的广告发布模式（如图 2-3 所示）。

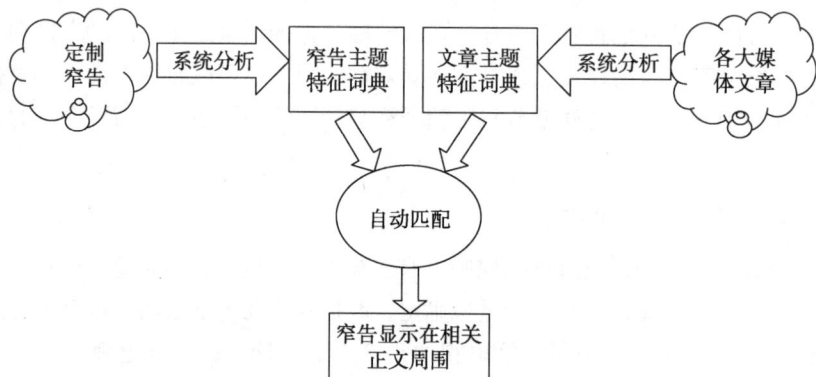

图 2-3　窄告广告投放的理论模型

窄告广告投放在理论和技术上都能做到实现非常精准的定向投放，它最常用的定向有以下三种类型。

（1）按地区投放

窄告广告可以投放具有较强针对性的地域广告，它通过对访问者所在地域的判断，可以自动将广告信息投放给指定地域的目标受众。

一方面，互联网是一个跨地域、超时空的信息平台；另一方面，它的数据传输技术可以在同一时间、同一网站的同一内容页面对不同地域登录的网民进行不同的广告投放。窄告投放技术系统通过登录或者访问者的 IP 地址判断其所在地域，可以自动将与企业目标市场的地域相匹配的地域性广告发布给在指定地域登录和访问的目标受众。比如，一个啤酒品牌如果需要重点拓展西北地区（陕西、甘肃）的市场，把陕西和甘肃两省当作目标受众所在地，窄告投放技术就可以在它聚合的网站上把广告信息投放给那些 IP 地址在陕西、甘肃两省的登录者和访问者。

（2）按内容语义投放

窄告投放系统可以对互联网终端站点的网页内容进行语义分析，把广告主的广告投放到与广告信息相匹配的内容周围。

窄告投放可以根据所要投放的广告信息，对互联网终端站点的网页内容进行语义分析，形成相关主题特征词典，用互联网数据技术自动匹配，生成窄告投放显示页，将广告主的广告信息发布到相关内容周围的位置上。具体的位置可以在终端相关内容的两侧、上下方，甚至可以在内容正文的中间。比如，一个牛奶厂商可以通过窄告投放把广告信息显示到所有与"牛奶""乳制品""食品""补钙""保健"等内容相关的网页上。广告的信息与正文内容具有高度的相关性和延续性，高质量地吸引关注这些主题的目标受众。

（3）按访问者个人特征投放

窄告投放的最高境界是根据登录者和访问者个人的职业、兴趣、偏好等特征，一对一地提供个人信息顾问服务。

互联网的数据互动技术可以系统地收集和分析登录者的登录和访问历史，在解决了所谓"隐私"问题之后，可以对不同的访问者实现一对一的信息推送。比如，通过个人登录和访问的历史确定某个网民是乔丹的篮球迷，非常喜欢乔丹，每次上网都会浏览乔丹的新闻，那么他就是乔丹鞋或者其他相关体育用品最精准的目标受众，对他进行一对一的信息推送可能容易激发起他的消费欲望。

窄告广告使得网络广告能够直接命中目标客户群体，极大地提高了网络广告的有效性，网络媒体的盈利能力也能成倍增长，中小企业也有机会用很小的投入，全面利用网络资源，将自己的商业推广信息送到目标用户的面前。

7. 创意的局限性

受电脑屏幕的限制以及除了全屏广告之外，网络广告空间总体显得比较狭小，即使是效果较好的网络旗帜广告，其常用的最大尺寸约合 15cm×2cm，要在如此小的空间里创意出有足够吸引力、感染力的广告，是对广告策划者的巨大挑战。

在了解了网络广告的基本特点后，我们回头想想广告的本质属性，也就是广告为什么会影响顾客，促进销售？其秘密就在于广告总是要以吸引人们的注意力为开始，很少有人是为了看广告而打开网页，所有人都是在浏览网页时被网页上的广告内容吸引，进而阅读广告。因此，网络广告必须依附于有价值的信息和服务才能存在，离开这些对于用户有价值的载体，网络广告便无法实现营销的目的。这一点与传统媒体上的广告本质上相同。但是，网络广告的效果并不单纯取决于网络广告本身，还与其所在的环境和依附的载体有密切的关系。相对而言，传统广告的受众关注度低，而网络广告的受众关注度高。比如，电视无法集中人的注意力，看电视时可能有 40%的观众同时在阅读，21%的人在做家务，13%的人在吃喝，12%的人在玩赏他物，10%的人在烹饪，9%的人在写作，8%的人在打电话。网络的用户则不同，55%的人在使用计算机时不做任何其他事情，有 6%的人同时在打电话，5%的人在吃喝，4%的人在写作。显然作为广告媒介，网络比传统媒介更具有吸引和保持注意力的优势。

当然，网络广告承载信息有限也成为网络广告最重要的缺点，空间容量的有限性使其不能在被接触的第一时间很好地将商品或服务的信息传播出去，即网络广告本身所传递的信息不是营销信息的全部。因此，网络广告的直接效果就只能表现为浏览和点击，是为吸引用户关注而专门创造并放置于容易被发现之处的信息导引，其表现形式以更能引起注意的新、大、奇等手法为主。

2.3 原 生 广 告

随着互联网尤其是移动互联网的快速发展，网络已经成为当今社会当之无愧的第一大媒体，人们对互联网的依赖也达到前所未有的程度。互联网上的信息铺天盖地，人们在寻觅着信息也在躲避着信息。以互联网为媒体的网络广告经常被当作垃圾信息被人们过滤掉，即使被关注也常常遭致反感，不利于广告信息的有效传达，因此原生广告应运而生。原生广告最初是一个"外行"提出的概念。2011 年 9 月联合广场（Union Square）风险投资公司的创始人弗雷德·威尔逊（Fred Wilson）在 OMMA 全球会议上提出：新的广告形式将存在于网站的原生变现系统（native monetization systems）当中。他认为原生变现系统将会为网站创造前所未有的价值。这是"原生"概念第一次出现在广告领域。此后三年，原生广告（native adertising）逐渐成为广告业内最受追捧，同时也是最有争议的词汇之一。一些企业人士认为原生广告代表着广告的未来，最终将取代互联网上的展示性广告，而另外一些人认为原生广告不过是新瓶装旧酒，是"内容营销"或者"品牌化内容"的另一个名称而已。

2.3.1 原生广告简介

1. 原生广告的概念

给原生广告下一个定义是一个难题，几乎每一个参与原生广告业务的人对"什么是原生广告"都有自己的说法。肯特州立大学的柯林·坎贝尔（Colin Campbell）认为"原生广告是基于许可的品牌传播活动，这种传播由品牌商发起，随后在消费者的社交网络中传播"。新闻聚合网站 Buzzfeed 的副总裁威尔·海沃德（Will Hayward）认为"原生广告就是通过社交网络进行分享的赞助性内容"。视频分享网站 Sharethrough 的 CEO 丹·格林伯格（Dan Greenberg）认为"原生广告是一种付费的媒体形式，在这种媒体中，无论在形式上还是在功能上，用户的广告体验都与他们使用媒体其他内容的体验相一致"。加拿大营销协会主席米奇·乔尔（Mitch Joel）认为"原生广告是一种根据技术特征和内容特征，为每一个媒体单独创作的广告"。英国的原生广告服务商 Contentamp 认为"原生广告是与上下文背景高度相关，在传递过程中整合了付费媒体（paid media）、自有媒体（owned media）和免费媒体（earned media），是对商业属性做出明确标签的品牌化内容，是由用户启动的广告"。新闻聚合网站 Buzzfeed 的总裁 Jon Steinberg 则用更加具体的方式阐述了原生广告："当你用内容的形式并冠以该平台的版本，就是一种原生广告。举例，在推特里面，它会是一则推特，在 Facebook 里面，它会是一则新的状态，在 Buzz Feed 里面，它会是一则报道"。

美国互动广告局（IAB）在 2013 年 6 月召集了一个由 164 位专家组成的特别小组，试图解决原生广告的定义和标准问题。经过半年的努力，该小组在 2013 年 12 月 4 日发布了

《原生广告手册》，该手册没有给出关于原生广告的明确定义，只是提出"原生广告既是一种'愿望'，也是一系列广告产品类型"。所谓的"愿望"，是指广告主和发布商希望广告投放能够做到三个一致：与页面内容一致、与网页设计一致、与受众在平台上的行为一致。所谓的"广告产品类型"则包括六种典型的原生形式，分别是：信息流广告（in-feed unit）、付费搜索（paid search unit）、推荐工具（recommendation widgest）、促销列表（promoted listing）、内置原生内容的广告（in-ad with native element units）、定制内容（custom）。

市场调查机构艾瑞咨询在 2017 年出版的《中国原生广告市场研究报告》中提出，广告的原生化是一种程度，从完全独立于页面的固定广告位到完全成为内容一部分的广告信息，所以原生广告更像是一种理念和思维，它和之前注重覆盖规模、投放精准和提高知名度的广告不同，它更加关注客户对广告的感受与体验，以此来赢取客户对品牌的深层认同。它没有固定的形式，环境决定它的形式。

综上，原生广告可以看作是一种新的消费者体验，是与页面内容紧密关联，融入整体设计，且与平台行为一致，达到与媒体环境充分融合的广告，以至于用户感觉广告属于内容的一部分，为用户提供没有隔阂的体验。

2. 原生广告的特点

（1）具有价值性的广告内容

原生广告的最显著特点就是内容具有价值性，从而易被受众接受。内容的价值性主要体现在三个方面，一是具有信息性，二是具有趣味性，三是具有共鸣性。具有价值性的广告内容通常更容易满足受众的社交需求，因此有更大的机会被用户接受。

（2）"去广告化"的广告形式

原生广告的出现并不是侵扰性的，而是在形式上力图融入媒体环境，使用户接触广告时并不影响其继续使用该媒体的体验。原生广告将广告内容嵌入媒体之中，没有一个固定的广告形式，或者说，原生广告是可以根据媒体的不同而任意"变形"的。

（3）"非劝服性"的广告意图

"非劝服性"的广告意图是原生广告区别于传统广告的一个重要特点。对于具有明显"劝服性"广告意图的广告，受众通常会有惯性排斥心理。而原生广告以受众为中心，根据受众的需求提供有价值的内容，更易引起受众共鸣，从而建立起受众与品牌之间的情感联系。

（4）精准的广告传播方式

精准传播主要表现在三个方面：一是内容精准，指将适合的广告内容精准地投放给有需要的用户；二是时机精准，广告主可以根据用户的使用习惯，选取恰当的时间进行广告推送，或在不同的时间投放不同的媒体；三是位置精准，即根据消费者的实际地理位置进行广告推送。

（5）多元化的广告传播渠道

原生广告由于其内容具有价值性，形式具有媒体适配性，便于在社会化媒体中进行传播，从而拥有多元化的传播渠道。主要表现为多平台传播和多层次传播两个方面，即原生广告可以适配不同的媒体，并且容易获得二次传播、三次传播甚至多次传播，甚至形成裂变式传播。

2.3.2 原生广告的发展与应用

自从 2012 年原生广告概念被提出以来，它的产生和发展就与移动互联网的发展紧密地联系在一起，成为移动广告最具代表性的产物。根据艾瑞咨询的研究，2016 年中国原生广告市场规模就超过了千亿元，达到 1138.2 亿元，占总体网络广告的近四成。另据AdYouLike 的预测，到 2025 年全球原生广告市场将达到 400 亿美元。

1. 原生广告的发展历程

在原生广告这一概念诞生之前，原生广告以搜索广告的出现作为标志，在很长一段时间内，搜索广告成为互联网广告中最为重要和有效的广告形式之一。但随着媒体形式的多样发展、移动互联网的出现，广告形式开始出现变化。

2012 年，Facebook 首次根据自身的社交页面推出插入在内容中的与社交信息一致的广告形式，从而开启了原生广告新的发展阶段。在这一阶段的发展初期，由于广告主与用户对于固定广告位投放习惯的影响，原生广告在形式和内容上均有较大的争议。主要争议在于：①内容和广告的模糊会不会对用户感受造成伤害？②广告与内容结合的形式如何规模化？③广告隐藏在内容中如何监测效果？虽然争议的声浪此起彼伏、不绝于耳，但原生广告迎来了惊人的爆发式增长。

2016 年，美国推出一系列相关法律和规定对原生广告进行规范管理。伴随着美国原生广告逐渐走向规模化和规范化，中国原生广告进入发展快车道。相比美国同时期，原生广告在中国的发展速度更快，形态变化更加丰富。

然而，未来的原生广告也存在着进入瓶颈期的危机。全球原生广告预计在 2025 年或将迎来平稳期，需要进行颠覆性的创新[①]。

2. 原生广告的应用现状

虽然原生广告出现的时间不长，但其应用形式非常丰富，不仅在广告形式上沿袭了网络广告的形式多样性，如品牌图形广告、视频贴片广告、固定文字链广告、赞助式广告和分类信息广告等，承载的媒体也非常广泛，几乎涵盖了所有媒体类型，如搜索、资讯、社交、视频、工具等。目前比较主流多见的原生广告应用形式如下。

（1）文本类原生广告

文本类原生广告一直是原生广告中最常见的展现形式，包含的内容也比较多。网站、手机浏览器等本身就是一个很好的内容聚合型平台，在网站的主页、手机浏览器的导航页插入原生广告，既不影响用户的媒介使用行为，也能起到了很好的"培养宣传"的作用。如图 2-4 所示，左边方框中的内容为搜狐网站新闻频道首页植入的文本类原生广告，右边方框中的内容为手机浏览器导航页中在"热门应用"下植入的文本类原生广告。

---

① 艾瑞咨询，《中国原生广告市场研究报告》，2017.

图 2-4　文本类原生广告

（2）视频类原生广告

此类原生广告与视频本身相融合，比如视频中出现的背景墙、人物手中拿着的产品或环境当中的一个物件摆设等。

这类原生广告与传统的视频植入广告不同，其与视频本身内容的结合程度更加密切，通常不会借助人物本身去宣传产品，而是让产品自己"说话"，在受众不认为其是一个强行插入的广告的情况下，让受众潜移默化地接受这类原生广告传递的品牌信息。

（3）应用（App）类原生广告

这类原生广告是广告主将关于自己商品的广告信息做成 App 中的一个功能嵌套进应用程序中，通过对 App 的使用实现用户对广告信息的浏览行为。国内应用类原生广告中比较成功的案例是美图秀秀。美图秀秀中有一个非常特别的按钮，就是专门用来投放原生广告的，它不是通常开发者常用的服务墙（offer wall），而是经过精心策划、与美图秀秀用户的个性高度贴合的精美广告，用户接受度非常高，如图 2-5 所示。

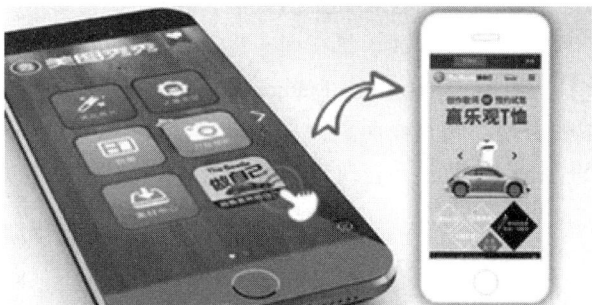

图 2-5　应用类原生广告[①]

---

① 图文资料来源：https://www.sohu.com/a/16311338_189100.

（4）游戏类原生广告

游戏类原生广告是融合游戏本身的特色而生成的广告，可以是游戏通关后获得的宝箱内藏着的广告，或是游戏某个场景人物携带的广告等。这种广告充分结合游戏本身的特色，使得用户在玩游戏获得愉悦体验时接触广告，通常不会造成用户的反感，反而会借助游戏本身的气氛获得更高的点击量。如图 2-6 所示，游戏本身的信息与广告和谐相处，达到用户体验与开发者收入的共赢。

图 2-6　游戏中关卡结束页上的原生广告①

（5）移动搜索原生广告

搜索竞价可以让广告主的产品或服务出现在众多搜索引擎的搜索结果页中，并让正在互联网上寻找产品和服务的潜在用户主动找到广告主，它本身也是一条对用户有价值的搜索结果，因此也是一种原生广告。如图 2-7 所示。

（6）桌面原生广告

Solo Launcher 是一款关于装饰桌面的软件，在这里用户可以看到非常多的主题和壁纸，各种好看的大图，精美的壁纸随意挑选，一键就可以设置成手机桌面，将手机桌面装饰得非常独特，让人眼前一亮！Solo Launcher 将原生广告做成应用推荐的服务墙，与其桌面融为一体，非常自然地推荐一些常用的 App 和手游，表现得恰到好处，如图 2-8 所示。

图 2-7　移动搜索原生广告

（7）锁屏应用原生广告

锁屏、解锁对于智能手机来说是一个基本需求，"红包锁屏"很好地利用了这一点，将自己打造成一个原生广告投放平台，如图 2-9 所示。

---

① 图片资料来源：https://www.csjplatform.com/resource/5e95b45d678921000f41e8e3.

图 2-8　桌面原生广告①

（8）主题表情原生广告

墨迹天气的这则原生广告既让用户觉得好玩，又能体现广告商的品牌特点，毫无违和感，堪称原生广告经典样本，如图 2-10 所示。

图 2-9　锁屏应用原生广告②

图 2-10　主题表情原生广告③

（9）社交媒介信息流广告

最早进行这种原生广告方式实践的是 Twitter，其开创了社交媒体信息流广告的先河，并应用于手机移动端。这种广告形式解决了移动屏幕广告展示的问题，使用户不再受到传统广告的屏幕弹窗带来的干扰，而是直接在社交媒体内容中阅览它们。Facebook 在这种广告形式的运用上紧随 Twitter 之后，并将信息流广告拓展出图文、App 下载、视频广告等多样化的模式，这类信息流广告可以和传统社交媒体上的信息一样被评论、点赞和转发。

---

①②③ 图文资料来源：https://www.sohu.com/a/16311338_189100。

2015 年 1 月 25 日 20 时 45 分，国内著名的社交平台——微信（WeChat），在其朋友圈推送了第一批信息流广告，广告对象包括宝马中国、Vivo 手机、可口可乐三家品牌产品，一时间成为用户与业界热议的话题，甚至产生了"新闻价值"，成为新华网、凤凰网、《人民邮电报》、《证券日报》等各大媒体争相报道的新闻。

如今，微信朋友圈的信息流广告已经多达九种（见 2.5.2 节——微信广告），微信平台的广告也由朋友圈拓展至公众号、小程序，而且还在不断发展中。

2.4　信息流广告

随着移动互联网时代的来临，各类移动互联网 App 呈井喷式发展，传统 PC 网络用户不断向移动互联网场域转移，移动互联网用户的基数不断增大。截至 2021 年 12 月，我国手机网民规模为 10.29 亿，网民中使用手机上网的比例为 99.7%[①]。在这一趋势下，基于移动流量中心化的产品也越来越多，移动互联网使得信息生产呈现出社会化趋势，任何个体都可以随时随地随心地参与到信息生产之中，信息生产主体由原来的媒介组织扩展到整个社会的任何组织与个体。同时信息消费也呈现出相应的变化，以往的信息消费是以静态的信息横断面为主，但随着信息生产的社会化和草根化，信息消费以动态的信息流为主。广告历来都是跟着信息消费者跑，信息流广告也应运而生，逐渐被应用到社交流媒体平台（例如，微信朋友圈、微博）、资讯流媒体平台（例如，搜索新闻客户端、今日头条）以及短视频流媒体平台（例如，抖音、快手）等。据统计，2020 年信息流广告在中国市场的投放规模已经超过 2500 亿元，占中国网络广告市场规模的 32.9%[②]。

2.4.1　信息流广告简介

1. 信息流广告的概念

移动互联网 App，尤其是社交媒体、资讯媒体和短视频媒体，它们在信息的展示上与传统的平面媒体和传统的 PC 网页具有很大的不同，相较于传统"一览无遗"的平铺直叙，移动互联网 App 在信息的展示上主要是按照一定的规格样式进行上下排布，形成像瀑布一样流淌的感觉，即信息流。信息流展示与排序方式目前主要有以下三种，即时间顺序、热度顺序和算法顺序。信息流广告就是与这些像流水一样展现的内容混排在一起，因此，信息流广告是属于原生广告的一种，是最不像广告的广告和最像内容的广告，如果不留意其周围出现的"推广""广告"字样，一般的用户不会发现是一条广告，可以很好地起到润物细无声的广告效果。

作为移动互联网时代涌现出的广告形式，信息流广告受到实践界和理论界的高度重视，对信息流广告的定义也是众说纷纭。实践领域强调信息流广告所嵌入的平台及其功能，认为信息流广告就是嵌在信息流媒体平台的信息之间，与互联网产品功能混排在一起呈现的原生

① 中国互联网络信息中心. 第 49 次中国互联网络发展状况统计报告. 2022，2.
② 艾瑞咨询. 中国网络广告年度洞察报告——产业篇. 2021，9.

广告。在学术界，学者们普遍从广告形式和广告内容两个方面对信息流广告进行解释。从形式上看，强调信息流广告形式与其所嵌入背景结构的相似性，例如，在社交媒体平台中以信息流的形式逐条呈现广告，其插入时机和频率可以基于具体场景动态调整；从内容上看，强调信息流广告内容与平台的融合性，像社交媒体平台中与其内容相似的商业赞助信息或穿插于社交媒体平台内容之间与品牌相关的信息。虽然实务界与研究领域的学者从不同视角出发对信息流广告的定义有所差别，但都强调了信息流广告的两个要点：一是信息流广告的内容与其所嵌入的社交媒体平台特征相融合，二是信息流广告以信息流的形式伴随着社交媒体平台中其他非商业信息逐条呈现。不仅如此，社交媒体平台还赋予了消费者自主选择和参与信息流广告的权利（例如，可对其点赞、转发或评论）。

综上，可以将信息流广告定义为：信息流广告是一种嵌在信息流媒体平台信息之间的，且能与平台特征相互融合（原生性），并按照平台信息呈现模式逐条展示（动态性），能支持消费者互动参与（社交性）的互联网展示广告。

2. 信息流广告的特点

信息流广告属于原生广告，因此它具有原生广告的全部特点。但信息流广告与原生广告又有一定的区别，体现在信息流广告主要是以移动端为渠道，大量出现在社交流媒体平台、新闻流媒体平台以及短视频流媒体平台中，顺应了消费者在移动互联网时代信息获取社群化、决策场景化以及行为碎片化趋势下对广告的偏好。在这一趋势下信息广告呈现以下三个特点。

（1）原生性

即能与平台特征相互融合。在形式上与其所嵌入的社交平台内其他非商业信息在规格和样式上保持一致，例如在微博里它是一则状态，在今日头条里它是一则新闻；在内容上其表述与其他非商业信息也存在一定的相似性，以致如果不是在周围标注有"赞助"或"广告"字样，很难让消费者识别出其是一则广告。

（2）动态性

即根据浏览者动态属性，按照平台信息呈现模式逐条展示。在投入媒介选择上，信息流广告主要投放于移动端，顺应了人们移动化、碎片化的信息消费场景；在投入策略上，信息流广告往往借鉴机器学习的思想，通过学习海量消费者动态数据（例如，浏览行为、消费行为和位置变化等），运用协同过滤、动态匹配等数据挖掘技术进行动态的广告投放。例如，今日头条每五秒计算一次消费者兴趣，选择消费者最有可能喜欢的广告为其进行推荐。因此，信息流广告投放是因人而异、因场景而异的，并且一般会基于消费者场景与消费者反馈进行动态的、响应式的策略调整。

（3）社交性

即能够支持消费者互动参与。嵌在社交流媒体平台的信息流广告被赋予了社交功能，通过对信息流广告进行点赞、转发、评论，让更多的消费者参与到广告传播中来。例如，Facebook、微博、微信这类社交流媒体平台通过有创意、幽默搞笑、二次元的广告内容提升消费者的信息流广告参与度。

2.4.2 信息流广告的发展史

1. 信息流广告的商业史

（1）开始出现

信息流广告是原生广告的一种形式，是信息流商业化的结果，也是移动互联网时代下的商业产物。

2006 年，信息流广告的雏形最早出现在 Facebook 上。

2011 年，Twitter 正式推出信息流广告。

随着移动应用井喷式的发展，移动互联网用户基数迅速增大，流量剧增，基于流量中心化的产品也越来越多，信息流广告逐渐被应用到各个平台。

（2）进入中国

2012 年，新浪微博正式将信息流广告商业化，推出信息流广告产品。相较于当时百度联盟的广告形态，信息流广告在用户体验、广告透明、广告效果上的优势立即引起业界轰动。

2013 年，腾讯新闻客户端信息流广告 CPD 产品上线。

2014 年，今日头条原生广告上线，信息流广告进入快速发展期。

2015 年，微信朋友圈信息流广告上线。

（3）爆发阶段

2016 年 1 月，360 推出 PC 信息流，小米推出原生广告智能营销产品。

2016 年 4 月，阿里系 UC 浏览器上线信息流广告。

2016 年 6 月，一点资讯推出智能化信息流 Smart Feeds。

2016 年 10 月，陌陌信息流广告上线。

2016 年 11 月，百度信息流广告正式上线。

2016 年中国信息流广告市场规模达 359.7 亿元，同比增长 109.3%。随着媒体平台的不断创新，信息广告产品愈加成熟。2017 年 8 月，微博超级粉丝通产品上线，腾讯新闻客户端"品牌故事"信息流上线，信息流广告逐步走向专业化、普及化、透明化、健康化，广告主逐渐重视并认可信息流广告，不断增加预算投入。到 2017 年，整个市场规模超过了 500 亿元，达 689 亿元，比 2016 年大幅增长 91.5%。

（4）持续发展

如今大部分白领 8 小时之内的工作已经离不开电脑网络，绝大多数人的吃、喝、玩、乐、行等各类生活场景也已基本都被移动应用所覆盖，因此无论是在工作还是学习、在聚会还是休闲，抑或是在上下班的途中，人们基本上都沉浸在互联网的信息海洋中。在这一背景下，PC 信息流和各类垂直应用平台（浏览器、搜索、应用下载等）的信息流商业化价值逐渐显现，各类媒体纷纷开始深化信息流内容布局，到 2020 年信息流广告已经成为中国网络广告前两大广告形式之一，成为增长最为显著的形式版块[①]。

---

① 资料来源：艾瑞咨询，《中国信息流潜力市场展望报告》，2019 年；《信息流广告的发展历程是什么样？》https://zhuanlan.zhihu.com/p/422882823。

2. 信息流广告的技术演进

（1）基于动态页面的信息推送技术阶段

这个阶段其主要是基于动态页面的信息推送技术，使广告由固定呈现式向推送式转变。作为互联网展示广告的新形式，信息流广告直至 2006 年才在 Facebook 上出现，但当时在PC 端投放的信息流广告与其他类型的广告相比没有显现优势。2012 年 Facebook 在其移动端的动态页面内容中嵌入信息流广告，使其与 Facebook 其他非商业信息相"融合"，认为这种原生的广告形式能够更加顺应移动端狭小的屏幕，也更容易被消费者接受。从此，信息流广告价值不断凸显，被业界誉为"移动营销的灵药"。

（2）基于消费者动态场景演化的大数据和机器学习技术发展阶段

随着信息流广告的发展，基于消费者动态场景演化的大数据和机器学习技术可实现信息流广告智能化协同推荐。随着人口红利的退去，企业越来越重视流量的精细化运营，因此，企业在信息流广告实践中开始依据数据和算法，通过精准推送来提高广告的转化率。例如，今日头条、Twitter 和百度都纷纷凭借先进的智能推荐引擎，结合消费者特征、场景特征和阅读内容特征进行信息流广告的智能化协同推荐，满足消费者的个性化需求，提升信息消费的体验。

（3）融入社交功能的页面交互技术发展阶段

这是信息流广告发展的扩张阶段，其融入社交功能的页面交互技术，促使消费者积极参与到与信息流广告的交互之中。通过赋予信息流广告点赞、转发、评论等交互功能，不仅可以把握消费者的兴趣点，助力广告的精准投放，还能满足消费者的社交需求。当前信息流媒体平台，如微信朋友圈、抖音，越来越多地通过提升信息流广告创意和相关性来激发消费者主动参与广告互动，主动进行广告的二次传播。iResearch（2018）调查显示，对于信息流广告，九成以上的消费者会"点击查看"，超七成消费者会有"点赞"行为，67.4%的消费者有过"评论"行为，65.7%的消费者曾经"转发"过。

2.4.3　与传统互联网展示广告的区别

1. 沟通范式的不同

移动互联网时代呈现出的信息获取社群化、决策场景化以及行为碎片化的特征促使互联网广告沟通范式也发生了转变，其中，信息流广告遵循以消费者为主导的水平沟通范式实现对消费者情感的激发，而传统互联网展示广告遵循的是以企业为主导的垂直沟通范式。

如图 2-11 所示。基于双系统理论，个体在进行处理和决策时会启动理性（系统 1）与直觉（系统 2）两种不同的认知思维模式，其中，理性是由认知驱动的一种缓慢的、耗费资源的、被意识控制的思维模式；而直觉是由情感驱动的一种快速的、不会耗费太多资源的、内隐的思维模式。传统互联网展示广告的沟通过程中一般采取一对多的传播方式，广告受众相对独立，广告接受场景相对静态，消费者的信息获取与购买通常也是分离的，更容易启动消费者的理性思维模式。因此传统互联网展示广告遵循的是以企业为主导的垂直沟通范式，希望通过认知状态唤起的广告内容和形式来争夺消费者的认知资源，强化消费者的认知记忆，从而达到广告说服的目的。然而，随着移动互联网的发展和推进，广告受

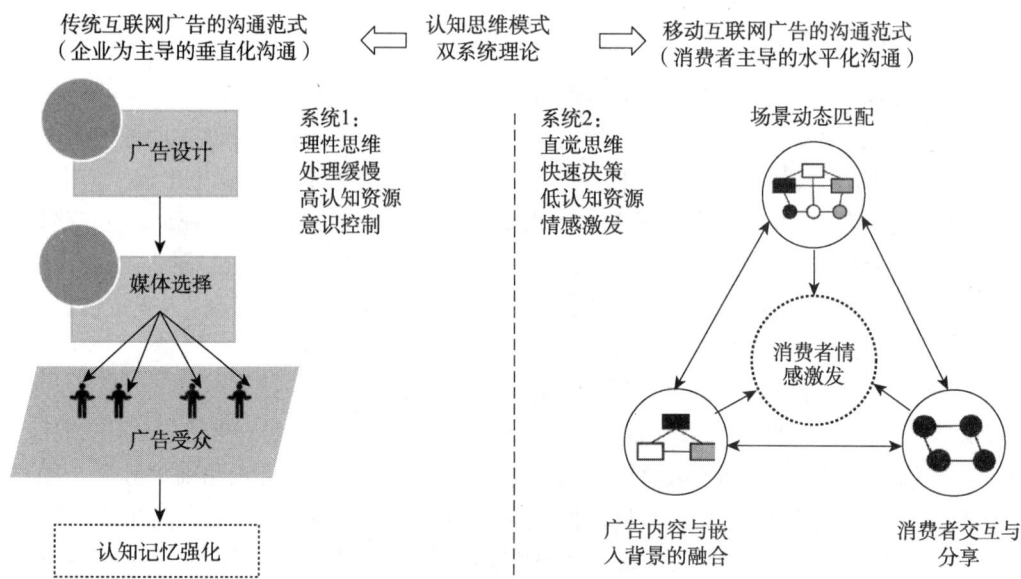

图 2-11   移动互联网时代下沟通范式的转变

众不再是相互孤立，而是呈现出信息获取社群化、决策场景化、行为碎片化的特征，更容易启动消费者直觉思维模式。因此信息流广告遵循的是以消费者为主导的水平沟通范式以实现对消费者情感的激发。

2. 实现方式的不同

传统互联网展示广告和信息流广告两者为了实现各自的说服目的，在广告设计、广告投放和广告传播方面均有较大的差异。

在广告设计方面，传统互联网展示广告在形式上往往通过高度可见的方式（如旗帜、弹窗等）吸引消费者的注意力，在内容上更多强调产品自身属性和诉求以提升广告的说服效率。而信息流广告在形式上更注重原生性，最大限度地保持与其他非商业信息的相似性，做到润物细无声。

在广告投放方面，传统互联网展示广告主要投放于物理位置相对固定的 PC 端，通常采用的是基于细分市场的广告投放策略，根据消费者相对稳定的人口统计特征与历史行为偏好进行广告投放。随着互联网应用逐渐趋向移动化和场景化，互联网展示广告也越来越趋向基于消费者动态属性与场景的个性化投放，信息流广告正是这一转变的体现。在投放媒介上，信息流广告主要投放于移动端；在投放策略上，信息流广告充分利用大数据、数据挖掘、人工智能等技术进行动态的广告投放。

在广告传播方面，传统互联网展示广告常见于各类信息发布式的门户网站进行单向一对多的信息传播，认为其受众之间是相对独立的，考虑更多的是广告对受众认知记忆的直接影响。而基于社交流媒体平台的信息流广告能引发消费者参与信息交互和传播，使广告能够随着"点赞""评论"再现，随着"转发"产生二次、多次传播，从而极大地扩大了广告的传播面。同时，由于消费者之间的社交关系带来的影响比直接的广告说服给消费者心理和行为带来的影响更加深刻，交互越频繁就越容易对品牌产生认同，越有利于品牌形象的塑造与品牌价值的传播，从而提高了广告的传播效果[①]。

2.4.4 信息流广告的模式与运作机制

在信息爆炸的时代，没有选择就是更好的选择。今天的移动互联网使得消费者可以在任何时间和任何地点获取任何信息，获取信息的成本接近于零。但对于品牌营销方来说，太多的选择只会增加消费者的痛苦。信息流广告帮助营销方锁定目标消费人群，并且偏爱一些现象级的头部 App，信息流广告市场也呈现出明显的"马太效应"，以字节跳动、百度、腾讯为首的头部媒体占据信息流广告市场 70%以上的份额。根据目前的实践，信息流广告的运作模式主要有以下五种。

1. 基本社交网络的关系模式

这一模式主要以微信朋友圈广告为代表，基于社交关系，打造多维度、多层次的媒体矩阵。腾讯拥有多元化的产品生态，用户人群相对年轻，覆盖全面，积累了庞大的社交用户数据，能够充分地挖掘用户行为习惯和偏好，并通过 AI 大数据技术进行智能分发，将图文编辑、视频编辑、粉丝管理等功能进行整合，效果测评上有广点通的数据管理平台，并开发了跨平台分析工具腾指数为广告主等提供数据服务，同时微信支付可以为广告主提供一手的用户消费数据，在用户的消费能力与消费偏好方面可以更为精准和有效。

2. 基于阅读偏好的兴趣模式

这一模式以今日头条为主，主要是通过用户的阅读兴趣和偏好，推送相应的信息流广告。因为今日头条是依据用户点击的信息，绘制兴趣图谱进行新信息的推送，因此其本身对用户兴趣有十分精准的洞察，可以根据不同行业广告主的不同营销需要，帮助他们多维度立体化地找到目标人群，并可以根据用户不同的阅读场景进行精准分发。近年今日头条也大力进军视频内容市场，完善自身的产品生态，信息流的视频广告形式越来越多。

3. 基于用户搜索的推荐模式

这一模式主要是以百度为代表，采用"搜索+推荐"双引擎模式，再加上人工智能和大数据算法作为技术支撑。百度近年来努力构建百家号生态，截至 2021 年 6 月，平台创作者数量已经超过 460 万，行业达人创作者规模达 70 万。百度一直努力尝试将搜索引擎的竞价排名盈利模式向信息流广告盈利模式转型，为此已将搜索引擎与爱奇艺账号打通，以鼓励创作者视频内容的生产，提升优质内容的分发效率。近年来，百度还不断发力 AI，百度大脑、知识图谱等技术提升了广告和内容的匹配度和精准定向能力。

4. 基于地理位置的导流模式

这一模式主要以陌陌为代表，通过与地理位置信息结合，将信息流广告推送给附近的人，属于 LBS（基于位置的服务，location based service）的范畴。陌陌的信息流广告位分为附近的人、附近动态以及关注三大类别，其广告类别有落地页信息流广告、应用推广信

---

① 黄敏学，张皓. 信息流广告的前沿实践及其理论阐释[J]. 经济管理，2019(4)：193-208.

息流广告、到店通信息流广告等，这些都是基于位置而进行推送的，可以提升广告主的线下导流效果，比较适合小型广告商的商业推广。

5. 基于社交+兴趣的混合模式

这一模式以新浪微博为代表，是一种基于粉丝经济的"社交+兴趣"双信息流模式。微博拥有全面详细的用户社交行为数据，这些数据包括用户状态、话题参与、互动与社交网络，可以对用户之间的社交关系及兴趣实时捕捉与挖掘，进行信息流广告的推送。近年来微博大力进军视频营销市场，内容产出逐步视频化，战略布局短视频、直播、VLOG 等内容生态，并深耕垂直内容，帮助广告主打造闭环消费场景。超级粉丝通打通博主信息流、分组流、热门流等用户行为路径，通过图片、视频、活动落地页丰富的全屏广告展现形式，搭建不同生活场景和消费场景，实现信息流广告的立体化、多维度的定向推送[①]。

2.5　网络广告的投放形式

网络广告的形式从早期的旗帜广告和按钮广告，到由此衍生出的标准式、巨幅、通栏、画中画、摩天楼、全屏、对联、漂浮式、鼠标跟踪等形式，到更富有表现力的弹出式广告、分类广告、路演式广告、赞助式广告、关键词广告、文字链接广告、聊天式广告、电子公告栏广告等，直到最新的富媒体广告、博客广告等。很多网络广告形式仅见于中国市场，机具中国特色。中国网络广告形式之多就连网络广告的创始人 Joe、Barry、Herbie 都始料不及。美国艾维媒体资源（Evaliant Media Resources）的分类专家称：中国是网络广告形式最丰富的国家。

经过多年的发展，虽然网络广告的形式已经呈现丰富多彩的局面，但其发展并没有停止，随着移动互联网的快速发展，面向移动端的移动广告又成为一片绚烂的蓝海，又创造了与 PC 端完全不同的移动端广告形式。

2.5.1　PC 端广告的主要形式

1. 基于尺寸和位置的网络广告形式

大小不同和位置不同的广告，其效果显然不同，甚至是巨大的差别，因此在不影响正常浏览的情况下，如何设计不同尺寸的广告并将其布置于页面适当的位置以求得最大的曝光量和点击率，成为网络媒体需要研究的重大课题。为此，设计师们绞尽脑汁，才有了今天我们看到的形形色色位置各异、大小不一的网络广告。

（1）通栏广告

通栏广告[②]以横贯页面的形式出现，是一种最常见的网络广告形式。该广告形式尺寸较大，视觉冲击力强，能给网络访客留下深刻印象，特别适合活动信息发布、产品推广、庆典等。通栏广告又称横幅广告或旗帜广告，现在通栏广告的尺寸都比较大，在三大门户

---

① 李彪. 信息流广告：发展缘起、基本模式及未来趋势[J]. 新闻与写作，2019（10）：54-58.

② 所谓通栏广告，是指和一个整版宽度相同、但是面积不到半个版的平面广告。

网站上，其尺寸一般都在 820×100 像素以上，常见于门户网站的首页，而半通栏广告，在 425×125 像素左右，在 PC 端的网页上已经难得一见了。通栏广告的价格按天计，每天 4 万～60 万元，如图 2-12 所示。[①]

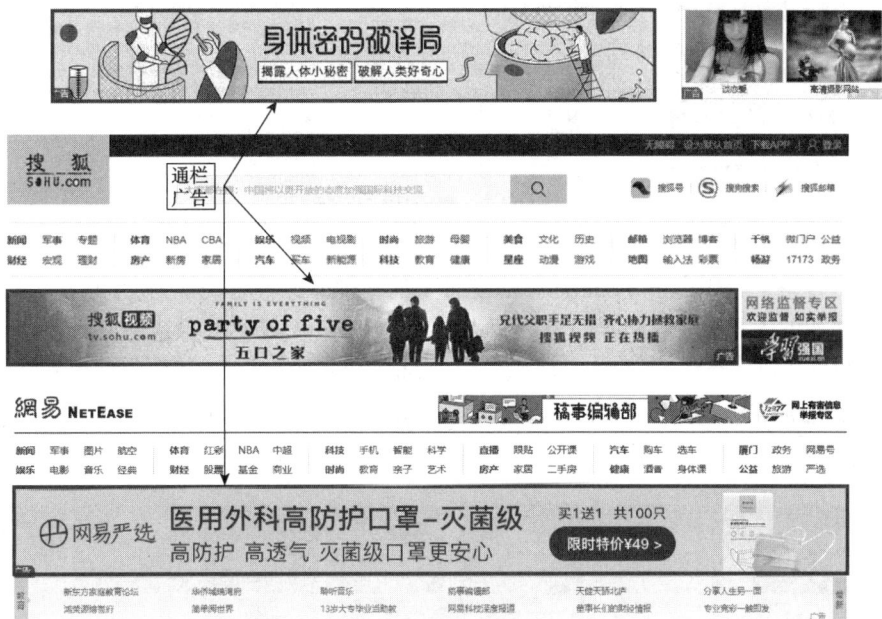

图 2-12　通栏广告

（2）矩形广告

矩形广告通常被嵌入新闻或者专题报道等文章内容的左右两侧，尺寸相对较大，比较引人注目。目前该类型广告通常使用 Flash 技术制作，它赋予了平面广告更多信息内涵、互动功能，以及多媒体特色，使得"广告也娱乐"，如图 2-13 所示。广告尺寸基本在 300×250 像素左右，文件大小不超过 30K，价格每天 4 万～45 万元。

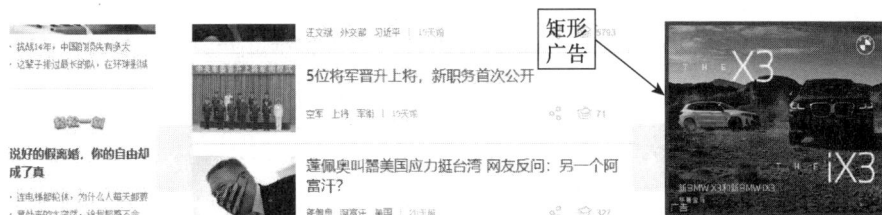

图 2-13　矩形广告

（3）摩天楼广告

摩天楼广告又称擎天柱广告，出现在网页的两侧为竖条形的广告幅面，与矩形广告的区别是摩天楼广告窄而高，其尺寸约为 230×300 像素，如图 2-14 所示。

---

① 数据以搜狐网提供的网络广告报价表为例，参见 http://ad.sohu.com。各个网站的数据会有所差异，同一个网站同一类型的广告尺寸也会有不同的规格，下同。

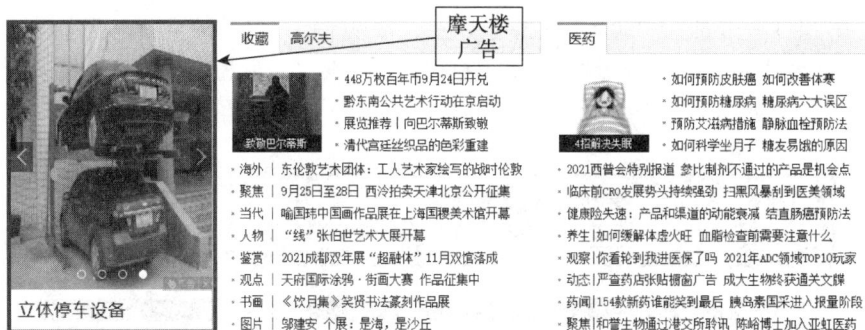

图 2-14　摩天楼广告

（4）按钮式广告

按钮广告是从旗帜广告（banner）演变过来的一种形式，是表现为图标的广告。广告主通常用其来宣传商标或品牌等特定标志。广告尺寸约 139×101 像素，其版面位置的安排较具有弹性，可以放在相关的产品内容旁边，是广告主建立知名度的一种相当经济的选择，如图 2-15 所示。这种广告形式最早是浏览器网景公司（Netscape）用来提供给使用者下载软件之用，后来这样的规格就成为一种标准。

图 2-15　按钮广告

（5）对联广告

对联广告是指利用网站页面左右两侧的竖式广告位置而设计的广告形式。这种广告形式可以直接将客户的产品和产品特点进行详细的说明，也可以进行特定的数据调查、有奖活动等。它一般在首页展示，不随页面上下移动，有明显的"关闭"字样。它基本不会干涉使用者浏览页面，注目焦点集中，有助于吸引访问者点击阅读，能有效地传播广告相关信息。广告有两个文件，每个尺寸约 100×270 像素，如图 2-16 所示。

图 2-16　对联广告

（6）首页 Loading 广告

这种广告幅面大，尺寸约为 1000×436 像素。广告位置：开屏。首页显示 1 秒后，首先出现 Loading 广告，5 秒展示时长，可点击跳过。广告出现：由下至上浮入 1 秒。广告消失：由上至下浮出 1 秒。由广告可点击进入客户指定页面，每台机器每时段随页面刷新，一个用户一天最多展现 4 次，如图 2-17 所示。

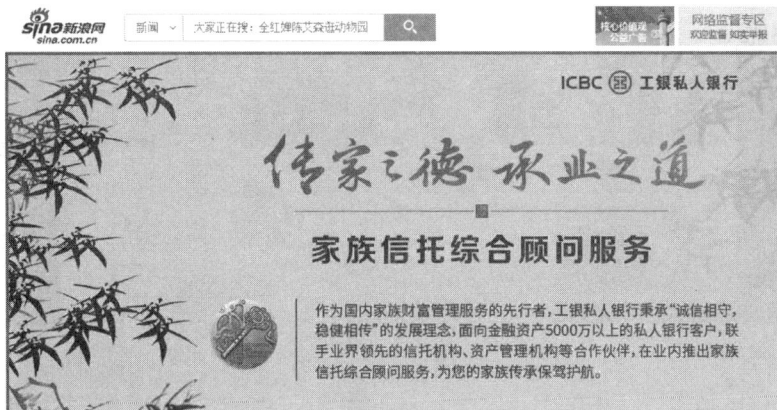

图 2-17　首页 Loading 广告

（7）动态皮肤广告

动态皮肤广告的尺寸约为 1920×600 像素。这种广告形式的特点是：用户打开首页，自动展示动态皮肤广告；时长 5 秒，5 秒后自动收起广告；右上角有"重播"按钮，点击可重播广告；重播按钮右侧为"关闭广告"按钮，点击按钮可关闭动态皮肤广告；一个用户一天最多可见 2 次动态展现效果，如图 2-18 所示。

图 2-18　动态皮肤广告

（8）底纹广告

底纹广告尺寸约为 80×800 像素，右上角有"关闭广告"按钮，点击按钮可关闭广告，如图 2-19 所示。

图 2-19　底纹广告

（9）全屏浮层广告

全屏浮层广告分静态与动态两种，静态为 PNG 格式，动态为 Flash 格式。广告尺寸约为 1920×1080 像素，播放时长 5 秒。全屏浮层广告每日最多投放 6 小时，每台机器每时段随页面刷新，一天最多展现 4 次；广告在首屏展现，广告展现 5 秒后消失；用户点击广告素材，可跳转至客户指定页面；同时段的静态全屏浮层与动态全屏浮层互斥，如图 2-20 所示。

图 2-20　全屏浮层广告

（10）底部推拉窗广告

底部推拉窗广告尺寸约为 1180×150 像素，展现时长 5 秒，按钮尺寸约为 80×150 像素。底部推拉窗广告，每台机器每天随页面刷新，一天最多展现 4 次；广告展现在屏幕底部，广告展现 5 秒后，回收至左侧按钮；点击左侧按钮或浮条可跳转至客户指定页面，点击"关闭"可关闭按钮；鼠标滑过按钮，可触发展现浮条广告 2 次，如图 2-21 所示。

图 2-21　底部推拉窗广告

（11）导航栏幕帘广告

导航栏幕帘广告尺寸大小约 1020×75 像素，不可随着屏幕大小变化拉伸。广告位于频道顶部导航下方，如图 2-22 所示。

图 2-22　导航栏幕帘广告

2. 其他形式异质的网络广告形式

（1）流媒体+右悬停按钮广告

流媒体+右悬停按钮广告尺寸大小约为 360×360 像素，回收按钮大小约为 100×100 像素或 60×60 像素。用户打开页面后，流媒体从页面中弹出，覆盖页面内容，背景透明，可手动关闭；动态展示 8 秒后，回收到右侧悬停按钮；右侧悬停按钮下方有"关闭和重播"字样；广告素材不随页面下移。屏幕分辨率≥1440 时，回收按钮展现 100×100 像素的素材；分辨率<1440 时，回收按钮展示 60×60 像素的素材。用户点击流媒体及回收按钮，可跳转至客户落地页，如图 2-23 所示。

图 2-23　流媒体+右悬停按钮广告

（2）左悬停按钮广告

左悬停按钮广告尺寸大小约 100×100 像素，素材展现在页面左侧，有明显"关闭"字样，可随页面下移，用户点击广告素材可以进入客户跳转页面，如图 2-24 所示。

图 2-24　左悬停按钮广告

（3）流媒体视窗广告

流媒体视窗广告尺寸大小约 300×225 像素，动态展示 15 秒，右上角有"关闭广告"按钮，视频下部放置控件，静态。控件基本组成：播放/停止、声音，控件区域高度不超过35 像素。回收位素材位置：页面右下角，紧贴导航栏右侧边缘位置，大小约 30×150 像素，如图 2-25 所示。

（4）赞助式广告

赞助式广告是指企业以赞助的方式换取在网站相关的页面或栏目展示自己品牌或产品的一种广告投放方式。它可能是通栏式广告、弹出式广告等形式中的一种，也可能是包含多种广告形式的打包计划，甚至是以冠名等方式出现。赞助式广告一般放置时间较长且无须和其他广告轮流滚动。赞助一般有内容赞助、节目赞助、节日赞助三种方式。赞助商可以利用这种方式展示品牌，进行市场调查，获得广告收益，还能够用各种方式与访问者进行交流。赞助式广告的优点是与重大事件捆绑在一起，广告的冲击力较强，缺点是时效性太强。

图 2-25 流媒体视窗广告

赞助式广告通常有两种形式。

①广告置放点的媒体企划创意形式。2005 年，李宁开始与网易体育频道合作进行网络营销。在 2007 年 4 月李宁与网易达成的一个为期三年的协议中，李宁公司不仅拥有网易体育频道的赞助冠名权，还将网易体育频道的设计标准色换成了李宁品牌所采用的红色。

②广告内容与频道信息的结合形式。2016 年，在里约奥运会开幕前，新浪推出了独立网站 2016.sina.com.cn 专门进行里约奥运会的报道，以聚集网民，提升门户网站人气。奥运会的关注度极高，这无疑是一个进行品牌宣传的绝好时机，联想伺机而动与新浪展开合作，出资赞助网站运作，并获取在网站首页发布旗帜广告的权利（如图 2-26 所示）。这是一种广告主配合网站内容设计制作广告的方式。

图 2-26 联想赞助的 2016 里约奥运会专栏广告

（5）邮件广告

邮件广告有两种类型：一种是利用用户免费的电子邮件服务，即广告主或广告代理商根据收集到的用户信息将相应广告投放到用户个人邮箱的主页上；另一种是直邮广告，又称邮件列表广告，利用网站电子刊物服务中的电子邮件列表，将广告加在读者所订阅的刊物中发给相应的邮箱所属人，起到定向发放的作用，适用于向指定用户群推荐与刊物内容相关的企业和产品。邮件广告的形式可以多种多样，如 banner、buttons、超文本链接等，但不宜过大。

（6）互动游戏式广告

互动游戏式广告包括两类。一类指广告主根据广告宣传的内容将广告的形式设计成小型互动游戏，当浏览者对游戏画面感兴趣时，便会按照游戏的设计程序开始游戏，而游戏的情节便是广告所要宣传的内容。这类广告属于根据广告主的产品要求量身定做的、独立的互动游戏广告。另一类是在各种网络游戏中，将广告商品投放到游戏的过程中，游戏者可以在游戏的过程中看到广告。例如，一款最简单的开车游戏，跑道围栏上或许会印上可口可乐的标志。又如，游戏里的街道上也有 LED 显示屏，上面连续播放最新的好莱坞电影的宣传片，玩家在游戏中购买的跑车是丰田最新的车型等。

随着网民对常规的网络广告形式，如旗帜广告、矩形广告、弹窗广告等的厌倦，为了更好地吸引网民的注意力，许多带有互动性的新型广告形式不断涌现。

①红包开奖

用户打开某个网页，如果出现巨幅弹窗广告，用户对此大多很反感。为此一种新的、带有互动游戏性质的弹窗广告出现在人们的视野中，用户打开网页，弹出的不是巨幅广告，而是一个小游戏，这里以红包游戏为例。弹出的红包游戏窗口有若干个红包，红包内有现金奖励或者是广告。用户在规定时间内点击出现的红包，红包将自动打开，红包内随机设置 0.1～1000 元不等的现金奖励。设置的概率由网站自行设定，应保持一个原则，中奖概率随着面额的增加而减少。红包打开也有可能出现优惠券。例如天猫在新浪网投放的游戏广告，红包打开里面可能是各种优惠券，满百元减十元或五元无门槛使用优惠券等。还一种可能是打开红包里面就只有广告。

②闪现广告

闪现广告是在广告中穿插 1 帧或者 2 帧产品画面，时间就几毫秒。可以使用色彩较为强烈的图片对广告观看者形成强烈的视觉冲击，1 帧或者 2 帧产品画面结束后出现与产品相关的问题，问题回答正确可获得少量现金、积分奖励或产品的购买优惠券等。

这种交互式的广告能大量减少视频的播放时间，一般贴片广告在 15 秒左右，而这种广告只需要 6～8 秒，并具有趣味性，用户感到新鲜，同时也能有效增加广告的点击率。此类广告适用于产品知名度已经较高的产品，比如脑白金、飘柔、德芙等，新产品无法通过闪现辨别，效果不佳，不建议使用。

③藏宝广告

藏宝广告适用于所有广告，是针对现有网络广告点击率低下而进行的改进。例如改进旗帜广告，传统旗帜广告点击就会跳转到广告投放者的网站页面，而改进后的藏宝旗帜广告点击后照样会跳转到广告投放者的网站页面，但在跳转的过程中，可能会爆出现金或产品优惠券等，以吸引用户点击。藏宝广告同样适用于弹窗广告、横幅广告等。

④广告连连看

广告连连看适用于视频广告或者是旗帜广告，其基本思想是在视频广告中出现产品与问题，用户在规定时间内连接正确选项则可以获得少量现金、积分奖励或是产品的购买优惠券，同时提前结束广告。若用户回答错误则指出正确答案，同时播放剩余的广告，用户不获得奖励。此类广告同样适用于产品知名度已经较高的产品，新产品不建议使用。

⑤刮刮广告

刮刮广告适用于移动端。以新浪网为例，用户打开软件进入新浪网，弹出刮刮广告，刮刮广告类似于刮刮卡，刮开可能是广告、现金奖励或是优惠券与积分。人生来是有好奇的天性的，刮刮广告会增加网站的访问量，同时增加广告的有效转化率。

⑥集赞广告

集赞广告就是在传统广告上多加了一个点赞按钮。以淘宝网展示窗展示的某件商品为例，用户若对此商品感兴趣可以点赞，商家设定一个点赞值，例如点满 10 万个赞商品立减 10 元，同时所有点过赞的人都能获得优惠券或者现金积分奖励。集赞广告会促使用户关注此件商品，为了了解此件商品的点赞数是否达到减价要求，用户会点击展示窗进入主页查看，增加网站点击率。

（7）软文广告

软文广告指企业通过策划在报纸、杂志或网络等宣传载体上刊登的可以提升企业品牌形象和知名度，或可以促进企业销售的一切宣传性、阐释性文章，包括特定的新闻报道、分析文章、付费短文广告、案例分析、情感故事等，传达与推广和主题相关而非直接的信息。

案例 2-1

青春，有无限种可能

大明喜欢上一个女孩，女孩的成绩非常优秀。

大明想尽办法去引起女孩的注意。上学一周后，大明顶着一个爆炸头摇摇晃晃地走进了教室，班主任惊讶地看着他。

全班同学都大笑了起来，大明没理会这些人，只望着那个女孩。

女孩头也没有抬，静静地坐在座位上做功课。

为了引起女孩的注意，在以后的日子里，大明总是在课堂上怪声怪气地接老师的话。在升旗仪式上，大明在厕所抽烟的事还被校长点名批评。大明不在乎，大明只是偷偷看着那个女孩的反应。可是女孩的脸上总是惊不起一丝波澜。

终于，大明再也抑制不住内心的情感，在一个下课的夜晚，在教学楼下聚集了一群兄弟。当女孩静静地走出楼门口时，大明捧着花大声地向女孩表白。

人群沸腾，高呼他们在一起。

女孩震惊了，白皙修长的手紧紧抓住了书包的背带。

过了一会儿，她只是静静地走到男孩面前说："我的梦想是北大，我想在那里等你。"

人群一阵嘲笑，大明红了脸。

以大明现在的成绩，连本科也难考上。

大明一把把花放在旁边人的怀里，然后头也不回地挤出人群。

第二天，大明转学了，去了另一个城市。

后来，女孩总是看着教室里那个空荡荡的座位发愣。

三年后，北大开学的日子，门口静静地站着一个女孩。比起三年前消瘦了许多，带着行李，只是站着，像是在等谁。但她不知道在等什么，叹了口气准备走进校门。

突然，一个清晰的声音在女孩身后响起："你在等我吗？为什么不等了？"

女孩的眼泪流下来，转身，发现大明一身简单的白色T恤和牛仔裤，有阳光照耀着周围。大明帅气地拉着女孩的手走进了北大。后来，成为大明女朋友的她偶然问道："你转到哪所学校了，能考得那么好？"

大明说："衡水中学。"①

软文推广也是自媒体进行粉丝引流的有效手段。但是若想令这种推广方式真正起作用，就要让软文与目前最流行的事件产生联系，从而达到吸引大众目光的目的。百度热搜就是眼下最流行事件的集散地，软文作者在这个平台上可以找到很多热搜的关键词以及最潮流的热点事件，从而对增强软文的前卫性和传播性产生很大的作用。

百度热搜上面陈列了大量的榜单数据，涉及热门事件、小说、电影、电视剧、动漫、综艺等，这些数据的产生基础是几亿网民每日搜索不同信息的次数，具有很高的权威性和用户关注度。因此，企业可以将软文与热搜榜上的信息相结合，创造出最具价值的推广文案。

例如，之前较火热的新闻"某吃货大妈头上插刀过安检"。商家完全可以利用这一信息，创造出符合自己需要的软文来。如果你的产品是刀具，那么你可以称"大妈为何插刀过安检，只因她不忍舍弃我们卖的刀"；如果你的产品是水果，那么你可以称"大妈为我们卖的水果痴狂，插刀过安检"；如是你的产品是酒，则可以称"酒壮英雄胆！大妈喝了我们的×××酒，才敢插刀过安检"。

自媒体平台多种多样，只要能创造出最具流行价值的软文，就可以将这些软文推广到各大门户、垂直网站、论坛和贴吧等公共平台上。这样做有两个好处：①会使软文乘着热点的东风传播开来，为自媒体带来流量；②在网络客户群中产生广泛影响，进而达到最优化的营销效果。但是有一点值得注意，热点信息的时效性比较短，商家需时时关注最新消息，抓住有利时机做出推广软文。②

目前互联网上有不少专事软文推广的交易平台，如文芳阁传媒、软文街、传播易等，通过支付一定的费用，商家可以选择在门户网站、自媒体、微信、微博等平台发布软文。

（8）弹出插播式广告

弹出插播式广告也称"插入广告"或"弹窗广告"，是指在访问者浏览网页的时候，自动开启一个展示广告内容的独立浏览器视窗，窗口的尺寸一般为屏幕的1/4或者更小，如图2-27所示。

弹出插播广告不再在所请求的页面上与其他内容一起"捆绑"推送，弹出或插播的推送能够保证广告的内容陈列和展示成为没有竞争的注意力焦点。访问者虽然可以关闭窗口消除弹出或插播的展示广告，但是关闭之前已经接触了它的信息展示。

---

① http://www.wenfangge.cn/index.php?app=xinwen_front&act=one_xinwen&id=2184.
② 杜一凡，胡一波. 新媒体营销[M]. 北京：人民邮电出版社，2017：120-121.

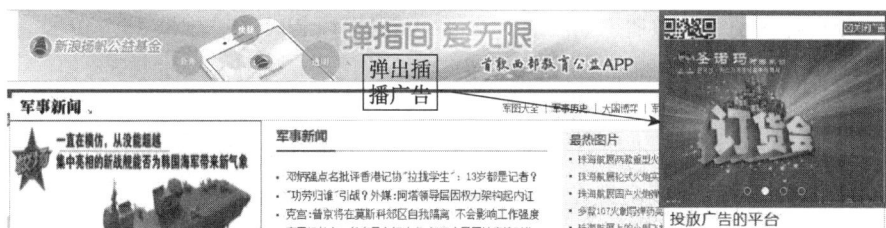

图 2-27 弹出插播式广告

（9）焦点图广告

焦点图广告是一种轮换模式的矩形图片广告，一般放置在特定的频道下面，与特定的内容相关，如图 2-28 所示。焦点图的数帧中一般不全用于广告，广告内容必须与特定的主题相关。有的网站还规定，同一图片不得连续投放超过 2 天，投放天数不得超过一周。

图 2-28 焦点图广告

（10）背投广告

背投广告页面打开后，自动弹出一个新空页面，在空页面上展现广告，无频率控限制，用户点击广告素材，可以进入客户跳转页面，如图 2-29 所示。

图 2-29 背投广告

（11）视频贴片广告

视频贴片广告指在网络视频播放前、播放暂停或者播放完后插播的图片、视频、Flash

等广告，分别称为前播、中播（如图 2-30 所示）、后播广告，一般时长 15～30 秒，最多可达 90 秒。随着网络广告的发展，视频贴片广告也产生了一些新的衍生形式。

①交互广告，指在前播、中播或后播广告展示的同时提供互动元素，如展示解压代码、证券播报机或一个小游戏。如果用户参与，那这些广告的时间将会超过 30 秒。

②覆盖广告，指短时间出现在视频顶端或底部的文字或图像广告，类似于常见的电视字幕广告，当用户将鼠标指向或点击广告时，会弹出更大的广告幅面，或者打开新网页。

③邀请广告，与覆盖广告类似，但是信息会短暂地出现在实际视频播放窗的旁边而不是在顶部或底部。

④伴随广告，与视频播放窗同时出现的静止的横幅广告。选择这种类型广告的通常是赞助商。

图 2-30   视频贴片中播广告

（12）搜索关键字广告

搜索关键字广告指在用户使用搜索引擎搜索关键字产生的结果中展现的广告，如图 2-31 所示。

图 2-31   搜索关键字广告

（13）文字链接广告

文字链接广告即在页面显著位置通过文字直接
发布广告信息，它最大的优势是容易引起访客的兴趣
而又不会招致反感情绪。文字链接广告在门户或综合
信息网站上建立的网站文字链接，使相关用户能够访
问目标网站。门户网站的访问量大，并且一般具有网
站导航功能，因此这样的文字链接可以大大增加目标
网站的访问量。文字链接广告的信息量较小，必须以
简洁的文字吸引用户的最大注意，主要用于引导有
兴趣的客户访问企业网站。图 2-32 是搜狐首页顶部
周围的文字链接广告。

图 2-32　文字链接广告

以上是现在主要门户网站上比较常见的 PC 端网
络广告形式。随着时代的变化、移动互联网的普及，
变化的不仅是技术还有潮流。与几年前相比，PC 端的网络广告已经发生了很大的变化，
很多网络广告的形式已经消失不见，在同一个网页上，网络广告的数量也已经大大减少，
很多网站甚至看不到广告。

2.5.2　移动端广告的主要形式

移动端是指智能手机和平板电脑。截至 2021 年 12 月，我国手机网民规模达 10.29 亿，
占网民总体规模的 99.7%。庞大的网民基数和便利的上网条件，使移动互联网广告占据了
网络广告市场的大半壁江山，自 2016 年首次超过 PC 端广告后，一路领先。到 2020 年，
移动广告市场规模达 6725 亿元，同比增长 24.2%，在互联网广告整体市场中占比持续提升，
达到 87.7%。

移动端广告几乎无一例外是出现在各类移动应用程序（App）的各个界面上。当前移
动端的广告形式丝毫不输 PC 端的，亦是形式各异、见缝插针，几乎是要抓住每一个可以
在网民面前曝光的机会。

1. 新闻客户端上的广告形式

以下内容取自搜狐新闻客户端广告规范及广告示例。

（1）Loading 页广告

Loading 页广告相当于其他 App 上的开屏广告，分常规 Loading 页（左）和全屏 Loading
页（右），如图 2-33 所示。

（2）焦点图广告

焦点图广告是多幅图片轮换，原理跟 PC 端的相同，只是移动端因为屏幕小，焦点图
是通栏显示，如图 2-34 所示。

（3）横幅广告

横幅广告以通栏的形式展示，可以出现在新闻客户端的首页，也可以插在文章中，如
图 2-35 所示。

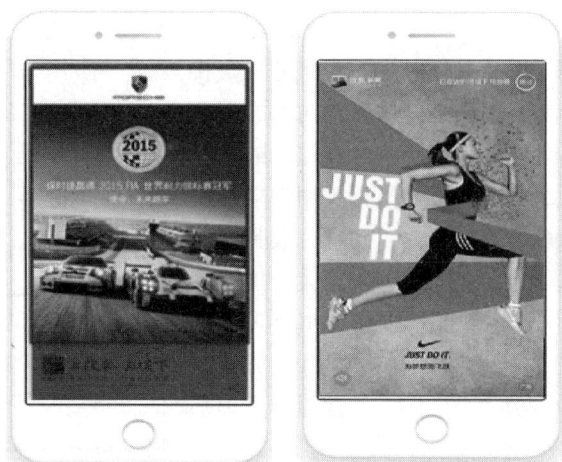

图 2-33 Loading 页广告

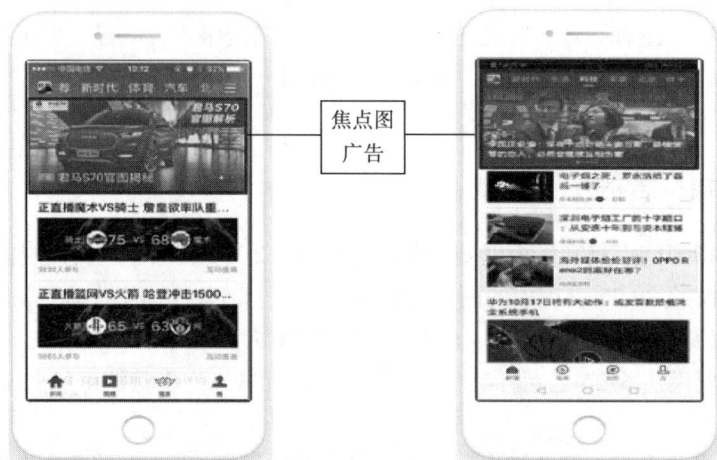

图 2-34 焦点图广告

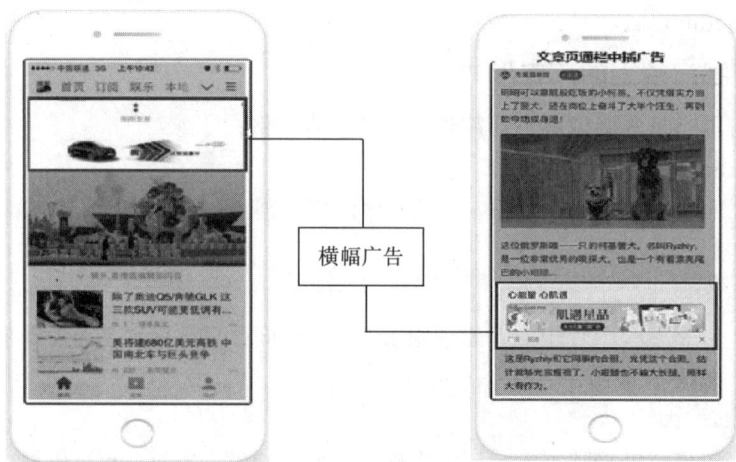

图 2-35 横幅广告

（4）信息流广告

信息流广告一般出现在新闻客户端的首页，广告的形式与周围的内容能兼容并包，整个浏览页面没有明显的违和感，符合人们自然的浏览习惯，像属于同一信息流一样。根据夹杂其中的内容形式，信息流广告可细分为小图信息流、通栏信息流、组图信息流、LBS组图信息流、大图信息流、视频信息流、智能播报互动信息流等，如图 2-36 所示。

图 2-36　信息流广告

（5）浮层与文字链接广告

浮层与文字链接广告是移动端在内容展示时，同时实现将广告内容以浮层的形式漂在内容的上面，与 PC 端类似，构成浮层广告。此类广告分静态浮层广告与动态浮层广告。文字链接广告与 PC 端不同的是文字链接广告的条数较少，通常只有一条。它们的形式如图 2-37 所示。

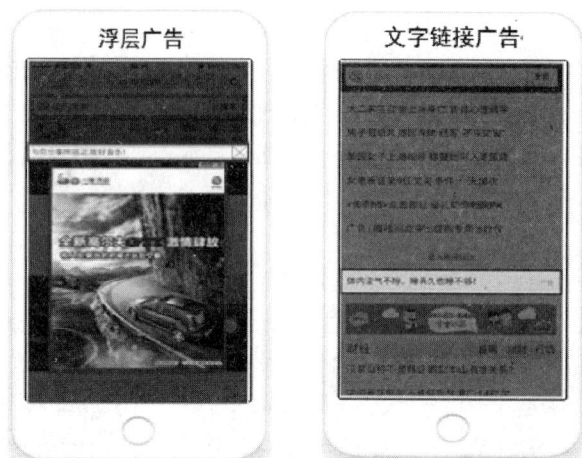

图 2-37　浮层与文字链接广告

2. 微博广告

如今的微博已是新浪一家之天下，自阿里巴巴注资入股新浪微博之后，其发展便一日千里，不但成功在纳斯达克上市，而且迅速坐稳国内微博头把交椅，直至国内几大门户网站纷纷关闭微博平台也就不过六七年时间。如今的微博已是一家年营业收入近 17 亿美元的网络广告巨头①，其在微博上的广告渠道和广告形式日趋丰富，引领着移动广告市场的发展，主要的广告平台有超级粉丝通、粉丝头条、DMP 平台和 WAX 平台，广告形式如下。②

（1）搜索类广告

由于微博平台自身已经拥有了海量的数据，成为一方数据来源，因此在平台内迅速找到自己需要的信息已经成为平台访问者的日常行为。微博的搜索类广告包括：热门搜索包、热门搜索榜、搜索推广和搜索彩蛋。

①热门搜索包。双重一级页面搜索框引导文案，关键词潜意识引导用户点击，落地页首屏集中展现客户重点品牌信息，高效聚焦转化。其形式如图 2-38 所示，左边为移动端入口，右边为落地页。

②热门搜索榜。广告入口为微博热搜，其一手实时热点资讯保持用户新鲜感，紧抓用户兴趣与行为，吸引用户关注发现更多热门事件。搜索页自动显示 Top 热搜事件，第三位为广告位，如图 2-39 所示，左边为移动端入口，右边为落地页。

③搜索推广。基于关键词定向展现特定用户人群，保障广告效果。关键词同一时间仅限一个客户购买，独占优质推广位置。即时热点舆论观点导向，品牌危机公关和形象维护提升。广告原生展现，用户接受程度高，便于互动和传播。如图 2-40 所示，左边为基础版落地页，仅推荐相关账号、主页和微博；右边为品专版落地页，推荐品牌海报、品牌橱窗、账号和微博。

---

① 2020 年全年财报，https://www.163.com/dy/article/G5D7MP800514A42S.html.

② 微博广告，https://tui.weibo.com/index.

④搜索彩蛋。全屏展示广告，在移动端的方寸之间最大程度利用视觉冲击吸引用户注意力。搜索关键词与广告内容主体相关，使硬广也可以软着陆。透明动画浮于结果页上层，提供良好的创意互动场景；基于用户实时社交搜索行为，捕捉用户实时兴趣，可有效聚集粉丝力量引爆社交圈，促进品牌传播。如图 2-41 所示，左边指定关键词，右边透明动画展现搜索结果，点击跳转活动详情。

图 2-38　微博热门搜索包广告　　　　　图 2-39　微博热门搜索榜广告

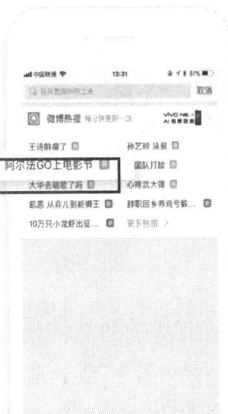

图 2-40　微博搜索推广广告　　　　　图 2-41　微博搜索彩蛋广告

（2）曝光类广告

微博的曝光类广告是应用在开机报头，即各类 App 常用的开屏广告。开机报头第一时间向微博 1.9 亿日活跃用户展现，单轮 2000 万 PV 强曝光，全天 9 轮通投+2 轮区域，支持 4 种素材类型、3 种互动形式，可对不同区域定向精准投放。4 种素材包括：普通视频、全屏视频、静态图片和动态图片。如图 2-42 所示，左边为静态图片版，右边为全屏视频版。

（3）信息流类广告

类似搜狐新闻客户端里的信息流广告，新浪微博对信息流类广告的发挥也是花样百出，有几十种之多，广告形式之多、名称之繁，让人眼花缭乱。

图 2-42　微博开机报头广告

　　可以说，原生博文是最基础的微博信息流类广告，它形如普通的微博，表面上与名人微博并无二致，但实际上是一个广告，随着微博内容中元素的变化和附加各种互动按钮，使得信息流广告形式千变万化。如图 2-43 所示，①为原生博文信息流广告，内容元素为文字和大图片；②为视频卡片信息流广告，内容元素为视频，并附带各种活动按钮；③为九宫格图式，点击标签/图下按钮可直接下载或跳转，多图多入口提升点击率；④为评论流卡片，在微博正文页评价详情内展现，博文评论大于 7 条时，广告展现。

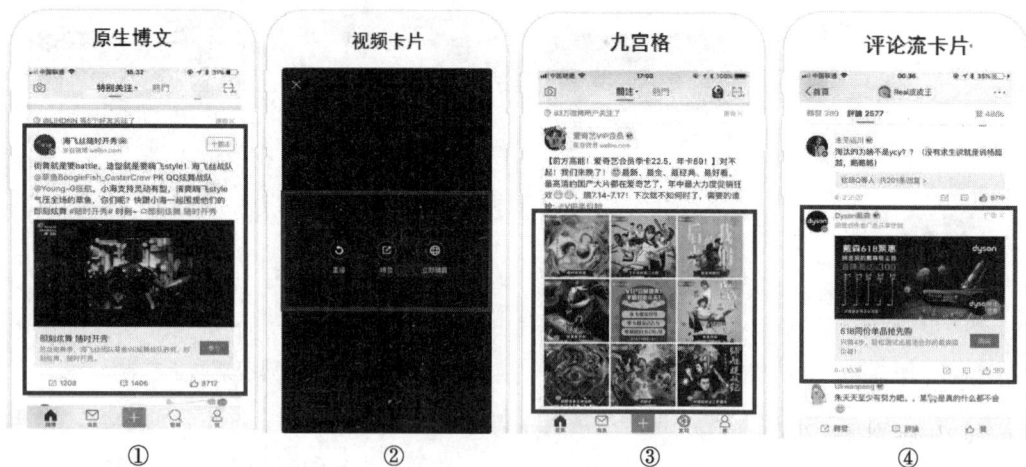

图 2-43　微博信息流类广告

　　（4）视频类广告

　　信息流竖版视频传播——我的微博故事，以博文形式在信息流中传播 15 秒短视频，记录你需要表达的内容，故事发布 24 小时后自动消失。微博故事可以成为广告内容的载体。

3. 微信广告

微信广告是基于微信生态体系，整合朋友圈、公众号、小程序等多重资源，结合用户社交、阅读和生活场景，利用专业数据算法打造的社交营销推广平台。[①]

（1）朋友圈广告

朋友圈广告是以类似朋友的原创内容形式在用户朋友圈进行展示的原生广告。通过整合亿级优质用户流量，朋友圈广告为广告主提供了一个国内独一无二的互联网社交推广营销平台。

①常规式广告。投一条广告，就像发一条朋友圈，采用与用户朋友圈信息流完全一致的经典样式，简洁明了，可供广告主便捷高效展示品牌形象，可包含门店标识，支持本地推广类目能力，如图 2-44 所示。

②基础式卡片广告。将外层创意融汇到一张卡片中，以更多广告版面吸引用户互动。用户点击灰色卡片区域可直接跳转至原生广告推广页、小程序或自定义 H5，最大化满足广告主的创意需求，如图 2-44 所示。

③标签式卡片广告。利用标签外显关键信息，精准吸引感兴趣的用户。丰富的行业标签可快速传递广告卖点，统一的形态展示具有官方感，增强广告可信度，如图 2-44 所示。

图 2-44　朋友圈广告（一）

④行动式卡片广告。在卡片外层展示行动按钮，指引用户的下一步行动，如图 2-45 所示。外显行动展示，增强卡片的可点击感。丰富的文案选择，满足多种推广诉求。

⑤选择卡片广告。一个广告，两套创意。双"键"合璧，吸引全民参与，支持两套不同创意推广页。用户可按喜好主动选择，满足个性化表达需求，如图 2-45 所示。

⑥全幅式卡片广告。全新尺寸，极度吸引用户。广告采用更大的视觉尺寸，帮助讲述品牌故事。全幅式卡片广告跳转至首页是全屏视频的原生推广页，给用户带来更好的沉浸式体验，如图 2-45 所示。

---

① 资料来源：https://e.qq.com/resources/wx-moments/.

图 2-45　朋友圈广告（二）

　　⑦全景式卡片广告。360°沉浸体验，全方位展现推广产品。创新互动形式，用户转动手机，360°了解产品，如图 2-46 所示。

　　⑧滑动式卡片广告。广告用简洁"滑动"小互动，结合品牌的创意，给用户营造全新奇趣的视频体验，使之成为品牌创意的一份子。可贴合品牌故事设置滑动路径，仅支持视频类型素材，如图 2-46 所示。

　　⑨长按式卡片广告。全新的"长按"互动和朋友圈的氛围动效，让用户亲手发现品牌彩蛋惊喜，感受品牌的爱意。用户在长按时，可触发品牌氛围动效，仅支持视频类型素材，如图 2-46 所示。

图 2-46　朋友圈广告（三）

　　（2）公众号广告

　　①文章底部。广告出现在文章的底部，根据推广的主题可分为品牌推广、门店推广、商品推广、应用推广、派发优惠券、公众号推广等，如图 2-47 所示。

图 2-47　公众号文章底部广告

②文章中部。广告出现在公众号文章正文中，采用 16∶9 大图形式，增加广告曝光机会，广告与公众号文章上下文具有相关性可提高广告转化效率，如图 2-48 所示。

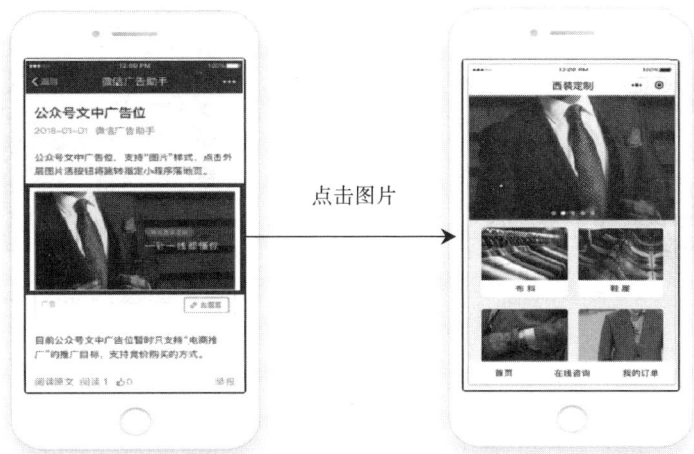

图 2-48　公众号文章中部广告

③文章视频贴片。用视频展示创意，让广告创意更丰富。素材类型丰富，包括图片型（5秒）和视频型（6～15秒），广告可根据用户习惯选择合适的素材，如图 2-49 所示。

图 2-49　公众号文章视频贴片广告

（3）小程序广告

①小程序横幅广告。支持多种广告样式与推广目标，使用与公众号底部广告一致的样式标准，便于在小程序流量场景中高效投放。流量主结合不同小程序特点，自定义广告展现场景，提升广告的场景融合度，如图 2-50 所示。

②小程序激励式广告。广告中的视频默认有声播放，支持视频素材（横屏/竖屏）投放。流量主结合不同小程序（包含小游戏类目）特点，涉及与小程序产品流程、小游戏情节及玩法深度结合的互动广告形式，并通过激励合理引导用户查看视频广告，如图 2-51 所示。

图 2-50　小程序横幅广告

图 2-51　小程序激励式广告

③小程序插屏广告。这里指小程序在特定场景切换时以卡片方式弹出的广告形式。当

用户触发流量主指定场景时，插屏广告就会自动向用户展现，同时支持用户随时关闭插屏广告，如图 2-52 所示。

④小程序格子广告。广告支持小游戏推广目标。流量主结合不同小程序特点，自定义广告展现场景，提升广告的场景融合度，如图 2-53 所示。

图 2-52　小程序插屏广告

图 2-53　小程序格子广告

问题与思考

一、即测即练

自学自测　扫描此码

二、简答题

1. 网络广告的原理是什么？

2. 何为线性传播？有何特点？

3. 如果用 B2C 和 C2C 来描述网络媒体与受众的关系，你会怎么定义网络传播中的 B2C 和 C2C？

4. 对比中美两国网络广告的发展历史，请指出两者间有什么不同？（基于网络广告市场规模数据的分析）

5. 为什么说电视是一种综合媒体？

6. 网络广告在运营上有哪些优势？

7. 简述原生广告与信息流广告的区别。

第 3 章

网民行为及其心理规律

　　网络广告受众是指网络传播的对象，他们是由互联网用户（网民）转化而来的，网民的特点很自然地就会遗传到网络广告的受众身上。网络广告只有迎合其受众的特点才能做到有的放矢。因此，了解网民在网络上的行为特征和心理规律，对于网络广告的策划、制作、发布都具有重要的指导意义，是确保网络广告能够达到预期效果的重要理论基础。

3.1　网络广告受众分类与受众的地位

　　20 世纪 40 年代末，大众传播学兴起并首先使用"受众"一词，受众是在大众传媒进行信息交流的过程中对于信息接受一方的称谓。从受众概念的外延考察，"听众"专用于广播等听觉媒体，"观众"专用于电视等视觉媒体，"读者"专用于报纸、杂志等印刷媒体，而"受众"则是听众、观众和读者的总称。在当代，受众的概念已被广泛使用，其内涵还在不断丰富发展中。

　　最初，西方各主流媒体在使用"受众"时，"受众"是作为分散、无组织的信息接受者而处在被动地位。随着社会进步和现代传播技术手段的迅速发展，"受众"则既是大众传播媒介信息的接受者，又是大众传媒的使用者、选择者，既是大众传媒的服务对象，又是传播反馈信息的"信息源"，在互联网进入 Web 2.0 时代后，他们同时还是内容的生成者，应该说，这就是受众概念在当代的内涵。[①]

3.1.1　网络广告受众的类型

　　在网络广告的设计中，首先要了解网民的需求特征，才能根据不同的需求提供相应的内容。以网民的需求特征为依据，一般将网络广告的受众划分为五种类型。

1. 直接信息寻求者

　　直接信息寻求者是指上网的目的是为了寻觅某类特定信息的网民。比如，你想知道网络与广告的关系是什么？电子商务同网络经济的关系是什么？又比如，你想阅读一下上个月当地报纸上的一篇关于你的竞争对手的报道（如果当地报纸有网络版的话），等等。你带着这些问题上网，此时你就是地道的"直接信息寻求者"。

　　对企业网站来说，那些经常访问站点以获得关于产品、投资等信息的冲浪者也属于这一类型。对于这类冲浪者，企业务必保证站点包含他们所需要的信息。

---

　　① 高力，等. 网络广告学. 成都：电子科技大学出版社，2005：41-44.

2. 间接信息寻求者

间接信息寻求者没有明确的目标，只是想在网上获得有用的或令他惊喜的信息等。这种信息寻求者犹如报纸的嗜好者，没有明确目标去寻求某个信息，而是通篇浏览，有令人感兴趣的文章就仔细阅读，否则就很快跳过去。

3. 免费品寻求者

免费品寻求者上网时，常希望得到免费品，如免费软件、免费照片、免费旅游、免费书籍等。总之，站点上"free"这类字眼对他们很有吸引力，犹如现实生活中"大减价""清仓甩卖"等字眼对一些顾客很有吸引力一样。在网络上，"free"是企业站点使用频率很高的噱头词（buzzword），事实证明，其效果也不错，所以有可能的话，提供一些额外价值给这些受众，可以使他们成为乐于掏腰包的顾客。

4. 娱乐追求者

很多网民在网上漫游仅仅是为了寻找乐趣，或找点儿刺激。互联网包罗万象、无所不有，是一个绝好的各取所需的场所，在那里，你可尽情地玩游戏、竞赛、访问很"酷"的站点、浏览有趣的个人网页，还可以欣赏音乐、看电影，甚至还能够了解旅游和烹饪知识等。

5. 直接购买者

直接购买者上网的目的明确就是为了购物。也许他的脑子里有一个清晰的购物清单，他或要购买一斤牛肉，或要为他的朋友买件生日礼物，却不知道购买什么合适，他上网寻求帮助，等有了好主意后再购买。假若要满足这类受众需求，首先就要保证订货与付款系统的方便、安全，最好设有能提供购买建议的在线互动服务，可为顾客类似于生日礼物的选择出谋划策，为此，网上最起码要提供一个易于搜索的产品数据库。

3.1.2　网络广告受众的地位

在地位上，网络广告的受众与传统媒体的受众是有较大差别的，这集中反映在网络广告受众的地位与传统广告受众的地位相比出现的一些新的变化。

1. 由被动接受转向主动选择

在传统媒体中，受众在新闻传播中的作用是受到限制的。虽然，传播学理论家们十分关注受众的作用，并一再强调其在传播中的重要性，但在传播实践中，由于物质条件的限制，媒体在一定的时间内发布的信息有限，使受众处于媒介发布什么信息就接受什么信息的状态，即处于完全被动的状态。与传统媒介不同，在网络媒体上，信息极其丰富，形态多种多样，传播迅速及时，受众只需操控鼠标，通过浏览、点击链接，就能自主地选择自己感兴趣的内容，选择的范围、自主性、准确性较以前有了大幅度提高，而且受众的选择不必受广播电视播放和报刊邮发的时间限制。这就说，网络媒体的受众不再处于被动接受的状态，而是处于主动掌握和控制传媒传递信息的地位。所以说，新媒介的出现第一次在理论上改变了受众的地位和角色，由被动接受的客体变为传播过程中的主体。

2. 由盲从走向独立

网络使受众可以更多地接收关于同一事件的不同侧面、不同形式的报道，从而可以做出自己更为独立的判断，进而激发受众的独立思考。同时，受众还可以及时向媒介反馈自己的意见，随时发表对新闻的观点、看法。网络不仅实现了媒体与受众之间的信息交互传播，还实现了受众与受众之间的传播沟通，真正成为大众发言的媒体。

3. 由固定转向流动

传统媒体中的受众无法显示自己的个性，但在网络中，超链接功能可以轻而易举地让受众从一类内容转移到另一类内容，从一个网站转移到另一个网站，且这种转移式的流动近乎无限。网络如同一个商品极为丰富的巨型超市，受众只需轻轻划动指尖就可以往来顾盼，目光更不容易被固定在相对有限的区域内，多元的兴趣与口味会得到更好的满足。

4. 由大众走向个性化的小众

网络信息的无限广泛与受众的有限精力决定了受众只能选取其中的极小部分内容。除极少数网站人流如潮之外，网民更多的时间还是停留在志趣相投而访问者不多的各类个性化网站上，这就是说，众多的网站分流了人群，在整体上形成小众化传播。

必须指出的是，网络媒体受众与传统媒体受众的交融性是不可避免的。从传播史上看，新媒体的诞生对旧媒体往往具有包容性，各类媒体均有自己的特点，一种媒体要轻易取代另一种媒体是不大可能的。从技术上看，报纸、电台、电视台的信息完全可以转化为数字形式，其听众、读者、观众同时可以是网民。

3.2　网络广告受众及其行为规律

作为一种在互联网上的信息传播行为，网络广告不仅要在广告内容上精心设计制作，也要很好地研究网民的浏览行为规律，主动去适应、迎合网民，使广告的信息内容能被网民更快、更多地注意到，从而实现更好的传播效果。

3.2.1　网民规模与结构

根据中国互联网络信息中心的最新统计，截至 2021 年 12 月，我国网民规模达 10.32 亿，互联网普及率为 73.0%。纵观近几年的数据，我国网民规模和互联网普及率仍继续增长，但增长速率已经放缓。手机网民规模为 10.29 亿，占互联网网民的比例达 99.7%，手机网民群体基本与互联网网民重合，其规模也过了高速增长期。对比世界上发达地区网民的普及率，截至 2021 年第一季度北美地区的网民普及率达 93.4%[①]，欧洲也达到了 88.4%，表明我国的网民规模还有很大的增长空间。在政策方面，2014 年 8 月，中央全面深化改革领导小组第四次会议审议通过了《关于推动传统媒体和新兴媒体融合发展的指导意见》。

---

① World Internet Penetration Rates by Geographic Regions-June 2021, http://www.internetworldstats.com/stats.htm.

意见极大地推动了互联网成为新型主流媒体,对促进信息消费和非网民信息生活的影响也将持续扩大。以互联网为核心的现代传播体系,必将是网络广告演绎精彩的宽广舞台。

在网民的性别结构上,截至 2021 年 12 月,中国网民男女比例为 51.5∶48.5,网民性别结构进一步趋向均衡,逐渐趋近我国总人口性别比例。农村网民数量达 2.84 亿,农村地区互联网普及率为 57.6%,与城镇地区互联网普及率的差距进一步缩小。农村数字经济新业态不断形成,以直播带货为代表的互联网新模式成为引领农产品网络销售的出村新路径。

在网民的年龄结构上,10～39 岁的网民依然是网民的主要群体,但这一群体的占比呈逐年加速下降之势,从 2007 年 12 月的 86.4%,到 2016 年 6 月的 74.7%,再到 2021 年 6 月的 50.0%。前 10 年减少了 11.7 个百分点,近 5 年下降了 24.7 个百分点。而 40 岁以上的网民占比相应地从 12.8%上升至 22.5%,再到 46.8%,网民年龄结构位移的规律愈发明显。随着时间的推移,各个主要年龄段的网民占比将趋于均衡,接近相应年份人口的出生率。

在网民的学历结构上,初、高中(含中专、技校)教育程度的群体规模最大,大专及以上程度的网民规模次之,小学及以下程度的网民规模最小,但比例呈逐年上升趋势,这说明整个社会的上网环境越来越好,互联网的进入门槛越来越低。新增网民中低龄的网民占比较大,表现出互联网对年轻人有更大的吸引力。

在网民的收入结构上,对比历年的数据,可以发现月收入在 3 000 元以上的各个收入段的网民占比都在逐年提高,这一方面是由于社会经济的发展带来人们收入水平的增加,另一方面是由于随着网民年龄的增长、工作经验的积累带来人力资本的增值。网民收入结构的变化,带来了网民群体网上消费水平的快速上升。[①]

3.2.2　网民上网的时间规律

截至 2021 年 12 月,我国网民的人均每周上网时长为 28.5 个小时。

网民一天中在不同时段使用互联网的比例差异较大:凌晨 1 点至早上 7 点是网民上网比例最低的时间段,从早上 7 点起上网的比例急剧攀升,在上午 10 点达到一天当中的第一个小高峰,有 26.2%的网民在这一时间上网,11 点小幅回落;从 12 点开始继续攀升并一直持续到下午 14 点、15 点,达到一天当中的第二个高峰,此时上网的网民比例为 35.9%,此后上网网民比例再次回落;从晚上 18 点开始,上网人数开始激增,晚上 20 点达到一天的第三个高峰,也是当日最高点,有 54.9%的网民在这一时间上网;21 点以后网民上网比例快速回落,回落态势一直持续到凌晨 5 点达到最低点,此时上网网民比例只有 1.8%,如图 3-1 所示。同时,上网时间不固定的网民所占比例为 13.6%[②]。

根据 ComScore 在其 *Mobile Future in Focus Report 2013* 提供的数据[③],美国互联网的网民上网时间具有类似的特点。

---

① 中国互联网络信息中心。历年(2007—2021)中国互联网发展状况统计报告。
② 中国互联网络信息中心。中国互联网发展状况统计报告(2007)。
③ Comscore: http://www.comscore.com/.

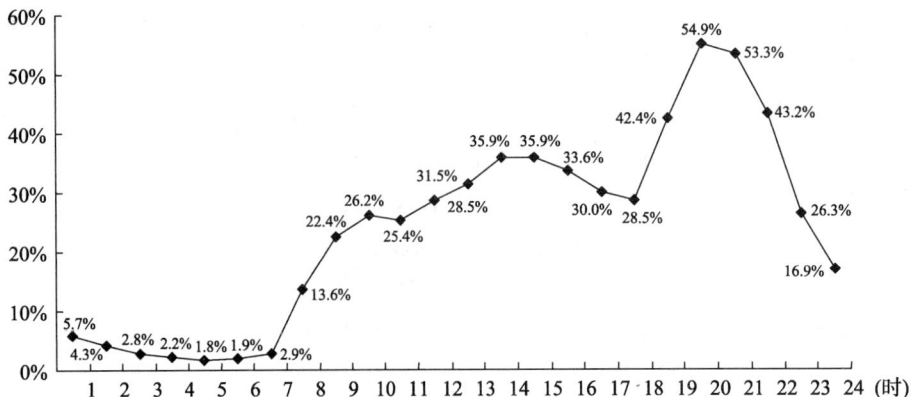

图 3-1　我国网民通常使用互联网的时间

3.2.3　网民网络应用使用规律

经过几十年的发展，互联网的各种平台和基于互联网的各种工具，为网民提供了丰富的网络应用。正是这些网络应用，把网民吸引到互联网上，培养了网民对网络的依赖。应用提供了互联网与用户的接触面，也就成了传播信息的媒介，通过创新应用，抓住用户的注意力，就可以成为广告展示的平台。这些应用大体可以分为：基础应用类、商务交易类、网络娱乐类和公共服务类[①]四类。

2021 年我国各类个人互联网应用用户规模呈普遍增长态势。其中，在线医疗、在线办公的用户规模增长最为明显，较 2020 年 12 月分别增长 8 308 万、1.23 亿，增长率分别为 38.7%、35.7%；网上外卖、网约车的用户规模分别较 2020 年 12 月增长 1.25 亿、8 733 万，增长率分别为 29.9%、23.9%；在线旅行预订、互联网理财、网络直播、网络音乐等应用的用户规模增长率也均在 10%以上。

不同年龄段在应用使用上呈现出不同的特点。20～29 岁年龄段网民对网络视频、网络音乐、网络直播等应用的使用率在各年龄段中都是最高的，分别达 97.0%、84.1%和 73.5%。30～39 岁年龄段网民对网络新闻类应用的使用率最高，达 83.4%。10～19 岁年龄段网民对在线教育类应用的使用率最高，达 48.5%。

1. 基础应用类使用情况

互联网的基础应用主要包括：即时通信、搜索引擎、网络新闻和在线办公。

（1）即时通信

即时通信是网民使用率最高的互联网应用。截至 2021 年 12 月，用户规模达到 10.07 亿，网民使用率为 97.5%，比 4 年前增长了 4.2 个百分点，但比前两年还减少了 1.7 个百分点，说明即时通信的使用率基本处于饱和状态。

即时通信用户规模在 2021 年持续稳定增长，行业发展主要体现在网址链接访问更加顺畅、新功能持续探索和企业端产品蓬勃发展三个方面。

---

① 资料来源：中国互联网络信息中心。第 48 次中国互联网络发展状况统计报告。

①即时通信网址链接访问更加顺畅。2021 年 7 月，工业和信息化部组织开展互联网行业专项整治行动，集中整治即时通信软件屏蔽网址链接等群众反映强烈的热点难点问题。此后，主要即时通信产品在监管部门指导下进行了问题整改，有效改善合法网址链接访问不畅的现象，提升了互联网用户体验。

②小程序、视频号等即时通信新功能持续探索。在小程序方面，即时通信平台为中小企业提供多种多样的开发工具，降低了开发门槛，从而将越来越多的企业纳入小程序生态内。数据显示，微信小程序日活跃用户量突破 4.5 亿，活跃小程序数量同比提升 41%；零售、旅游和餐饮行业小程序交易额同比增长超过 100%。在视频号方面，即时通信企业进一步加强对内容创作者的吸纳和培育，通过定制化的入驻服务与运营支持，以及智能模板、增强现实技术、自动视频编辑等工具帮助用户制作更多优质的视频内容。

③企业端即时通信在用户规模和产品功能上均实现蓬勃发展。在用户方面，截至 2021 年 8 月底，钉钉服务的企业、学校等各类组织数超过 1 900 万；截至 2021 年底，企业微信服务的企业与组织数也达到 1 000 万。在产品方面，以钉钉、企业微信、飞书为代表的典型产品均在年内推出大型版本更新。其中，优化产品自身功能、提供软硬件一体化解决方案、强化传统行业客户的定制开发是产品更新的主要方向。

（2）搜索引擎

截至 2021 年 12 月，我国搜索引擎用户规模达 8.29 亿，网民使用率为 80.3%，比 4 年前减少了 2.5 个百分点，使用率总体呈缓慢降低之势。

2021 年，搜索引擎市场发展稳中有变，互联网搜索环境持续改善。

搜索引擎市场发展稳中有变。从市场观察看，一是搜索引擎企业二次上市寻求多项新增长。2021 年 3 月，百度完成港交所二次上市，将募集资金净额用于持续开展科技投资，包括进一步发展百度移动生态、智能驾驶等。二是微信搜索布局进一步巩固。2021 年 9 月，搜狗宣布完成私有化交易，成为腾讯全资子公司，在保留独立搜索品牌的同时，为微信提供搜索技术与内容支持，可进一步提升微信的内容分发能力。三是新入局者取得一定发展成绩。字节跳动旗下搜索产品进一步发展，截至 2021 年 2 月，抖音视频搜索月活跃用户已超过 5.5 亿，搜索投入力度持续加大。四是电脑端搜索有所创新。在搜索方式方面，微信"搜一搜"的电脑端应用对搜索方式进行升级，用户选中聊天信息即可直接实现搜索；在内容方面，微信电脑端"搜一搜"新增公众号、小程序、新闻、视频等内容，进一步丰富了微信搜索生态，提高竞争力。

互联网搜索环境持续改善。一是在未成年人保护方面，百度内容安全中心联合百度搜索建立"百度搜索少儿语音绿色项目"，实时巡查线上情况、全程监控页面内容、过滤有害信息、确保内容安全；抖音对 14~18 岁实名用户在搜索、内容推荐等方面提供更严格的安全保护，未成年用户实名认证后，只能在经过平台精选的内容中进行搜索。二是在规范搜索广告方面，相关部门加大对违规投放虚假医疗广告行为的处罚力度，多个应用市场下架相关应用，北京市市场监督管理局对个别搜索引擎做出行政处罚。

（3）网络新闻

网络新闻已经成为即时通信和搜索引擎之外的第三大互联网应用。截至 2021 年 12 月，我国网络新闻用户规模为 7.71 亿，在网民中使用率为 74.7%，比 4 年前减少了 9.1 个百分点，使用率总体呈下降之势。

2021年，新闻媒体与互联网平台加速融合，持续推进技术突破，进一步增强用户体验，提升传播效果。国家主管部门进一步加大治理力度，推进网络新闻行业更加规范。

新闻媒体与互联网平台加速融合，进一步提升传播效果。新闻媒体通过入驻哔哩哔哩、百度、微博等社交娱乐类、信息资讯类平台，并持续引导平台用户参与对热点议题的讨论，进一步提升平台用户对相关议题的认知，达到良好的传播效果。在庆祝建党百年相关报道中，新闻媒体一是及时发布最新资讯，引发用户关注。央视新闻第一时间在哔哩哔哩、微博等平台持续发布现场视频、资讯等新闻内容，相关视频点击量均在20万次以上。新浪新闻自2021年初至7月1日，积极为《人民日报》、新华社、中央电视台等主流媒体进行推送，重点呈现建党百年相关资讯，累计转载相关报道共约1.4万条。二是精心设置议题，强化用户认知。中国网官方账号在线上知识问答平台就"庆祝中国共产党成立100周年大会2021年7月1日上午在北京天安门广场隆重举行，哪一幕让你印象深刻？"进行提问，共得到超2500次回答和千万次浏览。三是发布权威解读，加深用户理解。《人民日报》旗下侠客岛公众号在微信发表权威解读文章，文章阅读量超10万次。针对同一事件的多平台共同发力，极大提升了传播效果，进一步增强了国家的凝聚力和向心力，有力地弘扬了正能量。

网络新闻媒体持续推进新技术应用落地，进一步增强用户体验。一是数字虚拟应用落地。2021年6月，新华社与国家航天局等单位联合打造专门面向航天主题和场景的数字记者——小铮。该数字记者采用全新的制作管线和实时渲染技术，使数字虚拟人物更加生动形象，并可担负太空报道、火星登陆等真人不能或很难完成的任务。二是制播技术更新换代。5G+4/8K直播为北京冬奥会和冬残奥会赋能，通过一系列全新技术手段和尝试，实现制播超清化、移动化和智能化，为观众提供更好的观赛体验。

国家主管部门加大治理力度，进一步规范网络新闻行业。2021年9月，国家互联网信息办公室、工业和信息化部等九部门联合印发《关于加强互联网信息服务算法综合治理的指导意见》，推动互联网信息传播、分发等行为更加规范。2021年10月，国家互联网信息办公室公开发布了最新版《互联网新闻信息稿源单位名单》，为网民获取权威新闻资讯提供了有力保障。

（4）在线办公

截至2021年12月，我国在线办公用户规模达4.69亿，网民使用率为45.4%。这是一个新启的领域，呈现快速增长之势。

2021年，在线办公技术持续演进，实现形式与办公理念正在发生变化。

在线办公技术持续演进。一是支撑在线办公发展的基础技术服务加速跟进。云计算、互联网数据中心（Internet Data Center，IDC）、内容分发网络（Content Delivery Network，CDN）等基础技术服务的发展支撑了在线办公的发展。以CDN为例，在企业数量方面，2020年，取得内容分发网络牌照的增值电信业务企业数量为44家，2021年前11个月已新增52家，预计未来仍会保持较快增长；在技术方面，多家运营商提出SD-WAN29解决方案，通过优化传输技术，解决企业邮箱、视频会议等系统的加速难题，提升用户体验。

二是面向用户的低代码开发服务进一步发展。云服务厂商纷纷推出低代码开发服务，如华为云发布了低代码平台"AppCube 应用魔方"，在政府、装备制造、电子信息、汽车等多个行业都得到了广泛应用，帮助客户提升开发效率、工作效率，节约人力成本，此外阿里云、腾讯云等也进行了相关拓展。我国尚处于低代码开发概念普及阶段，随着企业数字化转型对个性化和开发效率的要求不断提高，未来有较大发展空间。三是人工智能技术与在线办公深入融合。如百度发布"智能知识库"，利用 AI 技术解析文档内容，将文档和员工、项目进行关联，基于对工作场景的理解将文档精准分发给有需求的员工，帮助企业进行知识管理。

在线办公实现形式与办公理念正在发生变化。一是 VR 技术将推动形式创新。VR 会议出现发展机会：2020 年 VR 业者交流活动 VR Mixer 就以 VR 形式在线成功举办；2021年 8 月，Facebook 推出 VR 远程会议测试应用，再次引发了行业对 VR 办公的关注；随着"元宇宙"概念的提出，未来在线办公图景有了更多的想象空间，如全息影像跨时空交互的实现，将使在线办公形式产生更多创新。二是数字化协同办公理念成为发展趋势。在线办公逐步实现组织沟通、业务协作、生态建设等方面的时空多维协同。如此，员工就可以从业务中的任何方向切入，进行在线讨论、分享过程、业务处理与流转。数据显示，在线文档协作编辑、在线任务管理与流程审批的使用率上升较为显著，较 2020 年 12 月分别上升 8.1%，3.4%，网民使用率分别达 29.3% 与 15.0%。在线数字化协同引发工作方式变革、改善工作效率，需要企业建立一套与之相适应的数字化管理框架，这将成为传统企业在数字化转型中面临的挑战。

2. 商务交易类应用情况

互联网的商务交易类应用主要包括：网络支付、网络购物、网上外卖、在线旅行预订等。

（1）网络支付

截至 2021 年 12 月，我国网络支付用户规模达 9.04 亿，网民使用率为 87.6%，比 4 年前增加了 18.8 个百分点，网络支付大有全民普及之势。

网络支付业务量保持稳定增长态势。数据显示，2021 年前三季度，银行共处理网上支付业务 745.56 亿笔，金额 1745.9 万亿元，同比分别增长 17.3% 和 10.5%，增速明显加快。我国网络支付业务规模稳步增长，为促进消费扩容提质、支持经济发展提供了有力支撑。

支付服务壁垒逐渐打破，互联互通进入新发展阶段。2021 年，以支付宝、微信支付为代表的第三方平台率先向云闪付等支付机构开放，在线上、线下场景，支付、服务两个层面推进更深入的互联互通。在线下场景中，支付宝、微信支付均和银联云闪付在全国多个城市实现了收款码扫码互认，预计 2022 年能覆盖所有城市。在线上场景中，美团、拼多多等互联网平台已支持众多主流支付渠道，如微信支付、支付宝、银联云闪付、Apple Pay、Mi Pay、华为 Pay、三星 Pay 等；2021 年 11 月，微信小程序支付自助开通云闪付功能正式上线，微信支付已与 12 家银行机构开展了互联互通合作。

数字人民币推广提速。2019 年底以来，数字人民币试点测试规模有序扩大，应用领域逐步拓展，促进了我国数字经济规模扩张与质量提升。数据显示，截至 2021 年 12 月 31日，数字人民币试点场景已超过 808.51 万个，累计开立个人钱包 2.61 亿个，交易金额 875.65

亿元，试点有效验证了数字人民币业务技术设计及系统稳定性、产品易用性和场景适用性，增进了社会公众对数字人民币设计理念的理解，未来将进一步深化在零售交易、生活缴费、政务服务等场景的试点使用。

（2）网络购物

截至2021年12月，我国网络购物用户规模达到8.42亿，网络使用率为81.6%，比4年前增加了12.5个百分点，网民网络购物的习惯进一步养成。

作为数字经济新业态的典型代表，网络零售继续保持较快增长，成为推动消费扩容的重要力量。2021年，网上零售额达13.1万亿元，同比增长14.1%，其中实物商品网上零售额占社会消费品零售总额比重达24.5%。网络零售作为打通生产和消费、线上和线下、城市和乡村、国内和国际的关键环节，在构建新发展格局中不断发挥积极作用。

业态呈现新发展，助力构建双循环新发展格局。一是助力外循环，跨境电商快速发展，为外贸发展提供支撑。2021年，我国跨境电商进出口规模达1.98万亿元，增长15%。7月，国务院办公厅发布《关于加快发展外贸新业态新模式的意见》，针对跨境电商发展提出多项举措，助力行业发展；同期，在全国海关适用B2B（business-to-business，企业对企业模式）直接出口、跨境电商出口海外仓监管模式，助力企业更好开拓国际市场。二是推动内循环，农村电商物流日趋完善，农产品上网带动农民创业就业。2021年，全国"快递进村"比例超过80%，苏浙沪等地基本实现"村村通快递"，新增15.5万个建制村实现邮快合作；电商扶贫累计带动771万农民就地创业就业，带动618.8万贫困人口增收。

消费呈现新发展，推动国内消费升级扩容。一是消费群体方面，"80后""90后"网购普及率最高，"95后"消费潜力最大。1980—1995年间出生的"80后""90后"网民群体网购使用率最高，达93%；1995年以后出生的"95后"群体网购消费潜力最大，41.9%的"95后"网购用户网上消费额占日常消费总额三成以上，网购消费占比高于其他年龄网购群体。二是消费趋势方面，国产品牌网购消费意识增强。在文化自信和品牌升级的推动下，国产品牌网购消费热潮高涨，国产品牌广泛受到网购用户青睐。数据显示，支持国货，网购国产品牌的用户占网购整体用户的65.4%。在该群体中，购买的国产品牌主要为运动服饰、美妆护肤、家用电器、手机数码等，购买比例分别为57.5%、38.7%、37.7%和36.2%。

治理呈现新发展，公平竞争推动多元竞争格局。2021年，强化平台经济反垄断、深入推进公平竞争的政策不断出台，倒逼电商平台企业重审垄断与创新，效率与公平，推动行业朝向合规化方向发展。"二选一"等不正当竞争监管日趋完善，让更多平台享受到公平竞争带来的市场机会，进一步推动市场多元化竞争。企业财报数据显示，2021年中小企业及新进入者，如短视频平台电商业务规模增速迅猛。

（3）网上外卖

截至2021年12月，我国网上外卖用户规模达5.44亿，网民使用率为52.7%，比4年前增加了8.2个百分点，是近几年网民规模和使用率增长最大的网络应用。

2021年，外卖市场规模持续扩大，竞争格局出现变化，平台拓展"即时零售"业务、配送技术创新应用不断推进，市场发展的政策环境日益完善。

外卖市场规模扩大，竞争格局出现变化。一是市场规模保持上升势头。2021年，网上外卖用户规模同比增长达 29.9%，用户规模增长 12533 万；第三季度，美团餐饮外卖业务交易金额同比增长 29.5%、日均交易笔数同比增长 24.9%，盈利水平持续改善，经营利润率保持在相对稳定的水平，为 3.3%；同期，饿了么订单量同比增长超过 30%。二是或有新入局者加入行业竞争。外卖市场竞争格局长期保持稳定，在此背景下，抖音于 2021 年 7 月在 APP 上线"心动外卖"内测版，或将促进外卖市场竞争更加充分，使线下商家有更多触达消费者的渠道。

外卖平台拓展"即时零售"服务模式，提升配送技术。一是外卖与零售电商围绕"即时零售"展开竞争。一方面，外卖平台以即时配送服务为竞争力，涉足"即时零售"业务，不断拓展配送品类，为消费者带来更多便利和选择，如美团"闪购"的鲜花及药品保持较高增长势头；另一方面，传统电商平台发展即时配送，开展"即时零售"业务，如京东和达达快递合作推出"小时购"业务，提供"线上下单、门店发货、小时级分钟级送达"的零售服务。二是配送新技术研发应用不断推进。企业探索无人配送场景，阿里巴巴、京东、美团的无人配送车相继落地；美团无人机配送正在探索建设城市低空配送网络，进一步减轻外卖送餐员负担，提高配送效率，截至 2021 年 6 月，美团无人机已经完成超过 22 万架次的飞行测试。

外卖市场外部政策环境持续健全。一是外卖送餐员的劳动保障体系日益健全。《关于落实网络餐饮平台责任切实维护外卖送餐员权益的指导意见》颁布实施后，企业推出多项计划及措施改善外卖骑手的整体福利，如饿了么宣布首批投入 3 亿元用于外卖送餐员保障，美团持续推进"同舟计划"，通过福利激励和硬件升级改善外卖送餐员工作体验等。二是反垄断监管不断深化。国家市场监督管理总局于 2021 年 10 月对美团涉嫌垄断的违法行为做出行政处罚，监管和指导外卖行业公平竞争和长期健康发展。

（4）在线旅行预订

截至 2021 年 12 月，我国在线旅行预订用户规模达 3.97 亿，网民使用率为 38.5%，比 4 年前减少 10.2 个百分点，受新冠肺炎疫情影响网民使用率呈快速下降之势。

2021 年，我国对于新冠肺炎疫情的及时有效防控，推动了国内旅游业的有序复苏。随着旅行预订细分行业的发展，国内旅游产品供给形式不断丰富，同时数字化赋能旅游业变革创新，进一步推动行业高质量发展。

旅行预订细分市场顺势发展，乡村旅游迎来发展机遇。受局部疫情反弹和天气影响，中远程旅游需求未能充分释放，旅行预订呈现近程化态势。以短时间、近距离、高频次为特点的"轻旅游""微度假""宅酒店"成为市场热点，红色旅游、亲子游、研学游等特色旅行预订产品持续升温。同时，企业不断深耕下沉市场，助力乡村旅游。数据显示，截至 2021 年 9 月底，同程艺龙的注册用户里，非一线城市的注册用户约占全部注册量的 86.8%；第三季度同程艺龙在微信平台上的新付费用户中，约 62.7% 来自国内三线或以下城市。

数字化赋能旅游业变革创新，推动行业高质量发展。一是旅行预订新业态不断涌现。在常态化疫情防控和数字化转型推动的背景下，国内各地旅游景点、博物馆、文化馆创新消费模式和消费体验，推出了丰富多彩的线上线下联动活动，通过"云旅游""云看展""云赏剧"等新形式对旅游场所进行宣传。数据显示，2021 年微博旅游累计开播人数较 2020

年增长 110%，开播场次增长 143%，观看人数增长 1968%。二是企业积极拥抱数字化转型，助力行业变革创新。携程、马蜂窝、途牛等企业加速布局直播领域，通过直播带货、深度云旅游等形式探索"旅游+直播"业态，不断推出丰富的、优质的内容满足用户需求，持续推动更加多元化的行业生态建设。

3. 网络娱乐类应用情况

网络娱乐类应用主要包括：网络视频、网络直播、网络游戏、网络音乐和网络文学。

（1）网络视频

截至 2021 年 12 月，我国网络视频（含短视频）用户规模达 9.75 亿，网民使用率为94.5%，比 4 年前增加了 7 个百分点，已经成为互联网上的第二大应用。其中短视频用户规模为 9.34 亿，占网民整体的 90.5%。

随着长、短视频平台之间的竞争进一步加剧，中视频（时长在 5~30 分钟之间）成为重点发力方向，内容更加专业、多元。同时，长视频平台加快推进影视工业化进程，积极营造健康产业环境。

2021 年，在短视频应用新用户的带动下，网络视频总体用户规模进一步增长，但增速持续放缓。网络视频市场呈现精品迭出、新业务与技术加速探索应用、环境日益清朗的态势。

业务技术层面，"云业务"、新技术不断探索与应用，促进网络视频文化产业不断创新与发展。一是"云演出""云影院"等业务不断探索。"云演出"借助多种视听技术打造的新形态娱乐内容，克服新冠肺炎疫情对线下娱乐业的影响，满足用户观看内容的互动感、沉浸式体验需求；"云影院"则让用户能够在线获得更加沉浸的高质量视听享受，同时通过一起看、云首映、云票等功能，提供创新的娱乐消费体验方式。二是 3D 化实景、虚拟偶像等技术不断应用。3D 化实景正替代绿幕成为视频网站自制剧集的拍摄场景，在视觉感受和特效呈现上，让观众有身临其境的沉浸体验。"寄生熊猫"等一批有影响力的虚拟IP 形象被创作出来，不仅能融入网络综艺节目，还能运用全息技术做实景舞台表演，在更广泛的文创领域进行衍生，创造更大价值。

行业管理层面，相关管理部门加强对文娱领域综合治理部署，强化行业自律。2021年，针对影视领域的明星天价片酬、"阴阳合同"、偷逃税、低俗信息炒作和劣迹艺人等问题，有关主管部门采取了一系列措施，不断加大整治力度，深化影视业综合改革、促进影视业健康发展、强化网络内容监管，取得较好成效。

2021 年，短视频用户规模持续增长，行业依然保持稳定增长态势。短视频平台一方面加速布局知识领域，推动知识传播；另一方面不断与传统产业融合，创造出更大的经济价值。

短视频推动知识传播，成为信息传播的重要渠道。2020 年以来，各大短视频平台一方面大力扶持内容创作者，鼓励泛知识内容产出；另一方面积极开发诸如视频合集的新功能和直播课等新形式，打造多层次、立体化的知识图谱。在广度上，平台知识内容已涵盖生活、教育、人文、财经、军事等众多领域，充分满足用户多元化需求；在深度上，平台通过推出视频合集等功能、打造名校名师直播公开课等形式，促进知识体系化传播，提升知识学习深度。2021 年，抖音上线了四期"萌知计划"，投入百亿流量扶持知识创作者，鼓励创作更多适合青少年人群学习的知识内容；快手推出了两季大型直播活动"快手新知播"，为用户提供全新的认知角度与获取知识渠道。

短视频与农产品销售、文旅产业深度融合，激发经济活力。一是短视频应用助力农产品销售。源头农户、商家通过短视频、直播来宣传和推介优质农产品，为农产品进城打开销路。数据显示，2021 年 1—10 月，快手有超过 4.2 亿个农产品订单经由直播电商从农村发往全国各地，农产品的销售额和订单量和 2020 年同期相比分别增长了 88% 和 99%。此外，短视频平台还为农民和乡村创业者提供专业培训，保障农产品短视频、直播销售模式的可持续发展。二是短视频应用激发文旅产业活力。在文化产业层面，短视频平台通过加强流量扶持、提高变现能力、打造开放平台及开展城市合作等方式，培养挖掘年轻一代对非物质文化遗产的了解和好奇心，帮助发掘"非遗"的文化和市场价值。在旅游业层面，短视频平台不断加强与西安、重庆、南京等城市的合作，吸引文旅项目、旅游景点入驻宣传，助力城市形象传播和推广，带动旅游业发展。

（2）网络直播

截至 2021 年 12 月，我国网络直播用户规模达 7.03 亿，网民使用率为 68.2%，比 4 年前增加了 13.5 个百分点。其中，电商直播用户规模为 4.64 亿，占网民整体的 44.9%；游戏直播的用户规模为 3.02 亿，占网民整体的 29.2%；体育直播的用户规模为 2.84 亿，占网民整体的 27.5%；真人秀直播的用户规模为 1.94 亿，占网民整体的 18.8%；演唱会直播的用户规模为 1.42 亿，占网民整体的 13.8%。

电商直播和体育直播是 2021 年网络直播行业发展最为突出的两类业态。

电商直播领域，其发展变化主要集中在直播主体、商品来源和运营规范三个方面。一是主体多元化。随着电商直播业态的火热发展，越来越多的中小商户将自建直播渠道作为重点。数据显示，淘宝直播近 1000 个过亿直播间中，商家直播间数量占比超过 55%，高于明星主播的直播间数量；快手 2021 年第二季度绝大部分电商交易额均来自私域流量。二是商品本土化。电商直播对本土商户产品宣传方面的积极影响在 2021 年得到良好体现。从老字号品牌到地方特色农产品商户，都通过电商直播渠道获得了良好营销效果。数据显示，"双 11"期间超过 180 家老字号开启直播，多个老字号直播间成交额突破百万元。此外，中央电视台联合拼多多在"双 11"期间开设大型直播带货专场，大力推介优质国货和农货品牌。三是运营规范化。《关于加强网络直播规范管理工作的指导意见》《网络直播营销管理办法（试行）》等相关政策在 2021 年陆续推出。随着规章制度的实施，电商直播监管体系得到逐渐完善，消费者权益保护力度进一步提升。

体育直播领域，体育直播模式升级不断提升用户观赛体验。一是赛事回暖让版权交易重回正轨。随着全球各地体育赛事的陆续恢复，相关企业也重新展开对版权资源的竞争，重要体育赛事的直播版权交易频繁发生。东京奥运会、北京冬奥会、中超联赛、英超联赛、美洲杯等赛事的网络直播渠道均在 2021 年陆续确定。作为所有网络直播中最为重视版权资源的业态，赛事版权交易的回暖预示了体育直播的良好前景。二是以云服务、5G 为代表的新兴技术推动了体育直播业务模式的进一步升级。在奥运会上，由阿里云和奥林匹克广播服务公司联手打造的"奥林匹克转播云"首次投入使用，为全球转播机构提供转播支持。基于该平台，转播方工作人员不但通过远程方式即可完成转播和编辑工作，而且还能利用运动员追踪技术，让观众在短跑项目中看到每个运动员的实时奔跑速度等信息。三是运动员赛后连麦直播丰富了用户观赛体验。在社交媒体平台，连麦直播成为运动员与观众交流互动的新形式，为用户提供了了解运动员和赛事的新途径。数据显示，2021年共有103名体育明星在微博参与了144场连麦直播，直播观看量累计达到3.28亿。

（3）网络游戏

截至2021年12月，我国网络游戏用户规模达5.54亿，网民使用率为53.6%，比4年前减少了3.6个百分点。

2021年，为保护未成年人健康成长，国家主管部门加大治理力度，推动网络游戏行业更加规范。

国家主管部门治理规范网络游戏行业，保护未成年人健康成长。2021年6月，新修订的《中华人民共和国未成年人保护法》正式实施，其中新增"网络保护"专章，明确规定网络产品和服务提供者不得向未成年人提供诱导其沉迷的产品和服务。2021年8月以来，国家新闻出版署、教育部等国家主管部门先后发布《关于进一步严格管理切实防止未成年人沉迷网络游戏的通知》《关于进一步加强预防中小学生沉迷网络游戏管理工作的通知》等政策文件，要求严格控制未成年人网络游戏时间，预防未成年人沉迷网络游戏，促进未成年人健康成长。

网络游戏行业持续发展，海外拓展平稳推进。一是国内独立游戏取得新进展。2021年发售的国内独立游戏以较高的品质获得了网络游戏用户的青睐，并在国际知名游戏分发平台及网络商店获得较高销量和评价。二是海外拓展持续推进。海外市场已成为我国网络游戏厂商重要的营收渠道，也为文化出海提供了良好的契机。数据显示，2021年第三季度，我国网络游戏厂商开发的手机游戏在全球手游畅销榜中分别位列第二、第五和第七名。

（4）网络音乐

截至2021年12月，我国网络音乐用户规模达7.29亿，网民使用率为70.7%，比4年前只减少0.3个百分点，网民中音乐爱好者的比例基本稳定。

2021年我国网络音乐行业发展具体表现在版权环境重塑和业务创新两个方面。

一是版权环境重塑推动竞争焦点回归产品本身。自2018年以来，相关部门指导各主要网络音乐服务商完善授权模式，协调各方合作共赢，推动99%以上独家音乐作品开放授权。2021年7月，国家市场监督管理总局依法责令腾讯及其关联公司解除独家版权，停止高额预付金等版权费用支付方式等，恢复市场竞争状态。通过上述行动，国内网络音乐市场竞争秩序得到重塑，市场进入壁垒降低，使竞争者更有公平触达上游版权资源的机会，同时也有利于将市场竞争的焦点回归到业务创新与用户体验。

二是多领域业务创新助推企业营收持续增长。伴随着版权环境的好转，网络音乐平台开始将更多精力投入新业务的探索，各种创新业务逐渐展开，推动平台营收持续增长。数据显示，2021年前三季度腾讯音乐娱乐集团营收同比增长13.5%，网易云音乐营收同比增长52%。在线下演出方面，网易云音乐旗下酒吧于2021年10月在上海开业，在为艺人培养提供了现场演出机会的同时，也成为音乐社区用户的线下交流活动场所。在虚拟服务方面，QQ音乐与元宇宙游戏企业罗布乐思合作推出游戏《QQ音乐星光小镇》，并举办虚拟音乐会，拓展音乐与游戏融合的虚拟场景沉浸式娱乐体验。

（5）网络文学

截至 2021 年 12 月，我国网络文学用户规模达 5.02 亿，网民使用率 48.6%，与 4 年前相比减少 0.3 个百分点，网络文学用户规模基本随着总体网民数量的增加而呈线性增长。

2021 年，网络文学行业持续稳健发展。网络文学更加关注现实题材，作品质量进一步提高。同时，基于网络文学的数字产品形式日趋多元发展，音频和短剧成为新的增长点。此外，网络文学平台探索新的出海模式，为在全球语境中讲好中国故事提供了路径。

正能量题材成为创作潮流，现实主义作品质量不断提高。一是正能量趋势明显。在国家政策的倡导和平台的引导下，网络文学加强对现实的关切。2021 年是中国共产党成立 100 周年，网络文学涌现出一批庆祝中国共产党成立 100 周年、决胜全面小康、决战脱贫攻坚等题材的正能量作品。

二是现实主义作品质量获得了社会认可。《大国重工》《朝阳警事》《大医凌然》和《手术直播间》等现实主义题材作品入选国家图书馆永久典藏名单。现实主义题材作品《大国重工》获第五届中国出版政府奖，这是网络文学作品首次获得中国出版行业最高奖。

网络文学多元开发模式正在蓬勃发展。一是"网络文学+音频"成为 IP 开发的着力点。依托原创网络文学内容，网络小说孵化的有声书市场增速较快，网络文学平台和音频平台寻求强强合作，多家互联网企业也加快布局音频产品，音频已经成为网络文学多领域发展的重要部分，如字节跳动推出"番茄畅听"，网易云音乐上线"声之剧场"，腾讯音乐收购"懒人听书"全部股权。二是"网络文学+短剧"成为网络文学 IP 改编的热门赛道。网络文学的内容平易通俗，与短剧节奏相吻合。短剧的孵化周期短，制作成本低，网文平台、短视频平台等相继入局，形成了网文平台提供文学 IP，短视频平台制作播出的模式。

网络文学出海呈现生态化发展，国际影响力逐步扩大。一是出海的模式从内容出海走向生态出海。2021 年，网络文学出海从平台输出国内作品的内容出海模式，转变为输出创作、运营的生态出海模式。网络文学平台开始输出内容创作技能和培育海外原创者，已形成海外本土化运营。二是网络文学国际传播效果显著。数据显示，截至 2020 年，中国网络文学已向海外输出网文作品达 1 万余部。网站订阅和阅读 APP 用户达 1 亿多人，覆盖了世界上大部分国家和地区。规模化的网络文学出海扩大了中华文化的影响力，为在世界舞台上讲好中国故事做出了贡献。

4. 公共服务类应用情况

公共服务类应用主要包括：网约车、在线医疗等。

（1）网约车

截至 2021 年 12 月，我国网约车用户规模达 4.53 亿，网民使用率为 43.9%，比 4 年前减少了 0.6 个百分点。

2021 年，网约车行业投资增加，企业竞争加剧，智能车联网等新技术发展为行业提供了新的机遇。与此同时，网约车行业合规化进程稳步推进。

在市场运营方面，行业投融资升温，竞争加强。一是市场对出行业务信心增强，新一轮融资热潮出现。2021 年 9 月，曹操出行和 T3 出行先后宣布完成了 38 亿元以及 77 亿元的巨额融资。11 月，哈啰出行宣布完成新一轮 2.8 亿美元的融资。二是企业着力发展网约车业务，市场竞争加剧。美团打车 APP 重新在各大主流应用商店上线，并在一百多座城市开通了服务。在提供聚合平台的业务之外，高德成立网约车运营公司，并注册网约车业务品牌"火箭出行"。

在技术发展方面，新技术为网约车的发展带来新机遇。一是智能车联网技术进一步发展。冬奥首钢园区成功举办"5G+北斗"智能车联网创新业务示范。基于 5G、北斗等智能车联网技术，首钢园区进行了 L4 级无人驾驶接驳摆渡、编队行驶、无人零售和自主泊车等业务。二是自动驾驶技术稳步推进。北京亦庄经济开发区正式开放自动驾驶出行服务商业化试点，部分企业的自动驾驶技术已在示范区内通过道路测试和示范应用得到充分验证，为自动驾驶产业发展奠定了良好基础。

在行业生态方面，行业生态进一步向好。一是网约车行业合规化进程稳步推进。2021年 7 月初，国家网络安全审查办公室对滴滴出行启动网络安全审查，随后下架"滴滴企业版"等 25 款 APP。7 月 16 日，国家网信办等七部门进驻滴滴出行，开展网络安全审查。7月至 8 月，网约车平台为抓住行业空窗期加剧竞争。9 月，交通运输部办公厅下发了《关于维护公平竞争市场秩序加快推进网约车合规化的通知》，要求各地交通运输主管部门加强对网约车平台的事前、事中、事后全链条、全领域监管。二是网约车行业的保障体系逐渐完善。人力资源和社会保障部等八部门印发《关于维护新就业形态劳动者劳动保障权益的指导意见》，将网约车驾驶员认定为数字经济下的新就业形态劳动者。交通运输部等八部门印发《关于加强交通运输新业态从业人员权益保障工作的意见》，要求平台企业完善从业人员的利益分配机制，合理设定抽成比例上限。

（2）在线医疗

截至 2021 年 12 月，我国在线医疗用户规模达 2.98 亿，网民的使用率为 28.9%。

2021 年，在线医疗行业持续保持高速发展，更多互联网企业加入竞争。一是互联网医院发展迅速。截至 2021 年 6 月，我国互联网医院总数已超 1600 家，其中仅 2021 年上半年新增的互联网医院就有 500 家。二是互联网企业医疗业务营收持续增长。京东健康 2021上半年总收入 136.4 亿元，同比增长 55.4%。平安健康 2021 年上半年收入 38.2 亿元，同比增长 39%。三是更多互联网企业加入在线医疗竞争。字节跳动对多家医疗平台进行了投资，并对旗下品牌"小荷健康"进行了业务升级拓展；美团上线"百寿健康网"，打造综合类医疗健康平台；快手确立新的医疗业务品牌并开拓线下医疗市场。

3.3 网络传播的受众心理特征

3.3.1 网民的个体心理特征

由于网络是人们共同建构的虚拟空间，其开放性和参与性是其他任何媒介所不能比拟的。网络就像是一个意见自由的市场，人们可以在这个虚拟的市场中讨价还价，形成一个仁者见仁、智者见智的观点"场"。在这个"场"中，人们可以自由表达、各抒己见，也可以冷眼旁观、置身事外，甚至可以恣意任性、为所欲为。从这个意义上来说，网络受众心理必然和其他媒介的受众心理有很大的差异，主要表现在以下几方面。

1. 匿名心理

因特网的重要特点之一——匿名性使其快速拥有一大批受众。匿名现象是因特网上的一种普遍现象，匿名心理也是网民最显著的特征。人们在上网时往往都是隐藏自己的真实身份的想法，此即匿名心理。用一个代号来代替自己的姓名，在各种需要公开的资料中填写虚假信息，隐瞒真实的姓名、性别、年龄、收入等和真实身份联系紧密的信息。这种匿名性可以让人们在因特网上摆脱顾及身份、地位的约束，展现自己不为人知的、受到压抑的一面，满足自我实现、角色扮演的需要。

2. 自我实现的心理

美国心理学家马斯洛认为，人的基本需要可以由低到高划分为不同的层次，依次为：生理需要、安全需要、社会的需要、尊重的需要、自我实现的需要。只有较低层次的需要被满足后，人才会出现较高层次的需要。自我实现的需要是最高层次的需要，是"人对自我发挥和完成的欲望，也是一种使他的潜力得以实现的倾向"。绝大多数人不能自我实现，其主要原因有：①自我实现是很微弱的似本能（instinctoid）需要，容易被压抑、抑制、更改和消失；②许多人不敢正视关于自己自我实现所需要的那种知识，对那种知识缺乏自知，使自己处于不确定的状态；③文化环境强加于人身上的规范，阻滞一个人的自我实现；④自我实现是由成长性需要而不是匮乏性需要推进的，其发展和持续成长来自己的潜力。

自我实现的难度很大，很多人在现实中无法满足这一需要，退而求诸网络。这便带来网民自我实现的心理。在网络这个虚幻的世界里，往往不需要付出太多的努力就能轻易地使自我实现在某种程度上得到满足。在网络游戏中你可以攻城略地，体验征服的乐趣；在虚拟社区、BBS，你可以自由创作，引得无数人跟帖，享受被人追捧的感觉。例如，从 2005 年 2 月 22 日开始，一场关于"上流社会"的讨论在天涯 BBS 轰轰烈烈地进行，两个分别叫"北纬 67 度 3 分"和"易烨卿"的主角，进行着一场关于财富、服装、赛马的"上流社会"的大辩论，看客多达 22.3 万人次，近 4000 人直接参与其中。

这类转瞬即逝的强烈幸福感、快乐感和自我实现的成就感，在网上比在现实世界容易获得，这就是一些人沉迷网络、不能自拔的原因。

3. 娱乐心理

正常人都会有寻求放松、消遣、追求刺激与娱乐的心理，网民自然也不例外。而网络的互动性、虚拟性、多媒体传播特性能轻易满足网民的娱乐心理，使网民的娱乐心理成为其上网的一个重要动机。根据 CNNIC 的历次调查，休闲娱乐一直是网民上网的主要目的之一。网络媒体突破传统媒体的技术瓶颈，将文本、声音、图像、动画、音频、视频集于一体，互联网上时空交融、视听兼备，人们能获得多种感觉的综合性艺术享受，体验一种特定的情感氛围。

4. 角色扮演

在现实生活中，人们无法选择自己的性别，无法擅自改变自己的身份、职业、不能随心所欲地转换角色。因特网的虚拟性、匿名性使用户可以自由选择自己现身于网上时的身份、职业，乃至性别。因特网为人们角色选择、角色转换提供了条件，一个人可以在同一时间、同一场合扮演多个角色，比如很多人在 BBS、聊天室、虚拟社区、网络游戏中同时注册多个账号，在同一时刻以不同的身份、语气、态度、立场与人交流，谈论同一个话题。在网络上，人们可以抛开物理环境的限制，随心所欲地扮演各种角色，满足各种好奇心，重新塑造自我。这种因角色扮演而获得的精神满足，会促使很多人选择上网。

5. 心理宣泄

人们在实际生活中，面临来自社会的多重压力。工作环境不尽如人意、竞争激烈、生活紧张、人际关系复杂、矛盾重重、冲突不断、挫折纷至沓来，人们感到不安、孤独、烦恼。因特网的隐匿性、开放性、互动性为人们提供了一个宣泄的渠道，为人们适时地转移、倾诉自己的不良情绪提供了机会。精神分析学派认为，宣泄可以在无意识领域中消弭许多有害的东西，通过这种方式，可以把人们从理想与现实的分裂中解脱出来，获得一定的心理治疗效果。于是，上网成了很多人释放心理压力、松弛身心的一种方式。在聊天室、BBS上，很多人喜欢文字暴力，网络游戏中盛行 PK 行为，网恋泛滥。求得宣泄与解脱，是很多网民依赖互联网的主要原因之一。[①]

6. 认识强化的心理

认知心理指受众普遍存在的、寻求信息的心理现象。人寻求信息的目的是减少或消除周围环境的不确定性，从而更好地生存和发展。受众在认知心理（求知欲）的支配下，都希望了解新的环境，并对所获得的信息进行验证。互联网无疑是人们获取信息，验证信息最便捷的工具，因此相当一部分人就在认识强化心理的驱动下选择上网。在互联网上，人们只需点击鼠标就能把天下事尽收眼底，远程网络教育能让人们在家中轻松学习。人们因此可以触达的知识领域、范围就更广了，天文、地理、文学、历史、政治、经济……只要我们能想到的领域，网络都可以无孔不入地带我们走入那个世界，在知识的海洋里自由地遨游，人们的认知心理得到了强化。

3.3.2   网民群体的心理规律

1. 沉默的螺旋理论受到颠覆下的受众心理

舆情状态下个体与环境互动的机制是沉默的螺旋效应。"沉默的螺旋"（the spiral of silence）是诺埃勒·诺依曼（Noelle Neumann）于 1974 年在《传播学刊》提出的理论。该理论认为：人们在表达自己想法和观点的时候，如果看到自己赞同的观点受到广泛的欢迎，就会积极参与进来，这类观点就会被越发大胆地发表和扩散；而发觉某一观点无人或很少人理会（有时还会有被群起而攻之的遭遇），即使自己赞同它，也会保持沉默。意见一方的沉默造成另一方意见的增势，如此循环往复，便形成一方的声音越来越强大，另一方越来越沉默下去的螺旋发展过程。

---

① 屠忠俊. 网络传播概论. 武汉：武汉大学出版社，2007：122-123.

该理论的理论假设是从众心理。从众，是指人在群体中由于实际存在的或者头脑中想象到的社会压力和群体压力而在知觉、判断、信念以及行为上表现出与群体中大多数一致或按流行做法行事的现象。从众心理容易造成没有自己主见的人加入讨论的主流强势一方中，而非主流的观点被淹没在信息堆积的网络海洋中，没有机会掌握话语权，从而影响社会舆论。带有偏见、错误的主流观点就这样影响了更多"无知"的网民，使社会舆论进一步将人们引向错误的方向。例如 2011 年 8 月 12 日发布的《婚姻法》司法解释（三）①，一经公布即引发了社会的轩然大波。在百度某个关于女性文学的贴吧里，由于女性吧友占了绝对多数，对该司法解释的看法也呈一面倒的趋势，几乎一致地认为其不顾女性在社会中处于相对弱势的现实，降低了男性的离婚成本，缺乏对女性实际权益的保护和关注，是对广大女性的不公。有些热门的讨论跟帖过百，其中偶尔也曾出现过赞同该司法解释的声音，认为其促进了男女平等的发展，但立刻被铺天盖地的口水淹没。开始时，大部分情绪激动的女吧友认为持赞同观点的人一定是男性，并以此为由要驱逐其出境，而当此人表明自己的女性身份时，引来的是更为激烈的人身攻击，最终她只能带着不被接受的观点离开了这个女性贴吧。我们从中可以看出，即使在相对开放、自由、崇尚个性的网络世界，网民个体仍然需要承受来自群体的压力，并可能因为这种压力而不得不产生从众行为，或者被群体边缘化。

另一方面，在网络环境下，由于传播的匿名性、开放性，参与讨论的人群里彼此的陌生性，社会压力和群体压力要比现实环境下小得多，沉默的螺旋理论在网络传播中会被削弱，甚至不会起任何作用。如果一个网民在某个社区里得不到承认，他采取的往往不是消极的从众行为以保护自己，而很可能是转向另一个社区，去积极争取获得其他交往对象的认同。网络为多元化的思维、思想、观念相互碰撞提供了平台，从众的心理明显减弱，一些边缘化的群体和观点可以在网络中驰骋，找到属于自己的心理预期目标。例如，在现实生活中，同性恋由于和人们主流的恋爱价值观念不一致，常常被边缘化，他们的声音在现实生活中变得越来越小，可是网络为他们提供了展示自己内心真实情感的平台，这类群体可以在相应的社区里交流情感、倾诉烦恼，听取医学专家对相关知识的介绍，懂得相关的卫生知识等。

2. 议程设置理论受到挑战的受众心理

议程设置理论是 1972 年由美国学者麦思韦尔·麦考姆斯与唐纳德·肖提出的。他们认为，大众传播具有一种为公众设置议事日程的功能，大众媒体对某些问题给予的强调越多，公众对于该问题的重视程度也就越高。其核心内容是大众传播媒介不能决定公众怎么想，但能决定公众想什么。李普曼对此有一个"探照灯"的比喻：灯照到哪里，人们就关注到哪里。

在网络平台下，议程设置仍明显存在，但是与传统媒介的议程设置有很大的区别。传统媒体有严格的把关制度，传播者有自己的报道框架，议题的内容受政治制度、经济资本

---

① 解释指出，夫妻一方婚前签订不动产买卖合同，以个人财产支付首付款并在银行贷款，婚后用夫妻共同财产还贷，不动产登记于首付款支付方名下的，离婚时该不动产由双方协议处理。不能达成协议的，人民法院可以判决该不动产归产权登记一方。

等多种因素的制约，不符合主流媒体价值观及报道方针有失偏颇的，都不适宜报道；同时传统媒体受技术、版面、时段等因素制约只能从现实生活中选择他们认为重要的、显著的、有趣味性的信息进行加工报道，致使一些边缘信息或者敏感信息被忽略。而在网络平台下，网络虽然也有不同层次的把关人，但是网络把关人是分散的，数量庞大、参与积极的网民成为事件传播的主体，网民通过对网络中的贴文进行推送首页、置顶、聚合和组织引导等方式，选择和凸显某些事件和意见来进行议程设置，只要该议题有意义又能引起公众的关注就会在网络上形成舆论，进而影响媒介间议题的设置。

以 2009 年发生在杭州的胡某飙车撞人事件为例。2009 年 5 月 7 日 20 时 5 分，肇事者胡某驾驶经过改装的三菱跑车，在杭州文二西路撞上行走在人行横道上的浙江大学毕业生谭卓，使谭卓当场死亡。当晚 21 时 20 分，杭州的网络媒体 19 楼论坛上贴出了"文二西路车祸—红色三菱斑马线撞死行人"的主题帖，网友们纷纷发帖悼念逝去的生命，谴责肇事者。之后一篇题为"富家子弟把马路当 F1 赛道，无辜路人被撞起 5 米高"的帖子出现在网上，发帖者随时更新事件的最新动态，引来大批网民发表对飙车族的留言。地方媒体杭州网刊发《文二西路紫桂花园门口飙车夺命案》，同时被新浪等门户网站转载。网络社区中网民对此事件讨论日趋热烈，引发全国媒体关注，最后有关政府部门出面回应，舆论平息。该议题的传播路径：地方论坛发帖→网友质疑、评论→地方权威网媒跟进→大型门户网站报道→网友人肉搜索→地方媒体关注→全国媒体关注→杭州公安局发布调查结果→网友对于部分事实质疑，舆情再起（网民在网上进行讨论，"欺实马"成为网络流行词）→杭州公安局再一次发布调查结果→网民对胡某是否找替身进行讨论→司法部门发布处理结果→网民对此事进行深入探讨。从中可以看出，在事件发生到后续进展的过程中，网民的舆论力量非常大，可以说每一步都无法摆脱网络民意的影响，网民借助网络媒体的平台在议程设置方面起了很大的作用。

由此可见，网络媒介中议程设置的主体是多样的，可以是主流媒体的网站，也可能是某个论坛、某个虚拟社区，从而摆脱了以前只有官方才能进行议程设置的局面。

3.4 广告心理学基础

3.4.1 心理活动

心理学是研究人的心理现象及其活动规律的科学。心理是人的感觉、知觉、注意、记忆、思维、意志、情感、性格、倾向等心理现象的总称。每一个具体的人都会有所思所想、所作所为的表现，前者是人的内部活动即心理，后者为人的外部活动即为行为，这两者在范围上有所区别，又有不可分割的联系，心理决定行为，即人的任何行为都是源自内部的心理活动，行为是心理活动的体现。

心理活动是人对现实外界刺激作用的反应，是对外界信息进行加工的过程。人是社会化的人，在不同社会文化背景下，心理活动的特点也会不一样。心理学通过研究和分析人的行为来解释人的内心活动规律。心理活动多种多样，主要分为心理过程和个性心理两个方面。

1. 心理过程

心理过程包括认知、情感、意志三个方面。

认知是人的大脑对客观事物的表面属性和内在联系进行反应的心理过程，它涉及感觉、知觉、记忆、想像和思维等活动，这些活动的过程统称为认知过程。

情感是客观事物满足人的主观需要产生的内部体验过程，比如，接触某则广告后产生的喜、怒、哀、乐等感受。

意志是人确定目的并选择手段以克服困难、达到预定目的的心理过程，其外部表现是语言和行动。意志是人脑独有的产物，是人的意识能动作用的表现。人在认识客观事物规律性的基础上，通过自己的行为改变客观世界来满足自己的需求，实现自己的意志。意志和认知过程、情感过程、行为过程的联系十分密切，认知过程是意志产生的前提，意志调节认知过程。情感可以成为意志的动力，意志对情感起控制作用。行动是意志的反映，意志则对行动起调节作用。

2. 个性心理

个性心理特征指人在认识和改造事物的过程中，由于个人不同特点构成的心理上的差异。个性心理特征主要体现在能力、气质和性格上。

能力是使个体在完成某种活动方面具有潜在可能性的特征，比如数学才能等。

心理学的气质概念有别于日常生活中所说的气质，指心理活动的强度、速度、稳定性和灵活性上的差异，是高级神经活动在人的行为上的表现。

性格是指人在对社会、集体、家庭、个人和事物的态度以及相应行为方式上所表现出来的心理特点，比如内向、外向等。

个性心理特征向上受人的需要、动机、兴趣、信念和世界观等个性倾向性制约，向下又制约和影响着心理过程的进行。同时，个性倾向性和个性心理特征又都通过心理过程形成和发展着。

广告心理学是研究消费者与广告活动相互作用过程中产生的心理现象及其心理活动规律的科学。它的基本内容包括：传播心理、说服心理、相关环境影响因素和广告心理效果的测定。广告过程可以看成商品信息的传播过程，传播心理包括广告的吸引注意策略、理解广告信息的知觉基础、提高记忆率的广告心理策略等。广告的说服心理包括广告诉求的需要基础、情感诉求和理性诉求、广告说服理论等。受众总是处在由文化、地区、阶层、群体等构成的某一特定的环境中，不同环境下的受众对同一则广告的反应不同，受众对广告的反应首先表现在心理效果上。[①]

3.4.2　注意理论及其在网络广告中的运用

著名的诺贝尔经济学奖获得者赫伯特·西蒙说："随着信息的发展，有价值的不是信息，而是注意力。"当今是信息社会，人们每天从起床打开手机开始就被大量的信息充斥，人们走在路上，目光所及之处，也能接受到各种不同的信息，包括广告、产品、社会新闻

---

① 林升梁. 网络广告原理与实务. 厦门：厦门大学出版社，2007：89-90.

等。在当今信息爆炸的大环境中，信息繁多、产品丰富，人们的需求也更加多样化、个性化，人们的注意力因此成了人类生活中的稀缺品。广告主要想脱颖而出，就必须最大可能地吸引消费者（潜在消费者）的注意力。因此，如何占有消费者注意力成了广告主最为关注的问题，消费者注意力的投放量也成为影响网络广告成功与否的关键。

1.注意力与广告

注意是心理或意识活动对一定对象的指向和集中，是一种普通的心理现象。而注意力，从心理学上看，就是指人们关注一个主题、一个事件、一种行为和多种信息的持久程度。随着互联网的出现，信息时代的到来，注意力资源显得愈发稀缺，在广告主之间的争夺中，谁抢夺了更多的注意力，谁就占领了更大的消费者市场。由此，广告催生出了注意力经济。

最早正式提出"注意力经济"这一概念的是美国的迈克尔·戈德海伯。他在 1997 年发表的一篇题为《注意力购买者》的文章中指出，目前有关信息经济的提法是不妥当的，因为按照经济学的理论，其研究的主要课题应该是如何利用稀缺资源。对于信息社会中的稀缺资源，他认为，当今社会是一个信息极大丰富甚至泛滥的社会，而互联网的出现，加快了这一进程，信息非但不是稀缺资源，相反是过剩的，而相对于过剩的信息，只有一种资源是稀缺的，那就是人们的注意力。

在当今的社会生活中，广告随处可见。在城市，只要有人活动的地方，基本都可以看到广告的踪迹。在网络与人们的生活紧密联系的今天，只要我们浏览网页、查阅信息，都可以看到网络广告的踪迹。可以说，广告已经成为人们生活中难以回避的一种信息存在，它填充了生活的每一个角落。但是，大部分消费者对待广告的态度是漠然的，对广告既不关心也不逃避，偶尔遇到自己感兴趣的广告内容就多留意一下，而对于与自己不太相关的广告便不予理睬。因此，无论是户外广告、电视广告，还是网络广告，首先要解决的问题就是吸引那些与广告内容相关的人群的注意力，使其关注广告内容，并使广告内容在其头脑中留下印象，以促成其今后的消费行为。

那么，如何才能做到吸引消费者的眼球呢？最好的办法就是使广告的内容和形式具有创意，当消费者遇到意料之外的广告形式和宣传方式时，往往会花更多的时间去关注它，了解它。

2. 注意的特点

注意是人的心理现象和意识活动，但它并不是一个独立的心理过程，也不属于个性心理特征；它是表现在感觉、知觉、记忆、思维等心理过程之中的一种共同特性。

注意有两个基本特征，一个是指向性，是指心理活动有选择地反映一些对象而离开其余对象；另一个是集中性，是指心理活动停留在被选择对象上的强度或紧张程度。指向性表现为对出现在同一时间的许多刺激的选择，集中性表现为对干扰刺激的抑制。指向性和集中性是相互联系不可分割的，指向性是集中性的前提条件，集中性是指向性的体现和深化。只有在广告受众对广告本体有所指向时，集中性才可能发生，也只有产生了集中性，指向性在广告传播过程中才能体现应有的意义。从人的感知和心理感受上来说，当人的注意力从一个物体转移到另一个物体时，指向性将会突出地显示，而当人的注意力从感知阶段到思维阶段，集中性便会占主导。

3. 注意的分类

心理学中根据产生和保持注意时有无目的以及抑制努力程度的不同，将注意分为无意注意、有意注意和有意后注意三种。抑制努力程度是指注意的努力水平，注意的迁移或集中都需要人做出一定的意志努力。最高努力水平上的注意表现出积极主动寻求信息，例如询问亲朋挚友的想法，或者从很不起眼的刊物中去寻找信息。中等努力水平上的注意，表现为从现有信息源中去寻找信息。最低努力水平上的注意则表现为被动地或随机地接受信息。

（1）无意注意

无意注意是指事先没有预定的目的，也不需要作意志努力的注意。引起无意注意的原因是：刺激物的特点和人本身的状态。无意注意虽然带有一定程度的随机性，但在通常情况下，无意注意是由刺激物的特点和感兴趣的事物所引起的。凡是具有以下特点的事物都容易引起人们的无意注意。

①相对强烈的刺激。例如鲜艳的颜色、突然发出的响声、突然的运动，都会立刻引起人们的注意。这时对注意起决定作用的不是刺激的绝对强度，而是刺激的相对强度，也就是凸显物与其他物体之间的差异显现。例如，在一群灰色的建筑中突然出现的彩色广告画面，就会立即引起人们的注意。

②突然发生变化的刺激。使人产生感官上的对比，也会引起人们的注意。例如，在连贯影像画面中的慢速播放。

③不断变化的刺激。动态的形象尤其容易引起人们的注意。例如在网络广告中，动态的画面一定比静止的画面更加容易引起注意。

（2）有意注意

有意注意是指有自觉的目的、需要作一定意志努力的注意。其特点是消费者首先应有内在的需要，并根据自己的需要去选择性地将注意力投放在某个广告上。例如，有意要购买手机的消费者会被手机类广告所吸引，且更容易产生有意注意的行为。若此类广告出现在网络上，那么该消费者会对广告进行点击，以了解详情。按照消费者接受网络广告的心理活动来分析，当广告受众无意注意到广告之后，会由于自己的兴趣所致而产生有意注意，随后根据广告内容选择是否进行更深一步的了解。如果广告受众选择了对该广告商品进行更进一步的了解，则会进行网络搜索，综合了解该广告商品，此时，潜在购买动机便产生了。

有意注意是主动的、受个人意志驱使的注意，它也受到意志的调节和支配。引起人们有意注意的事物常常是人们感兴趣的事物。因此，根据有意注意的原理，广告主应该将广告投放到尽可能准确的目标群体当中，在网络广告的发布中也应当如此。广告主可以根据各种统计数据查出较为准确的广告目标群体活动的范围，从而定位于此范围内发布广告，这样既可以节省费用也可以使广告更有效地到达目标消费者。而广告的受众也更加乐于接受与自己联系较为密切的广告内容。

当然，无意注意有时可以在一定条件下转化为有意注意。例如，人们在无意观看到的电视广告中发现了让自己感兴趣的产品，为了更加详细地了解该产品的信息，便会较仔细地观看广告画面及相关说明。

（3）有意后注意

有意后注意就是事前有预定目的，不需作意志努力的注意。它是由有意注意转化而来的一种特殊形态的注意。这种注意既不同于一般的无意注意，又不同于一般的有意注意，有意后注意兼有两种注意的部分特点，是一种高级状态的注意。例如，广告工作者对具体广告的注意常常会处于有意后注意的状态，因为广告工作者会从个人兴趣和工作角度出发，对广告进行更为主观的、有目的的注意。当然，如我们前面所举的例子，本要购买手机的消费者在接收到某个手机广告后，如果恰好和自己所拟定要购买的手机在各项指标上都比较接近，那么他便会从对广告的无意注意过渡到有意注意，进而有可能达到有意后注意的状态，也就是主动地去查找与此广告相关的信息，以达到自己对该产品有一定程度了解的目的。广告主在广告的发布中，特别是网络广告的发布中，必须重视潜在消费者的有意后注意，因为当潜在消费者对某产品产生了有意后注意，他若对此产品表示出极大的兴趣，便会自觉地在网络上进行搜索和查阅，有了潜在消费者的有意后注意，那么该商品销售的可能性会大大提高。

4. 注意的品质

注意的品质包括注意的广度、注意的稳定性、注意的分配、注意的转移四个方面。

（1）注意的广度

注意的广度，是指广告受众在同一时间内能清楚把握到的广告信息数量。心理学家很早就开始研究注意的广度。1830年，威廉·哈密顿做了这样一个实验，他在地上撒了一把石子，发现人们很不容易立刻看到6个以上石子，而如果把石子2个、3个或5个一堆，人们能看到的堆数和单个的数目几乎一样多，因为人们会把一堆看作一个单位。如果用速视器测定，在1/10秒时间内，成人一般能注意到8～9个黑色的圆点、4～6个没有联系的外文字母或3～4个几何图形。由此我们可以得出这样一个结论：在广告的一个画面中，传达给广告受众的视觉信息量最多不应该超过6个。

影响注意的广度有以下几个因素。

①知觉对象的特点。如果知觉对象形态相似、排列整齐、颜色大小相同、能构成彼此有联系的整体，注意的范围就大些。反之，注意的范围就小一些。

②受众的知识背景。由于每个广告所面向的消费群体不一样，因此，同一广告对于不同知识背景的人来说，被注意的广度也是不一样的。越是对广告内容较为熟悉的受众，注意的广度越大。相反，对于对广告内容毫不了解的广告受众，其广告注意的广度也就显得非常小了。

③受众对广告的态度。受众对广告持有的不同态度，也会影响到广告注意的广度。例如，如果受众对汽车这一实物非常感兴趣，那么汽车广告将是他所乐于接收的广告种类，因此，汽车类广告对该受众所造成的注意广度将会远远高于那些对汽车以及汽车广告不甚感兴趣的受众。

（2）注意的稳定性

注意的稳定性，是指注意保持在某种对象上的时间长短，其标志是在某一段时间内注意的高度集中。注意的稳定性有狭义和广义之分，狭义的注意的稳定性是指注意维持在固定的某一对象上，广义的注意的稳定性是指注意维持在某一活动过程中。注意的稳定性与注意的起伏是相统一的。所谓注意起伏，就是指人的感受性不能长时间地保持固定的状态，而是间歇地加强和减弱。因此，广告设计者在实际运用中不仅要了解注意的稳定性，同时也要了解注意的起伏特性。人在感知一件事物的时候，很难保持较长时间的注意，但如果所感知的对象不是静止的单一事物，而是具有运动性、系统连贯性的，那么，注意保持的时间将会相对较长一些。一般说来，注意的起伏，大约 1 秒转换 1 次。如果坚持不动，注意也只能维持 5 秒，更长的时间就有困难了。研究表明，1～5 秒的注意起伏不会影响对复杂而有趣的活动的完成，但经过 15～20 秒的注意起伏，便会导致注意不随意地离开客体。因此，在广告的运用中，尤其是网络广告的运用中，可以重复利用注意的稳定性和起伏特征。当静态的、单一的广告画面不足以使广告的受众长时间地关注时，那么可以采用动态的，甚至是有较强参与性的广告形式，这样既具有亲和力，也更有利于广告受众注意的稳定。

在广告传播过程中，影响注意稳定性的因素如下。

①广告本体的特点。广告本体的内容丰富，信息含量大，受众的注意就容易稳定。反之，那些内容贫乏、单调和静止的广告，就难以吸引受众的注意。例如，我们看一个单调静止的广告画面时所耗费的时间远不如看内容丰富多变的影像类广告那样长。

②广告内容及形式。如果广告画面较为复杂，需要传递的信息较多，就可以适当地变化一下广告的内容以及发布的形式。例如将广告分作若干个相互关联的画面，或者采用动态的形式发布，这些处理方式在网络广告中是比较容易做到的。

③广告受众的状态。每个人注意的稳定性存在一定的差异，有的人意志强、善于控制自己，能对所感知的对象抱有积极态度，便能抵抗干扰，保持稳定的注意。有的人意志薄弱，对感知的对象缺乏兴趣，或因身体不适等原因，都会影响到注意的稳定。

（3）注意的分配

注意的分配，是指人把注意同时指向两种及两种以上不同的对象或活动。例如，人们一边走路一边听收音机、一边吃饭一边看电视等。但在一般情况下，当同一时间内作用于同一感知器官的事物或活动有两种或两种以上时，就会出现注意分配的困难。有人做过这样的实验，通过耳机同时给被试者的双耳分别播放不同的内容：给右耳播放一篇民间故事，给左耳播放一则新闻报道，要求被试听完后大声复述两耳听到的内容，结果被试者对那则新闻报道几乎是一无所知。由此可见，注意的分配常常是不均衡的，人们为同时进入感官的不同事物分配了不同比例的注意。广告发布可以利用人们的注意分配，在不影响人们正常进行某一连贯性活动的同时，加入广告信息。例如，户外广告即是利用了人们注意的分配，当人们行走在路上，目光随意地朝四周张望时，很容易被四周的广告所吸引，但并不会影响到自己原本的行走活动。

（4）注意的转移

注意的转移，是指人根据新任务的要求，有目的地、主动地把注意从一个对象转移到另一个对象上。例如，消费者在注意 A 商品后，又根据自己的选择，将注意力转移到 B 商品，这就是注意的转移。

注意的转移可分为两种：一种叫完全的转移，指彻底从 A 对象转移到 B 对象上；另一种叫不完全的转移，是指当注意力从 A 对象转移到 B 对象后，在思想意识中依然保持着对 A 对象的思考。在注意不完全转移的情况下，作为消费者其实正在对多件商品进行分析和比较，这是他做出购买决定前的重要一步。

影响人们注意的转移有以下几个因素。

①注意的紧张程度。如果人在原来的活动中保持注意的紧张状态，那么其注意力就会相对稳定而不容易被转移。

②对注意对象的理解程度。如果人对引起注意转移的新事物具有较为深刻的理解，那么即使原来的活动吸引力很强，也能顺利地、较快地实行转移。

③个人神经的灵活程度。每个人的神经反应过程的灵活程度决定了各自注意转移的快慢。

特别要指出的是，注意力具有一定的延续性，也就是说当受众正在专注某一事物时，不容易马上将注意力调离此事物，而是有个减弱的过程。广告在发布的过程中可以利用受众注意力延续性的特征。例如在热播的电视节目中插播广告，此时，由于观众的注意力和思绪依然停留在刚才播放的电视节目中，目光很难马上离开电视画面，因此就会惯性般地继续欣赏电视中播放的广告内容，此时的广告效果是最佳的。

（5）注意的紧张性

注意的紧张性，是指心理活动对一定对象的高度集中的程度，是注意的强度特征。人在紧张注意的情况下，会在思维中排斥周围的其他事物。浓厚的兴趣和爱好都能引起一个人高度紧张的注意，而厌倦、疲劳会削弱注意的紧张性。广告在发布的时候也应该考虑如何提高广告受众在关注广告信息时的紧张性。

5. 注意的规律及其在广告中的运用

知道了注意在整个广告传播中具有十分重要的作用，那么，人们在具体的广告实践中，应该如何把握注意的规律并将其运用到广告之中呢？根据广告受众注意产生的原因及特点，广告主及设计者可以用如下方式吸引和维持消费者的注意。

（1）增强广告的强度

根据心理学原理，刺激需要达到一定的强度才能引起有机体的反应。在一定强度范围之内，强度增加，反应也随之增加。广告的强度可以通过能够引起受众关注的多个方面来控制：广告幅面的大小、色彩的鲜艳程度、音响效果、运动强弱等。

（2）增加广告各元素的对比度

从人的感知器官的反应来说，具有显著对比的事物更能引起人们的注意。对比是利用差异化来凸显形象的方式，在广告中利用对比的艺术处理，更能使广告信息的发布强度扩大，得到更好的传播效果。

在广告的制作与发布中经常利用的对比如下。

①颜色对比

具有较强颜色对比的画面更能吸引人的注意。

②大小对比

为了突出主题，或者需要在最短的时间内传播广告的信息，大小对比是非常有效的一种方式。在广告画面中可以放大关键信息的字眼，让人们一眼望过去就能了解该广告的主题是什么，如图 3-2 所示。广告也可以利用声音的大小对比，制造某种紧张感，使受众更加容易关注到该声音信息的广告。

图 3-2　大小对比

③动静对比

动静对比既包括广告同周围事物之间的动静对比，也包括广告本身设计处理的动静关系。在当今的网络广告中，动静对比是运用较多且具有良好广告效果的一种处理方式。既可以在周围物体处在相对静止的环境中凸显广告主体的运动感，也可以在周围物体处在相对运动的环境中凸显广告主体的静止感，只要达到动与静之间的对比强度就可以更容易引起广告受众的关注。

（3）加强广告的创意性

几乎所有的人都容易被新颖独特、出乎意料的事物所吸引，因此，在广告中加入更多的创意就更容易引起人们的关注。

（4）在广告中加入悬念

广告中悬念的使用容易增加受众的关注，并且有利于增强受众的参与动机。受众在悬念广告的指引下不自觉地将被动状态转化为主动状态，并积极地加入自己的想象，构想广告的后续部分，同时也会对广告的后续篇章抱以期待。因此，在广告中加入悬念的设计会增强广告受众想要进一步了解广告的欲望。图 3-3 是 2016 年 9 月 3 日刊登在《厦门晚报》封面版的整版广告，广告的出彩之处在于偌大的版面只有寥寥数语和一个简单的二维码图，在温情脉脉的引导之后，并没有给人一个直白的结果，而是留下一个充满未知的二维码。在几乎人手一部智能手机的今天，扫一下二维码并不费多少工夫，简短的文字制造的悬念是不是足以激起人们轻轻一扫的愿望？

图 3-3　富有悬念的广告

（5）增加广告的趣味性

富于趣味的广告会让受众更乐于接受。如果生硬地将广告内容灌输给受众，那么受众会觉得接收广告信息是一种折磨，在心理上也会对广告有所排斥，而具有趣味性的广告会让受众十分轻松且愉快地接受广告，并留下印象。图 3-4 中的三幅广告作品是为某个品牌的新产品做的广告，意在传达该薯片所采用的原料都是纯天然的，而且有多种美味可选，如辣椒味、番茄味、鸡腿味。在画面设计时，通过巧妙的选材与搭配，构造出公主、皇后、皇帝的形象，分别代表三种口味。这种拟人化画面的信息传达，让人在明白广告主旨的同时，发出会心的一笑，从而拉近了与受众的距离。

（6）加强广告的参与性

使广告受众在自我参与的过程中逐渐接收广告信息，是广告信息准确到达目标消费群的良好方式。参与性的广告可以出现在电视广告、广播广告、印刷广告等广告中，更可以出现在网络广告中。由于网络本身的互动性，使得广告能更有效地使潜在消费者参与到广告的整个讲述过程中，参与者也能更详细、深入地了解广告产品。

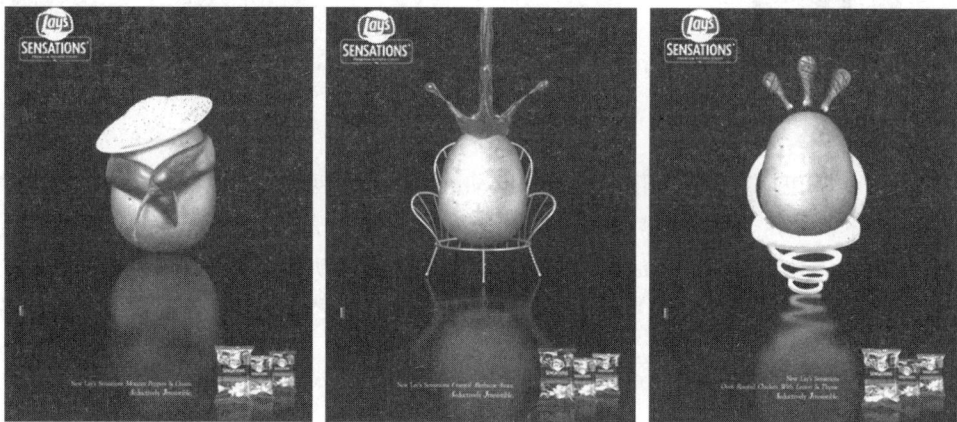

图 3-4　富有趣味性的广告

3.4.3　知觉理论及其在网络广告中的运用

一个成功的广告，不仅能做到吸引消费者的注意力，还要能准确地知晓消费者是如何被吸引的。只有做到充分了解消费者在接收广告过程中的知觉行为，才能更加有效地进行广告的制作与投放。消费者是通过什么来接收广告信息的呢？当然是用感知器官，如眼睛、耳朵等，但仅仅通过感官感知到了广告还不行，还必须在感知了广告信息之后对其做出一定的判断。因此，广告要得到良好的知觉效果，就应该紧紧把握消费者的感知规律，从而更加科学地设计和发布广告。

1. 感觉

感觉是人们从外部世界或从身体内部获取信息的第一步。刺激作用于感觉器官，在大脑中对特定对象个别属性的直接反应就是感觉。人们对客观事物的认识是从感觉开始的，它是人类认识客观事物最简单、最基本的形式。感觉分外部感觉和内部感觉两类。外部感觉就是外部感官对客观事物的感受，有视觉、听觉、嗅觉、味觉和触觉五种。内部感觉是反映机体本身各个部分或内部器官发生的变化，有运动觉、平衡觉和机体觉三种。受众接受广告主要靠的是外部感觉，感觉是心理活动产生的前提条件，因此广告投放以及广告效果分析必须在掌握受众感觉特征的基础上进行。

　　感觉器官对一般刺激的感觉能力是感受性。人的感受性并不是一成不变的，它会受到内外条件的影响，如适应、对比、感官之间的相互作用、生活需要和训练等都能导致相应的感受性发生变化。当人的感觉器官长时间接受某一刺激时，其感受性会降低，这种现象叫做感觉的适应。由于感觉具有适应性的特点，在广告传播过程中，广告主就应该设法调整广告信息对受众的刺激程度，如增大刺激值或变换广告的表现形式，以继续吸引受众的注意。

　　感受性的强度是由感觉阈限的大小来度量的。感觉阈限是用于测量感觉系统感受性大小的指标，用刚能引起感觉的刺激量来表示，可分为绝对感觉阈限和差别感觉阈限两类。绝对感觉阈限测量感觉系统的绝对感受性，刚能引起感觉的最小刺激量称为刺激阈限或感觉的下绝对阈限。当引起感觉的刺激量继续增加，并超过一定限度时，就会使该感觉受到破坏，引起痛觉。能够引起感觉的最大刺激量称为上绝对阈限。从下绝对阈限到上绝对阈限之间的距离是有关感受性的整个范围。在已有感觉的基础上，为引起一个差别感觉，刺激必须增加或减少到一定的数量。不同感觉通道或不同人之间，对差别的感觉能力是不同的，而刚能引起差别感觉的刺激的最小变化量称为差别感觉阈限或辨别阈限。

　　心理物理学的研究表明，刺激从原有强度上变化至最小可觉差是一个恒定的比例常数，而不是绝对的差数。这个比例常数可以表达为：$\Delta S/S$，S 是原有刺激值，ΔS 是最小可觉差。该比例常数亦称韦伯分数。表 3-1 列出了一些韦伯分数。

表 3-1　不同感觉的韦伯分数[①]

刺激类型	韦伯分数
音高（在 2000 赫兹时）	0.003
重压（在 400 克时）	0.013
视明度（在 1000 光量子时）	0.016
提重（300 克时）	0.019
响度（在 1000 赫兹，100 分贝时）	0.088
橡皮气味（在 200 嗅单位时）	0.104
皮肤压觉（在每平方毫米 5 克重时）	0.136
咸味（在每升 3 摩尔量时）	0.200

　　如果广告信息给受众的感觉刺激太弱或者太强而超过了人的感受性的范围，那么广告信息的传播就起不到应有的效果。例如在网络中，如果某一广告闪过的速度过快，它在人的感知系统中并没有留下明晰的痕迹，那么这则广告的广告效果可以说是微乎其微的。又如，网页中某一浮动广告以明亮和动态的效果出现，那么它过度的刺激可能给人造成不适的感觉，也不会发起人们继续注视它的欲望。在具体的广告制作和投放过程中，可以利用人们的差别感觉阈限，如对原有的商品的特性进行改变，并使这个改变让消费者能感受到，就可以将改变的部分在广告信息中以差异化的方式呈现出来。例如软件的不断更新，用产品数字代码的不断增大来体现，就是利用了人的差别感觉阈限，使受众对信息的感知超过差别感觉阈限，以达到引人注意的目的。当然，并不是商品中所有的改变都希望被消费者所察觉，因此在有些时候商家会尽量减弱信息变化的强度。例如食品饮料等价格的增长，为了使消费者察觉不到价格的增长，商家有可能将商品的重量降低而价格保持不变。由于消费者在购买商品时更多关注的是商品的价格而不是重量，因此商家此举也就达到了隐形涨价的目的。

---

　　① 表格数据来源：马谋超. 广告心理学. 北京：中国市场出版社，2008：37.

广告中还常常会运用到联觉。联觉也叫通觉，就是一种已经产生的感觉引起另一种感觉的心理现象。例如我们看到黄色灯光，便会感到温暖。联觉现象遍及所有感觉，但是个体之间的差异很大：有人明显，有人不明显。在网络广告中，应用最多的是视觉上的联觉，视觉上感知到的颜色、图形、动态等会使人产生不同的联觉。例如在康师傅香辣牛肉方便面的广告中，画面以红色为主，并使画面呈现出较为激烈的动态，让人感到食品"辣"的特性。

2. 知觉

知觉是在感觉的基础上产生，将感觉从复杂的环境中分离出来并加以组织，并根据过去的经验做出解释。在知觉过程中还有思维、记忆等的参与，知觉对事物的反应要比感觉更深入、完整。知觉通过选择、组织和解释客观刺激，使之成为一个有意义的、连贯的现实映像的过程。解释的整个过程还会受到个体的个性、动机、学习、态度的影响，因而表现出明显的主观性。知觉的这一过程可以表述为图 3-5。[①]

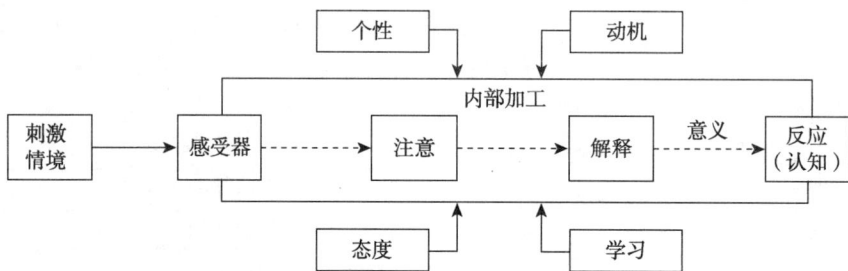

图 3-5　知觉过程图示

刺激情境是作用于感觉器官的各种各样的刺激。人体有感受各种刺激的感受器，以形成视觉、听觉、味觉、嗅觉和触觉等。有些刺激因为超过阈限而没有被人感觉到，能够被人感觉到的，有些又因为注意的选择性而被忽略。解释是指包括把注意范围内的感觉信息组织成有意义的模式，再将它同过去的经验比较，从中推得意义。

从对知觉的解释可以看出，知觉是积极、能动的认知过程。人的知觉的能动性主要体现为知觉的选择性，即当多个事物同时作用于人的感觉器官时，由于认知资源的限制，只能对其中一个或几个事物有较为清晰的知觉。被选择的事物成为知觉的对象，而其他事物成为知觉对象的背景。因此，广告中要做的，就是如何将需要传递的广告信息尽量区别于其他信息，使主体信息得到充分传播。

除了知觉的选择性，广告还应该把握住知觉的整体性。知觉的对象往往具有多种属性，并由多个部分组成，但人们并不是将它们感知成彼此无关的部分或属性，相反，这些不同属性和不同部分将以整体的姿态被感知。

人们在对客观事物进行知觉时，总会结合自己已有的知识背景和经验对信息对象进行理解和解释。由于每个人的知识背景和经验不完全相同，因而面对同一个客观刺激，不同的人可能会产生不同的知觉结果。为了提高广告效果，在广告的创意制作和传播中，应充分考虑目标消费者的群体特征，尤其是群体的知识背景和生活经验。当然，除了知识背景

---

① 马谋超. 广告心理学. 北京：中国市场出版社，2008：40.

和经验因素之外，还需要考虑广告受众的情绪、态度、周围环境等因素，这些也会影响到广告的最终效果。

知觉还具有恒常性的特征。知觉的恒常性就是指在照度、距离和位置等发生变化的条件下，人对物体的知觉结果仍旧保持不变。常见的知觉恒常性有形状恒常性、大小恒常性、明度恒常性、颜色恒常性、对比恒常性等，这是由于人们在实际生活中建立了大小、距离、形状与角度的联系，当观察条件变化时，利用已建立的这些联系，就能保持对客观世界较稳定的知觉。例如，球场上的足球不会因为它所处的位置产生透视规律中"近大远小"的形态而被认为是乒乓球或别的什么事物。

知觉恒常性的特征对广告的设计具有积极意义。例如，广告设计者可以在把握大小恒常性规律的情况下更好地把握广告与周围事物的关系，通过它们之间适当的比例，可使整个画面更加协调，更好地诠释广告的内涵。

3. 理解

广告作用于人首先是通过人的感觉，然后是知觉，但此时广告的信息并不一定都完整地传达给了受众，也就是说，受众此时还没有在知觉的基础上对广告进行正确的理解，而只有对广告有了正确的理解之后，广告的传播过程才能算作完成。理解，就是运用已有的知识和经验来认识客观对象的思维活动。理解和感觉、知觉的不同之处在于它需要借助大脑的思维，是思维的产物。

在网络广告中，单纯地将图像、颜色、声音等信息传递给受众是不够的，只有增强受众对广告的理解力，才能完成广告的传播。增强受众对网络广告理解力的方法有以下几种。

（1）将信息视觉化，增强广告信息的生动性

网络广告所依赖的感知器官主要为视觉和听觉，而其中视觉又占有先导的位置，因此将广告信息尽可能地用较为生动的视觉图像来表达，达到让受众一目了然的效果，这无疑有助于受众在有限的时间内更好地理解广告的内容。

（2）在广告信息与受众之间建立熟悉感

现代心理学指出，人的认知结构是大脑在感知和认识客观事物的基础上形成的一种心理结构，它主要由过去的知识和经验组成。因此，广告应该尽可能传递人们熟悉的信息，这样有利于提高受众对广告的理解。广告可以通过熟悉感的建立，如熟悉的人物形象、熟悉的生活场景等，以便拉近受众与广告商品的距离，如图 3-6 所示。

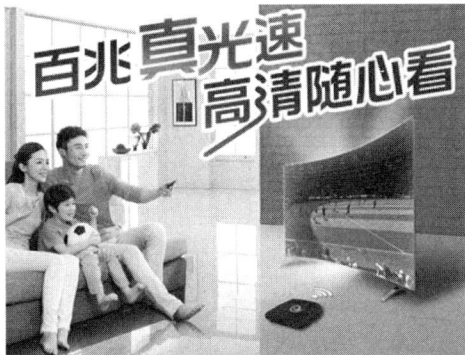

图 3-6　富有熟悉感的广告

（3）信息的简化

网络本身就是信息的海洋，人们可以在网络上寻找到各种信息。每个网页也容纳了大量的信息。在海量的信息面前，人们已经无法在完成全面掌握信息的基础上再行选择。因此，要想让广告在众多信息中脱颖而出，就必须将信息简化，凝练关键信息，让广告的主要信息在最短的时间内被受众理解。[①]

4. 态度与说服

态度是个体以特定方式对待人、物、思想观念的倾向性。归纳起来，态度有如下几个特性。

①态度不是与生俱来的，而是后天习得的。

②态度必有对象，它可以是具体的人、物、事件，也可以是抽象的思想、理论等。

③态度一旦形成，将持续相当长的时间。

④态度有结构，由认知、情感和行为倾向性构成，彼此间协调一致。

⑤态度是内在的体验，只有通过言语、行为间接地推测。

⑥态度有方向、强度和信任性。情感上好恶的极性，表征出态度的方向；好恶的程度表明态度的强度；而表达对特定对象的确信水平，便是它的信任度。

受众在接受广告信息的过程中会对产品和服务形成态度，这种态度决定受众对企业及其提供的产品和服务的接受程度，影响他们的购买行为。在广告心理中，态度的行为倾向性是受众看过广告之后产生的购买意向。

所谓说服，就是给予个体刺激，使其产生动机，进而改变态度或意见，并依照说服者预定意图采取行动。完成说服必须具备以下条件。

①受者对诉求产生共鸣或关心。

②受者与说服者采取同一步骤或行动。

③使受者赞成说服者的意见或行动。

④使受者重视说服者的立场和信念。

广告的心理功效就是说服受众产生购买行为，广告实际上是一种说服引导目标受众的态度和行为趋于说服者预定的方向。增加广告的说服力可以用以下方法。

①提高信源的可信度。消费者认为信源高度可靠时，营销活动比较容易影响消费者的态度。

②提供双面信息。广告中通常只展现单方面信息，这对巩固受众已有态度比较有效。对于改变受众已有的强烈态度，双面信息比单面信息更有效果。

③给受众积极的情感体验。情感作用可以直接减少广告的强加印象，容易获得目标受众的好感，使其对广告产生积极的态度。[②]

3.4.4 记忆理论在网络广告中的运用

任何一个广告主都希望自己的广告能在受众脑海中留下深刻的印象，因此，如何让受

---

① 涂伟，白雪. 网络广告学. 武汉：武汉大学出版社，2010：54-68.

② 林升梁. 网络广告原理与实务. 厦门：厦门大学出版社，2007：94.

众将广告要传递的信息准确地记忆下来，就成了广告传播过程中需要思考的一个重要问题。

记忆是在头脑中积累和保存个体经验的心理过程。记忆过程是通过识记、保持和重现三个环节完成的。识记，就是通过感觉器官将外界信息留在大脑中。保持，是将识记下来的信息，短期或长期地留在大脑中，使其暂时不遗忘或者长久不遗忘。重现，包括两种情况，凡是识记过的事物，当其重新出现在自己面前时，有一种似曾相识的熟悉之感，甚至能明确地把它辨认出来，称作再认；凡是识记过的事物不在自己面前，仍能将它表现出来，称作再现。因此，重现就是指在人们需要时，能把已识记的材料从大脑里重新分辨并提取出来的过程。记忆的三个环节是相互联系、相互制约的。

人的记忆系统分为感觉记忆（保持时间短于 1 秒）、短时记忆（保持时间短于 1 分钟）和长时记忆。米勒（Miller.G.A.）的实验研究表明，短时记忆的容量大约为 7±2。意思是在短暂呈现的条件下，大脑能接受的数量至少有 5 个，多至 9 个，平均为 7 个。也就是说，在刺激的数目超过 7 个的场合下，大脑短时所接受的量一般是 7 个。

通过一项有关消费者的品牌记忆数量的调查，获得了一份统计结果，如表 3-2 所示。

表 3-2　品牌记忆量的分布

品牌数	0	1	2	3	4	5	6	7 个以上	样本数
酒店业	4	12	26	37	15	7	1	0	102
方便面	0	0	5	34	26	31	2	0	98
电冰箱	0	0	11	42	49	7	0	0	100
香烟	0	0	6	39	41	17	1	0	104
火腿肠	0	9	22	13	5	3	0	0	52
合计	4	21	70	165	127	65	4	0	456

还有资料说，广告标题在 6 个字以下，读者的回忆率为 34%；6 个字以上，则只有 13%。短时记忆的具体数可能会因具体情况而不同，但是有一点可以肯定，即消费者在短暂中接受的信息是很有限的。彼得森（Peterson.L.R. & Peterson.M.J.）的研究还指出，短时记忆保持的时间也是很有限的，在他的实验中，回忆间隔至 18 秒时几乎完全遗忘。[①]

在三种类型的记忆中，真正能使广告受众产生购买动机的是长时记忆。广告受众在多数情况下，只有在接受广告或长或短的一段时间之后，才会发生购买行为，因而进入长时记忆的广告信息更能有效地影响受众的购买。在感觉记忆、短时记忆和长时记忆三个过程中，遗忘是必然要发生的心理现象。遗忘是指对识记过的材料不能再认或再现，或者错误的再认或再现。遗忘分为暂时性遗忘和永久性遗忘，前者指在适宜条件下还可能恢复记忆的遗忘，后者指不经重新学习就不可能恢复记忆的遗忘。

如何使广告给受众留下尽可能深刻的印象，减少遗忘的发生呢？除了广告本身的创意和设计之外，通常可以从以下几方面来进行考虑。

1. 发布的时间

同一个广告在不同的时间段发布具有不同的效果。在大众广告媒介中，以电视媒介、

---

① 马谋超. 广告心理学. 北京：中国市场出版社，2008：76-77.

广播媒介最为注重广告的发布时间，而且在不同时间段内发布的广告所收取的广告费也是具有较大差异的。同样，作为网络广告来说，广告发布的时间也是至关重要的一环。现在许多大型门户网站的广告位置在一天、一周或一月当中并不是被一个广告主所购买的，网站将该位置的占用时间分为了几个时间段，供不同的广告主所使用。因此，广告主在发布广告的时候一定要先了解目标顾客的上网习惯，然后在他们最可能上网的时间段内发布自己的广告。例如许多公司白领的上网时间是工作时间：9—18 点。许多学生的上网时间恰好和公司白领相反，而是在 18 点之后。同样，一周内不同职业的人群的上网时间段也是不同的，周一至周五的上网人群和周六周日的上网人群也是不一样的。这些时间上的细节是广告发布需要注意的关键点。只有掌握了不同人群的上网时间规律，才能使广告有的放矢，让看到广告的网民是对广告信息有兴趣的目标消费者，从而加深记忆。

2. 发布的形式

在网络上，同样的广告内容可以用不同的形式进行发布，包括纯文字、图片、动画、视频等。在不同的网站环境中，广告可以选择不同的形式进行发布。例如在论坛中做广告，可以选择文字链接的方式，将文字链接放置在每个发帖和回帖的末端，这种方式使得广告得到较高的覆盖率，并且有效到达数量也较大。如果是在门户网站发布广告，为了吸引网民的眼球，可以用强制性的动画方式。这样，凡是进入该网站相应页面的人都会注意到广告，虽然并不是所有的人都会将该广告认真地看完，但是此种广告发布形式也能使得更多的人记住该广告的产品信息。

3. 发布的位置

网络广告基本上是属于平面广告，人们是在一个整体平面中查看和接受广告的，广告出现在不同的位置会呈现不同的受关注程度，因此广告的位置在整个页面中的位置，以及在哪个版块中呈现也就成了网络广告发布的一个关键点。

从人的视觉习惯来看，人们浏览网页总是从上往下看，且在开头和结尾的地方停留的时间最长，因此广告发布者可以利用人的这种阅读习惯将广告放置在页面的开头和结尾。除了开头和结尾，网页其他的地方也可以发布广告。由于网络广告的独特性，我们可以将广告放置在网页中的任何一个位置，也可以让广告在页面中随着屏幕显示的变化而进行浮游，还可以将广告制作成弹出形式，覆盖页面的一部分。

4. 发布的频率

德国著名心理学家赫尔曼·艾宾浩斯对记忆遗忘规律做出了较为深入的研究，他在研究中指出了遗忘的时间规律：遗忘在学习（认知）后立即开始，遗忘的过程最初发展得很快，以后逐渐缓慢。赫尔曼还描绘出揭示遗忘规律的曲线，纵轴表示记住的信息量（保持率），横轴表示时间，曲线表示记忆量的变化，如图 3-7 所示。

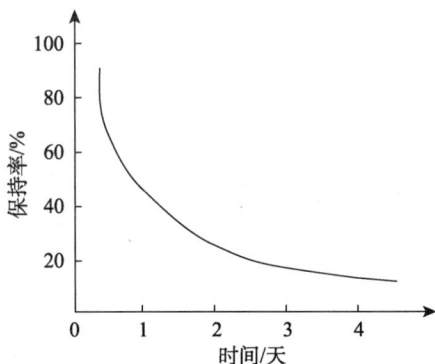

图 3-7　艾宾浩斯遗忘曲线

根据赫尔曼·艾宾浩斯对遗忘规律的研究可知，在网络广告的发布中，虽然有些方式是可以让受众立即接收到广告信息，但这并不表示广告信息会在受众的记忆中留下长久的印记，因此也依然要从人的遗忘规律出发，合理地安排广告发布的时长和频率，让广告真正做到深入人心[①]。

3.5　网络广告作用机制理论基础

预测受众在接触到广告时的反应是广告活动在内容、形式设计和发布时机、渠道选择时的重要参考依据。广告经营者都希望广告发布后能引起广告受众积极的反应，然而广告受众群体是千变万化的，广告呈现时所面临的环境也不是一成不变的，如何在看似毫无规律的情境中精准地定位到潜在的目标消费者，并且让受众产生积极的反应，学者们为此进行了大量的研究，提出了许多关于广告作用机制的经典理论，实践证明这些理论对广告运营有重大的指导意义，了解并正确运用相关理论是运营好广告活动的基础。

3.5.1　刺激—反应理论

刺激—反应理论简称 S-R 理论（Stimulate Respose Theory），是由行为心理学创始人约翰·沃森（John B.Watson）提出，指出人类的复杂行为可以分解为两部分：刺激、反应。人的行为是受到刺激后的反应。刺激来自两方面：身体内部的刺激和体外环境的刺激，反应总是随着刺激而呈现的。

刺激—反应理论的主要观点如下。

①有机体的一切行为都是在刺激与反应之间形成的联结，心理学的任务就是在严密控制的情境下给予有机体一定的刺激，并观察它们的反应，从而预测和控制行为的变化。

②重视研究有机体的外部行为，反对研究意识和心理过程，用刺激—反应公式来解释一切行为。

③认为学习导致有机体行为的持久变化或可能变化，其实质就是在刺激与反应之间形成联结。

④提出内驱力、线索、反应、强化等概念来解释刺激—反应联结过程中的现象和规律。

在以上理论体系下，行为主义学习理论的各方代表人物对刺激—反应之间形成联结的过程进行了深入的分析，并提出了各自独特的见解和陈述。格斯里强调刺激（S）与反应（R）同时出现，形成接近性条件反射，以 S-R 公式表示；赫尔重视有机体（O）在刺激和反应之间具有反应倾向，以 S-O-R 公式表示；斯金纳则认为，若一个反应发生以后，接着给予一个强化刺激，则可使反应发生的倾向增强，表示为 R-S 公式。[②]

早期的传播效果研究者由于深受 20 世纪初美国行为主义心理学兴起的影响，传播效果的实证研究一开始就建立了"刺激—反应"范式的主导地位，认为传播效果在媒介信息

① 涂伟，白雪. 网络广告学. 武汉：武汉大学出版社，2010：74-75.
② 科普中国·科学百科. 刺激—反应理论，https://baike.baidu.com/item/刺激—反应理论/6042893?fr=aladdin.

的刺激和受众的反应之间存在着一种紧密的一致性，其研究起点大多是媒介或传播的刺激，落脚点则在于受众的认知、态度、行为等层次的反应。

对于市场营销者而言，按照这一原理，从营销者的角度出发，各个企业的许多市场营销活动都可以被视作对购买者的刺激，如产品、价格、销售地点和场所、各种促销方式等。所有这些，可以称之为"市场营销刺激"，是企业有意安排的、对购买者构成外部环境刺激。除此之外，购买者还时时受到其他方面的外部刺激，如经济的、技术的、政治的和文化的刺激等。所有这些刺激，进入了购买者的"暗箱"后，经过一系列的心理活动，产生了人们看得到的购买者反应：购买还是拒绝接受，或者是表现出需要更多的信息。如购买者一旦决定购买，其反应便通过购买决策过程表现在购买者的购买选择上，包括产品的选择、品牌的选择、购物商店的选择、购买时间和购买数量的选择。

3.5.2 说服知识模型

说服知识模型是由弗里斯塔德和赖特（Marian Friestad and Peter Wright）于 1994 年提出的，该理论认为人会形成与说服有关的知识，并会利用这些知识来应付遇到的说服情景。说服知识是指人们对于他人说服意图、说服技巧、说服技巧的有效性，以及自己应对说服的手段的所有知识。说服知识并不都是正式的知识，每个人都拥有自己独特的说服知识体系。

说服知识模型是从信息接收者视角解释说服性信息的影响过程和接收者的反应过程的理论。说服知识模型认为，消费者并非说服信息的被动接受者，消费者自身有一套关于营销人员如何利用营销手段影响自己的理论，这一"不成熟"的理论决定了消费者如何对营销刺激做出反应。Friestad 和 Wright（1994）认为消费者具备三种说服过程相关的知识。一是代理方知识，即关于信息代理方（广告商、销售人员等）特点、能力等方面的看法；二是话题知识，指说服过程的主题、内容等，例如广告产品的相关信息；第三种知识就是说服知识，说服知识是指消费者关于营销者使用哪些说服策略说服消费者，以及营销者使用这些策略的原因和方式的认知和信念（例如，广告的作用是宣传某种产品），简单说就是消费者关于说服策略和说服动机这两个方面的主观理解。

说服策略是指营销者在说服过程中使用的手段和方式。消费者对说服策略的理解意味着消费者不但了解营销者可能采用的策略，且有能力运用适当的策略做出应对。说服动机则代表营销者希望通过说服过程达到的目的，例如获取某项权利，改变被劝服者的观点、评价和行为，以及与之建立某种关系（如消费者忠诚等）。消费者对营销者的动机猜测和归因（比如当前的信息沟通是否隐藏动机驱动，以及这种动机是利于企业自身的，还是利于社会和消费者的）很大程度上决定了消费者对相关信息、产品和营销人员的态度，而这恰恰是消费者接触营销沟通时的一个重要目标。由此可见，说服知识并非严谨静态的认知，而是消费者理性判断和感性认知的结合，且人们会在个人营销说服经历逐步丰富的过程中，不断完善并修正自己的说服知识。

简而言之，说服知识模型认为消费者有能力在接收到说服信息时做出复杂的知觉判断，也有能力娴熟地运用说服知识积极应对来自营销者的说服行为。因此，说服知识可以帮助人们识别出具有说服意图的场景，防止自己的态度或行为受到不必要的影响。在营销领域，说服知识模型被广泛应用于研究人们在遇到说服场景时的反应。

3.5.3　双系统理论

双系统理论（Dual-Process Theory），又称双重过程理论或双重加工理论，是美国普林斯顿大学心理学教授丹尼尔·卡尼曼（Daniel Kahneman）提出的，他因在决策理论方面的研究获得了 2002 年诺贝尔经济学奖。该理论认为，个体一般使用两种信息处理过程对信息进行认知加工：建立在直觉基础上的启发式系统，通常被称为类型 1；基于理性的分析式系统通常被称为类型 2。启发式系统使用"自上而下"的信息加工模式，更多地采用直觉进行快速的信息加工，总体上占用较少或者几乎不占用个体的心力资源，主要依赖先验知识和基于自然联想评估形成的直觉性判断，例如相似性匹配、记忆流畅性、即时体验等，这种快速且无意识的信息加工过程更多地依赖于外部线索，经常为习惯、经验、刻板印象所支配，依赖情感、记忆和经验迅速做出判断。类型 1 中包含着种种生活经验凝结成的生活信念，构成关于世界的认知模式，成为一个人快速做出选择和付诸行动的依据。因此，通常启发式系统的激活主要是为了根据直觉对事物进行快速的评估与判断，启发式系统又称为直觉性系统。与之相反，分析式系统使用"自下而上"的信息加工模式，更多地依赖理性思维对各种信息进行综合权衡加工，总体上会占用较多的心力资源，对信息的认知加工过程相对较为缓慢，具有强烈的资源依赖性。决策个体会从客观原因出发，有意识地进行认知加工，作用于工作记忆带来较强的认知负荷，这种缓慢且有意识的信息加工过程更多地依赖内部线索。通常分析式系统的激活主要是为了通过对信息进行分析推理和综合权衡。因此，分析式系统又被称为理性系统。

3.5.4　心理抗拒理论

随着互联网技术的高速发展，企业实施营销策略的手段越来越多，各种新的营销策略层出不穷，比如在社交媒体上的定制化推荐、基于位置的广告推送等。然而，令企业颇为困扰的是，消费者有时并不会为这些营销手段所影响，甚至可能采取与企业意愿相反的行为。例如，被广泛应用的主动式广告推荐可能会使消费者产生侵扰性感知并拒绝广告推荐，而那些涉及个人信息的定制化广告也可能被消费者视为对自身隐私的威胁，从而引发广告回避行为。消费者的这种反应在学术上被称为心理抗拒，即消费者感知到外界对自己认知或行为的影响，并将其视为对自身自由的威胁，从而产生抵触。

心理抗拒理论（Psychological Reactance Theory）源于社会心理学，由美国心理学教授布林（Brehm）于 1966 年提出，主要内容为：人们往往相信自己拥有某些具体的行为或选择自由并珍惜这种自由，当这种自由被剥夺或面临威胁时，个体将进入一种厌恶性动机状态，这种状态旨在恢复被剥夺或受威胁的自由，即抗拒心理。心理抗拒理论主要涉及四个概念，分别是自由、威胁、逆反以及对自由的恢复。

心理抗拒理论涉及的自由是指来源于个体自身经验或观察的某种具体行为自由，例如从多种备选产品中进行选择、决定是否参与促销活动等。同时，这种具体自由必须是个体认为自身拥有且有能力践行的自由。不同于宏观层面的自由概念，具体的行为自由之间往往具有相互独立性，即对特定自由的威胁通常不会影响个体的其他自由。此外，心理抗拒理论中的自由也被诠释为"一种随时间发展的对现实的主观认知"，这表明人们对特定行为自由及其重要程度的认知存在个体差异性。个体感知的自由重要程度与其心理抗拒强度呈正向关系，如相对于不饮酒的个体，酗酒个体对劝导控制饮酒的公益广告会产生更为强烈的心理抗拒。

根据心理抗拒理论，任何使个体难以践行某种自由的力量，甚至任何说服意图都可能被个体感知为对该自由的威胁。值得注意的是，对个体自由的威胁并不仅仅来源于他人或组织有意识的施加，即使是客观事件也可能被个体感知为威胁，例如影响了个体行为的恶劣天气。此外，个体对隐含威胁的感知也会引发心理抗拒，例如观察到他人的自由受到威胁可能使个体联想到自身的自由也暴露在风险之中。

心理抗拒的产生会导致个体恢复受威胁的自由的动机增强，从而使那些被禁止或被劝阻的行为的感知吸引力提高，而那些被提倡或被推荐的行为的感知吸引力降低，并促使个体根据不同的情境因素，在认知、行为层面采取一系列旨在恢复自由的措施。这些措施包括表达与威胁相反的立场或践行相反的行为，践行与受威胁的自由相关的其他自由、通过观察他人对受威胁自由的践行来间接恢复自身的自由感以及对威胁源进行贬损等。

3.5.5　流畅性理论

信息或事物的处理速度决定了个体对于该物体的好感度，这种现象被称为"处理流畅性"。信息的处理流畅性是一个心理学概念，来源于心理学中"元认知"的概念，是元认知线索的一种。流畅性是个体对加工信息难易程度的一种主观体验，并对个体的评价判断和决策产生影响。处理流畅性分为知觉流畅性、概念流畅性和提取流畅性等。其中知觉流畅性是指个体依据所观察目标刺激物的大小、形状、颜色等表象的物理属性来分析识别目标刺激物的难易程度。它本身不是一种认知操作，只是一种有关认知操作的感受。例如，当一幅图片的颜色十分暗淡时，人们能够意识到要知觉画中的事物需要更多的努力。概念流畅性是指个体在分析辨别目标刺激物过程中，感知到的处理语义等更复杂的信息属性的难易程度。提取流畅性是指个体在回忆信息时或提取相关信息时感知的难易程度。

信息的处理流畅性与个体评价的心理努力程度有关，个体在做评价性判断时经常受自身的主观经验影响，因此，处理流畅性与个体偏好具有很强的关联性。可理解性因素会影响处理流畅性，如果个体对目标刺激物很容易理解，则对其的加工处理也会变得容易，即提高了其流畅性。而加工流畅性会触发个体的认知系统，一种是分析性质的，另一种是启发性质的。分析性质的认知系统加工是系列的，需要认知资源的投入进行判断；启发性质的认知系统是自动的、自发的，不需要投入太多认知资源进行判断。也就是说，当流畅性低时，个体难以流畅地加工信息，则启用系列的分析性质的认知系统；当流畅性高时，个体易于流畅地加工信息，则启用自动的启发性质的认知系统。

快速处理通常被视为处理流畅性的证据，处理流畅性会影响个体关于刺激物的评估。首先，处理流畅性会引起一种熟悉感，也就是说，消费者认为易于或能快速处理的广告信息是熟悉的。其次，处理流畅性也引发了积极的广告及产品评价，即预测的加工容易度或流畅性差异会影响广告态度和产品购买意愿的评价。

在信息处理流畅性对消费者行为影响的研究中，学者们发现信息处理流畅性对消费者认知、产品或品牌评价及消费决策等方面有积极影响。高信息处理流畅性可以提高个体对刺激信息的感知熟悉度，进而增加个体对处理对象的认知。在高信息处理流畅性下，人会变得更有信心，而消费者信心的提升又会积极影响其消费选择、态度等具体行为。在消费者行为中，消费者的加工流畅性越好，品牌越容易得到消费者的共鸣，使之产生一种认同感，拉近品牌与消费者的距离，从而产生更积极的品牌态度。信息处理流畅性能在一定程度上对消费者冲动性购买意愿产生积极影响，原因在于个体在信息处理流畅时会产生一种积极愉悦的体验，这种积极的感受会导致消费者更容易产生冲动购买行为。

因此，企业营销人员可以操纵广告信息类型匹配，例如产品和信息共有的属性，促进消费者感知的处理流畅性，进而增强消费者关于广告及产品的态度。

3.6　网络广告心理效果模型

广告心理效果是指广告内容经过特定的媒介传播后，对消费者心理活动的影响程度。网络媒体使用环境、网络广告传播特性和网民接触广告的情境等因素，使网民形成独特的广告接受心理效应，表现出有别于传统广告的心理效果模式。只有深入了解网络广告对网民的影响机制，掌握心理学的法则才能科学、有效地进行网络广告的策划和传播。

3.6.1　传统媒体广告心理效果模式

当消费者接受广告信息后，会产生一系列的心理效应，最终付诸购买行动。广告对消费者的影响是多层次、多方面的。广告研究者对此进行了广泛的研究，至今形成一系列形形色色的广告心理效果模式，但影响较大，得到广告界认可的主要有以下几种模式。

1. DAGMAR 模式

1961 年，美国广告学家科利（Russell H.Colley）认为广告的成败与否，应视它是否能有效地把想要传达的信息与态度在正确的时候花费正确的成本、传达给正确的人。为此他在著名的《为衡量广告效果而确定广告目标》一书中提出制定广告目标以测定广告效果（defining advertising goals for measured advertising results）的方法，我们称其为 DAGMAR 模式（达格玛模式），也称科利法。

科利依据广告所执行的只是传播任务的认识，以传播效果衡量广告效果为基础，建立起广告传播的效果层级模式，主张每一阶段都必须确立能够加以科学测定的量化指标，以便最后测定和衡量广告传播效果。

这一基本模式及理论成为现代广告理论的基础，DAGMAR 广告效果模式如图 3-8 所示。

知名 → 理解 → 信服 → 行动

图 3-8　DAGMAR 模式

知名（awareness）：潜在消费者首先一定要知晓某品牌或公司的存在。

理解（comprehension）：潜在消费者一定要了解这个品牌或企业的存在，以及这个产品能为他做什么。

信服（conviction）：潜在消费者一定要达到这一心理倾向并想去购买这种产品。

行动（action）：潜在消费者在了解、信服的基础上经过最后的激励产生购买行为。

2. 李维奇与斯坦纳的层级效果模式

1961 年，李维奇（R.J.Lavidge）和斯坦纳（G.A.Steiner）借鉴态度理论的三相心理模型，提出广告作用六阶梯模型，如图 3-9 所示。

知晓 → 了解 → 喜欢 → 偏好 → 信服 → 购买

图 3-9　李维奇与斯坦纳的广告作用六阶梯模型

李维奇和斯坦纳认为，消费者对广告的反应由三个部分组成，即认知反应、情感反应和意向反应。认知反应包括知晓和了解，知晓是指消费者发觉产品的存在，它发生于消费者与广告接触之初，了解是消费者对产品性能、效用、品质等各方面特点的认识。情感反应包括喜欢和偏好，喜欢是消费者对产品的良好态度，偏好是消费者对产品的良好态度扩大到其他方面。意向反应包括信服和购买，由于偏好，消费者产生购买欲望，而且认为购买该产品是明智的，这就是信服；购买是由态度转变为实际的行为反应。

广告影响消费者的认知、情感和意向。这一作用过程是直线、顺序发展的。但实际上，消费者从觉察广告到进行购买，并不总是按如此的逻辑，有时不需要获得全部的必要信息，也不必经历所有阶段。

3. AIDA 模式

这一理论模式又称广告因果理论或有效广告理论，是由美国广告顾问白德尔（Clyde Bedell）提出来的，他认为广告作用于消费者要经历以下的心理过程。

A（attention）：引起消费者注意，使得消费者的心理活动在周围众多事物中指向和集中于该广告。

I（interest）：在对广告内容作一系列信息加工后，消费者对广告内容发生兴趣。

D（desire）：消费者对该商品产生购买的欲望。

A（action）：促成购买商品的行动。

后来，人们注意到广告效果的累积性，特别是迟效性和延续性的特点：消费者的购买行为在许多情况下不是广告暴露后立即进行，而是在之后的某个情境中，受了一定刺激后才发生的。在此过程中，消费者对广告的记忆是产生迟效和延续的心理基础，于是在 AIDA 基础上，加进了记忆（memory）因素、这样，广告的心理历程就成了 AIDMA：注意→兴趣→欲望→记忆→行动。

3.5.2 网络广告心理效果模型

1. AISAS 模型

互联网时代，消费者的购买行为深受互联网社区中其他消费者关于产品言论的影响。在 AIDMA 模型的基础上，日本电通广告公司结合网络与无线应用时代消费者生活形态的变化，提出了一种全新的受众接受广告信息的过程：关注（attention）→兴趣（interest）→搜索（search）→购买（action）→分享（share），即 AISAS 模型。相比之下，AIDMA 模式的欲望和记忆环节被 AISAS 模式中的搜索环节取代，购买环节之后，增加了分享环节。AISAS 模型反映了网络时代中人们行为的独特性，它十分明确地指出了网络时代中搜索（search）和分享（share）的重要性。这两个环节是网络广告受众积极性和主动性的表现，搜索代表了广告受众主动地接受信息，分享则意味着广告受众主动地传播信息。受众的分享行为具有革命性的意义——广告受众不但是广告信息的消费者，更是广告信息的传播者和生产者。

在此基础上，日本电通的片平秀贵还提出了一个以消费者生成媒体（consumer generated media）为前提的消费者广告信息处理模型，即 AIDEES 模型，如图 3-10 所示。该模型将 AISAS 模型中的行动（action）环节独立出来，并分解成为体验（experience）和热情（enthusiasm）两个环节。正是因为原来的购买才有了对产品和服务及其广告的体验，体验又激发了消费者传播的热情，进而到网络上与其他人分享，引发社群内部的讨论和其他消费者的消费行为。

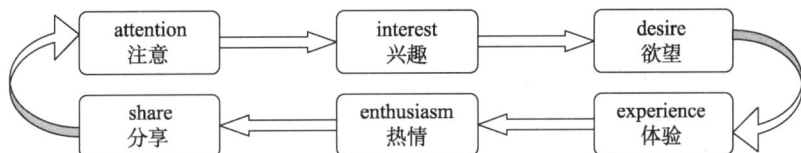

图 3-10 在 CGM 环境下口碑影响消费者行为的 AIDEES 模型

2. 修正的精细加工可能性模型

20 世纪 80 年代，在态度改变理论的研究领域里，心理学家佩蒂（Petty）、卡西窝波（Cacioppo）和休曼（Schumann）提出了一种精细加工可能性模型（elaboration likelihood model，ELM）。该理论把态度改变归纳为两个基本路径：中枢说服路径和边缘说服路径。中枢说服路径把态度改变看成是消费者认真考虑和综合信息的结果。边缘说服路径的看法与中枢的相反，认为消费者对客体的态度改变不是因为考虑了对象本身的特性或证据，而是将该对象同诸多线索联系起来，这些线索可能是肯定的，也可能是否定的。ELM 模型的基本原则是：不同的说服方法（中枢的或边缘的）依赖于对传播信息作精细加工的可能性高低。当精细加工的可能性高时，说服中枢路径特别有效；当这种可能性低时，则边缘说服路径有效。两条说服路径的效果有两点重要的区别：中枢路径所引起的态度变化比边缘路径的要持久，中枢路径所形成的态度可能比边缘路径对预测后来的行为效果更好。

①ELM 模型如图 3-11 所示。

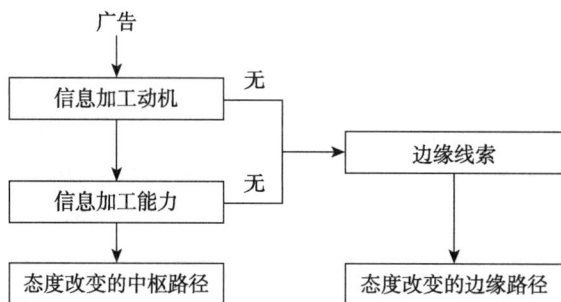

图 3-11　态度改变的 ELM 模型

Cho 和 Leckenby（1999）认为，因网络是一种全新的互动媒体，其双向性传播方式不可避免的形成一些有别于传统媒体单向性的特点，故 ELM 需要进行调整才能正确解释与预测网络广告的传播效果。修正的精细加工可能性模型（modified elaboration likelihood model）的主要内容如下。

（1）媒体呈现阶段

在原 ELM 模型中，并没有将广告呈现与媒体呈现分离，原因可能在于当受众选择了某一传统媒体时便会被动地接收其中的广告，而网络广告的触达则还受到受众对网页及网页部位选择的影响，因此可能出现媒体已经呈现（已登录到某网页），但广告可能还没有呈现的情况。

（2）接受广告阶段

当某一网页打开时，即便网民看到广告了，网民能否有机会加工该页面上的广告，会受到网络下载速度等因素的影响，例如出现广告内容显示不完整的情况。

（3）点击广告阶段

当接触到广告后，网民会有两种选择，点击或避开广告。Cho 等人认为，这主要取决于个人卷入度与产品卷入度②的高低。

当卷入度高时，消费者加工产品信息的动机强，驱使他们通过点击广告来获得更为详细的品牌细节。Cho 等称之为中枢路径的自愿呈现。

当卷入度低时，消费者主动点击广告的可能性小，但会受到某些边缘线索（如较大的广告版面、艳丽的色彩、广告元素的运动变化等）的诱导而打开广告链接。

除了卷入度外，Cho 等人还认为，诸如广告与其主网页相关性、消费者对网络媒体及其广告的总体态度也会影响到广告是否会被点击。

（4）广告信息的认知加工阶段

当点击广告，广告页顺利下载后，便进入广告信息的认知加工阶段，因受众是通过主动点击进入广告页，这种加工往往比对传统媒体广告的加工要更为积极主动。但与 ELM

① 百度百科，精细加工可能性模型。
② 产品卷入度是指消费者对产品的重视程度或产品对个人的重要性。

模型相似，修正后的模型同样认为，受众卷入状态的差异会激活两类不同的说服路径：中枢路径和边缘路径。

当卷入度高，且受众具备加工该广告信息的能力时，中枢说服路径启动，积极主动的加工过程得以进行，并直接影响态度的形成。若受众加工能力不足以完成对广告信息的处理，边缘说服路径激活，受众会将注意力转移到广告的边缘信息，如代言人的魅力、背景音乐、幽默、图片元素等。

当卷入度低时，受众主要启动边缘路径，关注广告中的边缘信息，不会对广告信息进行深度加工。若这类信息不够诱人，他们便会迅速离开广告页。

（5）态度改变阶段

说服路径不同，态度改变各异。一般地，基于中枢路径（对广告信息的深度加工）的态度改变往往稳定性和预测力均强于源自边缘路径（对边缘信息的加工）的态度，至少更有可能表现出：点击广告的相关链接以获取更多品牌信息，对广告上提出的反馈要求做出回应，收藏广告页以备日后参考。

3. 互动广告模型

互动广告模型（interactive advertising model）是罗杰斯（Rodgers）和索尔森（Thorson）于 2000 年提出的。他们指出，舍弃传统的广告模型而构建新模型的理由在于：①消费者的上网动机与浏览传统媒体的动机有别；②网络具有区别于广播电视或纸质媒体等传统媒介的独有特点，即互动性和虚拟现实性。这两方面正是理解和预测网络广告效果不可或缺的。互动广告模型由以下几部分组成，如图 3-12 所示。

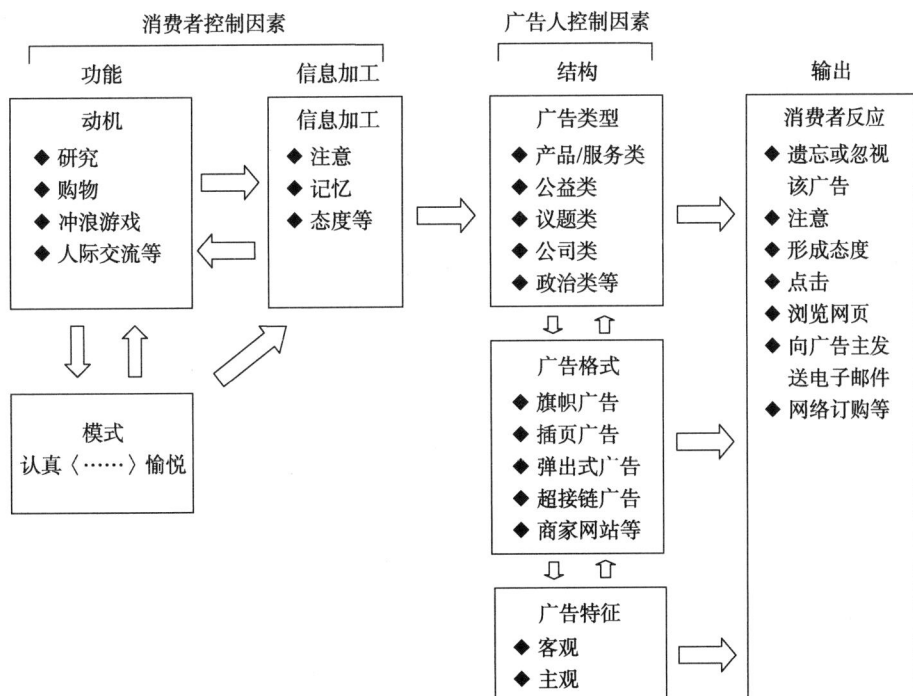

图 3-12　互动广告模型

（1）消费者控制因素

互动广告模型认为，在传统媒体环境中，尽管消费者能选择是否关注、重视或忽视其中的广告，但他们何时、何地、以何种方式接触广告往往由广告人所控制。网络广告与之迥然不同，消费者比广告人更具有控制力。该模型将消费者控制因素分为既独立起作用又相互影响的三个部分：功能（functions）、信息加工（information processes）和反应（response）。

①功能

在网络环境中，对广告信息的加工和反应均源于个体的需求或目标，即网络行为是目标指向的。因此，其模型结构的起点为动机——上网的原因，并将相关动机分为四个基本类别：研究、交流、冲浪游戏、购物。同时，上网动机还存在不同的强度，在该模型中用"模式"表示。动机强度直接影响个体随后的信息加工及行为反应方式：在强动机模式下，个体倾向于更为认真、更关注相关事件的未来走向，并投入更多的心理资源对相关信息（包括与目标相关的网络广告）进行认知加工，而对无关事件（如无关的广告）较少关注；而当动机较弱时，个体上网动机表现为好玩性、寻求愉悦等，更多关注眼前的享受，不会对信息进行深度的加工。

②信息加工

消费者对他们所关注的广告信息予以收集，理解，与记忆中的信息建立联想，进行评价，形成态度与购买意向。

③反应

网络广告是否有效，需由消费者的行为反应来获得证实。互动广告模型认为，检测传统媒体广告效果的众多手段均适用于网络广告，如眼动技术、回忆、再认、态度及购买意向测量等。同时，也存在诸多适应互动媒体的新方法，如网页停留时间、点击率、网络订购或试用、搜索行为等。

（2）广告人控制因素

互动广告模型认为，这类变量绝大多数为结构性因素，如广告类型、格式、特征等，且与消费者控制因素交互作用，共同影响广告的传播效果。

①广告类型

广告一般可分为五种类型，即产品/服务类（product/service）、公益类（public service announcement）、议题类（issue）、公司类（corporate）和政治类（political）。广告类型往往与上网动机、模式等变量产生交互作用，共同影响消费者对广告的反应。

②广告格式

广告格式即广告的表现形式。相对传统媒体，网络广告的格式更为丰富。格式的差异也是影响消费者反应的重要因素，如商家网站比弹出式广告所提供的商品信息会更为丰富，这为消费者对信息的深度加工提供了更好的机会。

③广告特征

互动广告模型将广告特征区分为客观（object）和主观（subject）两大类。客观特征，如广告页面大小、动态或静态、字体、颜色等均可能影响广告的传播效果，这与传统媒体广告有着较大的相似性。网络的互动性为广告人实时选择、修改广告的形式与内容提供了可能，即网络广告具有区别于传统广告的主观特征。例如，广告人可将广告页的主色调更改为其喜好的颜色、调整其布局、设置动画的不同运动轨迹等，这些主观特征同样会不同程度地影响消费者对广告的反应。

4. 网络广告心理效果模式

依据广告信息传播的一般心理效果模式，结合网络广告独特的心理效应，江波（2001）提出了网络广告心理效果模式，如图 3-13 所示。

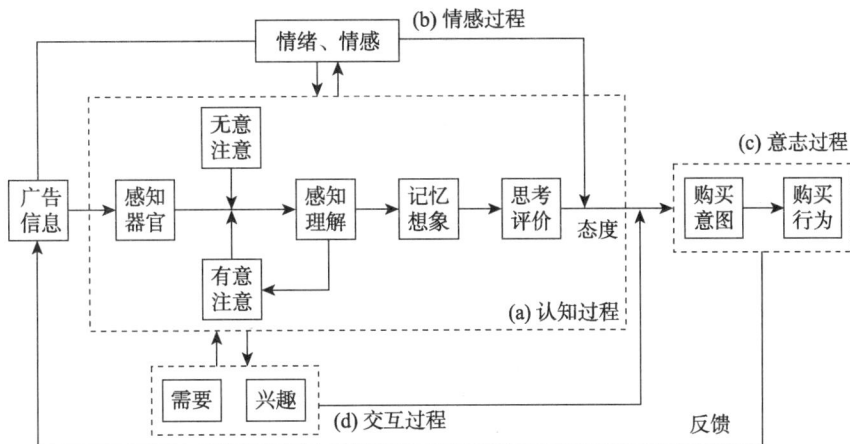

图 3-13　网络广告心理效果模式

该模式认为，网络广告对消费者产生心理效果包括认知过程、情感过程、意志过程及交互过程四个部分。网络广告先作用于消费者的感觉器官，经过无意注意或有意注意被感知，进而通过辨别、理解，产生记忆，发生想象，进行思考评价。伴随着认知过程，消费者会对广告或宣传的商品产生各种情绪、情感体验，这种情绪、情感反过来又影响着消费者对广告的认知。另外，在认知过程中，还受到消费者的需要、兴趣等个性心理特征的交互作用。在认知过程、情感过程、交互作用的基础上，消费者形成对广告及所宣传商品的态度，然后对是否购买广告产品做出决策，形成购买意图，最后点击鼠标产生购买行为。

问题与思考

一、即测即练

自学自测　　　　扫描此码

二、简答题

1. 在不同时段，网民使用互联网的比例差异很大，那么在不同的时间点，网络广告投放的费用差异会很大吗？

2. 什么是弱关系社交？什么是 LBS？

3. 通过网络舆情影响社会舆论的议程设置有什么样的条件？

4. 根据产生和保持注意时有无目的以及抑制努力程度的不同，可以将注意分为哪几种？并用二维图表示。

5. 人的感觉具有适应性，长时间接受某一刺激，其感受性会降低。试分析人的这一知觉规律在广告的传播过程中有何指导意义？

6. 简述说服知识模型中消费者具备的三种说服过程知识。

第 4 章

网络广告的创意

现代经济的一个重要特征就是商品高度丰富，市场竞争激烈，市场上基本不存在长期供应求的商品。再优质的产品，如果没有有效的营销传播，也很难在市场上取得成功。因此，对于企业来说，广告营销传播是非常重要的。在广告营销传播活动中，要想充分地传播品牌理念、阐释广告主题、吸引受众，创意是关键。据美国研究公司 Dynamic Logic 的一项研究显示，广告创意对广告有效性的影响要比网络营销人员所认为的更为重要。在某些方面，它甚至是比广告定位和广告位置更为重要的广告指标。创意是连接品牌与消费者的物质形式，是引起消费者注意、激发消费者购买欲望的驱动力。

4.1 网络广告创意概述

创意，即创造意识或创新意识的简称，是对传统的叛逆，是打破常规的哲学，是破旧立新的创造与毁灭的循环，是思维的碰撞、智慧的对接，是具有新颖性和创造性的想法，是不同于寻常的解决方法。

广告创意是介于广告策划与广告表现制作之间的艺术构思活动。它不仅是一种表面的设计构成形式，而且是以正确的品牌理念和传播策略为指导的表现形式。广告创意的形式永远是为内容服务的。

网络广告创意也不例外，企业将广告投放于信息海量的互联网上，这对广告创意提出了更高的要求。在互联网时代，人人都可以既是信息的制造者，又是信息的传播者。媒体的界限已经模糊，信息传播是双向的、交互的。因此，互联网广告创意人员要了解消费者的上网行为模式，想消费者所想，才能创造出他们喜欢并且乐于参与传播的广告。根据日本电通公司的研究,一般的网络旗帜广告在没有创意的情况下,其点击率只有 0.1%～0.3%,而创意优秀的旗帜广告的点击率可以达到 30%。同时，互联网技术的日新月异，为广告创意开辟了一个又一个全新的表达空间。创意在网络技术、多媒体增强显示（AR）、虚拟现实（VR）等技术的支持下，不断创造着新的表现形式，使广告信息传播、品牌塑造的能量发挥有常新的发展空间和传播渠道。

因此，我们可以将网络广告创意概括为根据广告所要表现的主题，经过精心思考和策划，运用艺术手段和互联网技术将所掌握的材料进行创造性的组合以塑造具体的、可感知的形象的过程。

4.1.1 网络广告创意的特点

传统广告效果所依赖的强制性、单向性的传播，以及对渠道的强调和重视，在互联网的环境中已经发生变化。在互联网的环境中，信息的海量化、传播渠道的密集化、信息发布主体的复杂化，已经使得如何争夺受众的注意力，引起受众的关注，激发互动沟通成为广告传播的核心问题。广告的发布很容易，但要产生好的效果越来越难。没有创意就等于没有传播。建立在互联网渠道上的网络广告，其所使用的解决方案通常是综合性的，创意已经渗透到传播的各个环节中，其创意具有与传统广告不同的特点。

1. 跃动性

广告创意不可避免地要受到表现形式的制约，因此必须符合媒体的表现特点。网络广告出现在屏幕上，但不可能像电视那样展现一个生活场景，或是表现一段生动的故事情节；它是一条平面的条幅或标语，为了使网络广告同样具有吸引力，设计人员自然就想到要让广告中的元素动起来，即跃动性。不仅网络广告条幅中的景、物、文字可以动，整个条幅也可以动，这就使得它比传统报刊广告更富于动感，比电视广告还灵动。因此，跃动性是网络广告表现的特点，也是网络广告创意的特点。

2. 链接性

具有链接功能是网络媒体区别于传统媒体的一个重要特点，网络广告要充分发挥这一优势。在进行网络广告创意时，无论图、文都必须考虑到这一层与下一层（或更多层）之间的关系。这一层表现什么，下一层表现什么，它们之间如何衔接等，将每一层相互联系并融为一个整体，让链接这一网络特有的属性在网络广告中的作用发挥到极致。

3. 多样性

网络广告有很多种形式，每种形式又有各自的特点。一个企业要想在网上树立自身的形象，光在一个网站上做一种形式的广告是难以奏效的，必须整合多种形式的网络广告（当然还要与传统媒体相结合）。这就要求网络广告在创意时要注意多样性的特点，抓住不同网络广告形式的不同特点，在保持内在一致性的前提下充分展示不同形式的网络广告的优势。

4. 互动性

网络广告可以有效地吸引受众的参与、反馈，这种参与有在线参与、线上线下结合的参与两种形式。就在线参与而言，通过 Java、Flash、H5、AR、VR 等技术手段，可以编制一定的程序，如可以将一个 Banner 制作成一个小游戏，或是在大幅广告内加入跟随鼠标移动的数字符号，或是有奖问答，或是通过虚拟现实等使目标受众参与到广告本身的互动中来，甚至产生在线购买行为。就线上线下结合的参与而言，可以先在线下取得某种标识再上网抽奖（或摇奖）。例如饮料易拉罐拉环内有一个号码，消费者得到这个号码后登录相应的网站，输入号码就可以得到一次现场摇奖的机会。此类参与也可以是消费者先在线上得到某种提示，再在线下进行交互活动。例如麦当劳在邮件广告中鼓励人们"转发麦当劳的球迷优惠券"，网民在线上可以转发优惠券，在线下又可以凭着优惠券享受优惠。网络广告创意时可以充分发掘、利用互动性特点。

4.1.2   网络广告创意的原则

网络广告创意的基本原则应该遵循一般广告创意的原则和要求。广告的基本功能就是传递信息，只有做到将广告信息清晰有效地传递，才能完成广告的使命。广告信息作用于受众的感知器官眼睛、耳朵等，并通过感知器官进而作用于受众的心理，形成一定的心理反应。因此，创意人员在进行网络广告创意的时候，首先要关注的是如何吸引受众的注意力，也就是如何通过颜色、图案、声音等信息引导受众从无意到有意关注广告。网络广告创意要达到引起受众注意并且不违背相关商业伦理规则的目的，一般应坚持如下几项原则。

1. 真实性原则

真实性原则，就是广告创意要基于一定的事实，不能有脱离事实的空想，要避免成为人人喊打的虚假广告。

2. 简洁性原则

简洁性原则就是指不仅要在广告画面中做到重点突出、主次分明，而且在创意中要做到表达关键思想。广告只有将需要传递的信息尽可能地简单化，才能更加容易被受众接受和理解。人们在每天的工作和学习过程中，会接触到各种各样的信息，有些信息过于复杂，有些信息离受众的背景知识相去甚远，这些信息都不能进入受众的信息解析流程。而广告创意中所要达到的目的是受众在收到广告信息后较为容易地对其进行信息解析，从而理解信息。如果广告信息表述得过于繁杂，画面所包含的信息量过多，那么就算受众看到了广告，也不能很好地理解广告的内容，更谈不上促成受众的购买行为了。这就需要创意人员既要了解商品，也要了解市场。

3. 独创性原则

独创性原则就是指在广告创意中尽量要创新，传递给受众新的视觉信息和新的信息传递方式、画面形象等。独创性原则反对在广告设计过程中因循守旧、墨守成规的保守作风，一个新颖的、具有独创性的广告创意往往会更加吸引受众的注意力。

4. 文化适应性原则

文化适应性原则要求在广告创意中应该考虑所面对的广告受众具有怎样的文化背景，否则，再新颖独特的创意也未必能达到良好的广告传播效果。因为，不同的国家、地区，不同的民族，不同的受教育程度等都会形成受众不同的文化背景，只有那些顺应了受众文化背景，能够与受众的接受程度、兴趣爱好相匹配的广告创意才能够成为优秀的广告。此外，广告创意应力求贴近受众，用坦诚与友好加强对受众的感染力，由此将广告目的传导到受众心中。

5. 系列变化性原则

系列变化性原则是创意人员采用系列变化的方式来不断引起潜在受众的注意，设计具有一致主题的系列广告，在画面效果、展示方式等方面做出一些变化。这样既可以不断吸引受众的注意力，也可以最大限度地防止受众的审美疲劳，加深受众对广告的印象。现实生活中广告信息量过大，网络上的广告信息也是琳琅满目，因此靠单独的一个广告很难达到预期的传播效果。但是，如果将同一个广告重复展示，必定引起受众的逆反心理。同一个广告对同一受众群体长时间的反复"轰炸"，会便广告信息的传播效果出现较大程度的减弱。因此，面对新媒体，广告的系列变化性也是创意人员要遵守的原则。

6. 效益性原则

为了保持与广告主的良好工作关系，广告创意人员应站在广告主的立场，尽量节省广告成本，即在费用上该花才花，尽量少花。

4.2　网络广告创意产生的方法和过程

4.2.1　网络广告创意产生的方法

一个优秀的网络广告创意并不是靠创意人员偶然的突发奇想，而是在多次广告创意的经验中结合科学合理的创意方法来实现的。在具体的广告创意中，创意人员常常会运用以下几种方法。

1. 头脑风暴法

头脑风暴法又称集体思考法或智力激荡法，它由现代创造学的创始人——美国学者亚历克斯·奥斯本（Alex Faickney Osborn）于 1938 年首次提出。头脑风暴法原指精神病患者头脑中短时间出现的思维紊乱现象，奥斯本借用这个概念来比喻思维高度活跃，打破常规的思维方式，而产生大量创造性设想的状况。头脑风暴法的特点是让与会者敞开思想，使各种设想在相互碰撞中激起创造性风暴。它可分为直接头脑风暴法和质疑头脑风暴法。前者是在专家群体决策的基础上尽可能激发创造性，产生尽可能多的设想的方法。后者则是对前者提出的设想、方案逐一质疑，发现其现实可行性的方法。头脑风暴法是一种集体开发创造性思维的方法，是当今网络广告创意过程中最常使用的思考方式之一。

奥斯本认为，创造过程包括两个步骤：观点的产生和观点的评价点的产生，或者分为发现事实和发现观点。头脑风暴法力图通过一定的讨论程序与规则来保证创造性讨论的有效性，由此，讨论程序构成了头脑风暴法能否有效实施的关键因素。从讨论程序来说，组织头脑风暴法关键在于以下几个环节。

（1）确定议题

一个好的头脑风暴法从对问题的准确阐明开始，因此，必须在开会前确定一个目标，使与会者明确通过这次会议需要解决什么问题，同时不要限制可能的解决方案的范围。一般而言，比较具体的议题能使与会者较快产生设想，主持人也较容易掌握，比较抽象和宏观的议题引发设想的时间较长，但设想的创造性也可能较强。

（2）会前准备

为了使头脑风暴畅谈会的效率更高、效果更好，可在会前做一些准备工作，如收集一些资料预先发给大家参考，以便与会者了解与议题有关的背景材料和外界动态。就参与者而言，在开会之前对于要解决的问题一定要有所了解。同时，会场可作适当布置，座位排成圆环形的环境往往比教室式的环境更为有利。此外，在头脑风暴会正式开始前还可以出一些创造力测验题供大家思考，以便活跃气氛，促进思维。

（3）确定人选

参与者一般以 8～12 人为宜，也可略有增减（5～15 人）。与会者人数太少不利于交流信息、激发思维。人数太多则不容易掌控，并且每个人发言的机会相对减少，也会影响会场气氛。只有在特殊情况下，与会者的人数可不受上述限制。

（4）明确分工

要推定 1 名主持人，1～2 名记录员。主持人的作用是在头脑风暴畅谈会开始时重申讨论的议题和纪律，在会议进程中启发引导，掌握进程，如通报会议进展情况，归纳某些发言的核心内容，提出自己的设想，活跃会场气氛，或者让大家安静下来认真思索片刻再组织下一个发言高潮等。记录员应将与会者的所有设想都及时编号、简要记录，最好写在黑板等醒目处，让与会者都能够看清。记录员也应随时提出自己的设想，切忌持旁观态度。

（5）规定纪律

根据头脑风暴法的原则，主办人可规定几条纪律，要求与会者遵守。例如，参与者要集中注意力积极投入，不消极旁观，不要私下议论，以免影响他人的思考；发言要针对目标，开门见山，无须客套，也不必做过多的解释；与会者之间相互尊重，平等相待，切忌相互褒贬，等等。

（6）掌握时间

会议时间由主持人掌握，不宜在会前定死。一般来说，以几十分钟为宜。时间太短，与会者难以畅所欲言，时间太长则容易使人产生疲劳感，影响会议效果。经验表明，创造性较强的设想一般会在会议开始 10～15 分钟后逐渐产生。美国创造学家帕内斯指出，会议时间最好安排在 30～45 分钟。倘若需要更长时间，就应把议题分解成几个小问题分别进行专题讨论。

头脑风暴法是促使创意产生的好方法，在实施头脑风暴法的时候，与会者应该遵守其相应的要求。一次成功的头脑风暴畅谈会除了在程序上的要求之外，更为关键的是在探讨方式、心态上的转变，也就是说，参与者要充分、非评价性、无偏见地交流。具体而言，可归纳为以下几点。

（1）自由畅谈

参加者不应该受任何条条框框限制，要放松思想，让思维自由驰骋，从不同角度、不同层次、不同方位，大胆地展开想象，尽可能地标新立异、与众不同，提出独创性的想法。

（2）延迟评判

头脑风暴畅谈会必须坚持当场不对任何设想做出评价的原则，既不能肯定某个设想，又不能否定某个设想，也不能对某个设想发表评论性的意见，一切评价和判断都要延迟到会议结束以后才能进行。这样做一方面是为了防止评判约束与会者的积极思维，破坏自由畅谈的有利气氛，另一方面是为了集中精力先开发设想，避免把应该在下阶段做的工作提前进行，影响创造性设想的大量产生。

（3）禁止批评

绝对禁止批评是头脑风暴法应该遵循的一个重要原则。参加头脑风暴畅谈会的每个人都不得对别人的设想提出批评意见，因为批评对创造性思维无疑会产生抑制作用。同时，发言人的自我批评也在禁止之列。有些人习惯于用一些自谦之词，这些自我批评性质的说词同样会破坏会场气氛，影响自由畅想。

（4）追求数量

头脑风暴畅谈会的目标是获得尽可能多的设想，追求数量是它的首要任务。参加会议的每个人都要抓紧时间多思考，多设想。至于设想的质量问题，自可留到会后的设想处理阶段去解决。在某种意义上，设想的质量和数量密切相关，产生的设想越多，其中的创造性设想就可能越多。

在进行头脑风暴畅谈会后，主办者需要对大家提出的想法进行整理。整理也是进一步提炼创意精髓的过程，通过组织头脑风暴畅谈会，往往能获得大量与议题有关的设想，至此任务只完成了一半，更重要的是对已获得的设想进行整理、分析，以便选出有价值的创造性设想来加以开发实施，这个工作就是设想处理。

头脑风暴法的设想处理通常安排在头脑风暴畅谈会的次日进行。在此以前，主持人或记录员应设法收集与会者在会后产生的新设想，以便一并进行评价处理。

设想处理的方式有两种：一种是专家评审，可聘请有关专家及畅谈会与会者代表若干人（5 人左右为宜）承担这项工作；另一种是二次会议评审，即由头脑风暴畅谈会的参加者共同举行第二次会议，集体进行设想的评价处理工作。

头脑风暴是一种方式，一种技能，一种艺术。头脑风暴的技能需要不断提高，如果想使头脑风暴保持较高的绩效，必须每个月进行不止一次。

有活力的头脑风暴畅谈会倾向于遵循一系列陡峭的"智能"曲线，开始时动量缓慢地积聚，然后非常快，接着又开始进入平缓的时期。头脑风暴主持人应该懂得通过小心地提及并培育一个正在出现的话题，让创意在陡峭的"智能"曲线阶段自由形成。

头脑风暴法提供了一种有效的就特定主题集中注意力与思想进行创造性沟通的方式，无论是对于学术主题探讨或日常事务的解决，都不失为一种可资借鉴的途径。唯需谨记的是使用者切不可拘泥于特定的形式，因为头脑风暴法是一种生动灵活的技法，应用这一技法的时候，完全可以并且应该根据与会者的情况以及时间、地点、条件和主题的变化而有所变化、有所创新。

2. 垂直思维法和水平思维法

垂直思维法又称直接思维法、逻辑思维法，即按照一定的方向和路线，运用逻辑思维的方式，对问题进行一定范围内的纵深挖掘。这是生活中最为常用的思维方式。这种思维模式最根本的特点是根据前提一步一步地推导，既不能逾越，也不允许出现步骤上的错误。它当然有合理之处，例如归纳与演绎等，都是非常重要的思维方法，但如果一个人只会运用垂直思维法，他就不可能有创造性。垂直思维法是传统的逻辑分析的思维方式，它偏重于借用已有的知识、经验和模式，按照特定的思路在固定的范围内进行直线运动，这种方法在收集材料、总结经验等方面具有较强的实用性。

案 例 4-1

美国陆军部的征兵广告

如果是打传统的常规战争的话，不用担心你当了兵就会死。当了兵有两种可能：一种是留在后方，另一种是送到前方。留在后方没有什么好担心的，送到前方又有两种可能：一种是受伤，另一种是没有受伤。没有受伤不用担心，受伤了的话也有两种可能：一种是轻伤，另一种是重伤。轻伤没有什么可担心的，重伤也有两种可能：一种是能治好，另一种是治不好。能治好就不用担心了，治不好也有两种可能：一种是不会死，另一种是会死。不会死的话，不用担心，死了嘛……也好，因为他已经死了，还有什么好担心的呢。

水平思维法是指在思考问题时摆脱已有知识和旧的经验约束，冲破常规，提出富有创造性的见解、观点和方案。这种方法的运用，一般是基于人的发散性思维，故又把这种方法称为发散式思维法。水平思维法是相对垂直思维（逻辑思维）法而言的，它不是过多地考虑事物的确定性，而是考虑多种选择的可能性；关心的不是完善旧观点，而是如何提出新观点；不是一味地追求正确性，而是追求丰富性。水平思维法是一种促使创意产生的创造性思维方法，是指摆脱某种事物的固有模式，从多角度、多侧面去观察和思考一件事情，善于捕捉偶然发生的构想，从而产生意料不到的创意。

案例 4-2

俄罗斯《消息报》的征订广告

亲爱的读者：从 9 月 1 日开始收订《消息报》。遗憾的是，明年的订户将不得不增加负担，全年订费为 22 卢布 56 戈比。订费是涨了。在纸张涨价、销售劳务费提高的新形势下，我们的报纸要生存下去，我们别无出路。而你们有办法，你们完全有权拒绝订阅《消息报》，将 22 卢布 56 戈比的订费用在急需的地方。《消息报》一年的订费可用来：在莫斯科的市场购买 924 克猪肉，或在彼得格勒购买 102 克牛肉，或在车里亚斯克购买 1500 克蜂蜜，或在各地购买一包美国香烟，或购买一瓶好的白兰地酒。这样的"或者"还可以写上许多。但任何一种"或者"只有一次享用，而您选择《消息报》——将全年享用。事情就是这样，亲爱的读者。

垂直思维与水平思维相比，两者有不同的特点。
①垂直思维是选择性的；水平思维是生生不息的。
②垂直思维的移动，只有在一个方向上移动；水平思维是朝着多个方向移动，而移动的目的是为了找到一个最为合适的方向。
③垂直思维是分析性的；水平思维是激发性的。
④垂直思维是按部就班的；水平思维是灵活多样的。
⑤垂直思维要求每一步都必须正确；水平思维则没有此要求。
⑥垂直思维要求阻绝错误途径；水平思维则不需否定各种途径。
⑦垂直思维要求排除无关项目；水平思维则相反。
⑧垂直思维的种属和类别均被固定；水平思维在此方面则更加灵活。
⑨垂直思维遵循最有可能的途径；水平思维则探索最不可能的途径。
⑩垂直思维是线性的过程；水平思维则与或然率有关。
垂直思维在完善、发展已有的知识体系和推导性分析中具有重要的作用，但在提出新

思路、新观点等具有创造性、开发性的问题中有着许多束缚。因此，广告创意人既要把握已有知识的规律性，运用垂直思维的方式对发展方向进行把握，又要充分发挥水平思维，在同一个平面中进行多角度、多方向的思维探索，以达到在网络广告创意中诞生新想法、新观念。创意人员不能放弃两种思维中的任何一种，而是应该将两种思维有机地结合，以获得最具独创性和市场性的创意。

4.2.2　网络广告创意产生的过程

广告创意是一个极其复杂的思维过程。创意的产生既不是闭门造车、空穴来风般的主观臆想，也不是在某种技巧的指导下就可以轻松获得的结果。广告创意是建立在周密的市场调查基础上，将广告素材、创作资料以及广告创作人员的一般社会知识重新组合后所产生的成果。美国当代广告大师詹姆斯·韦伯·扬在其著作《产生创意的技巧》中阐述了有关创意产生的技巧，但其中并没有提供关于创意的灵丹妙药，人们并不能像掌握某种技术那样对广告创意的产生表现出十足的信心。不过，詹姆斯·韦伯·扬还是告诉了我们有关创意产生的五个步骤，这五个步骤被认为是确实有效的一个激发创意产生的方法，因此沿用至今。

1. 收集资料阶段

收集资料是广告创意产生的基础。对网络广告创意的产生来说，收集资料必然是产生优秀广告创意的第一步。广告创意不是单纯地依靠灵感的作用，而是在进行深入的市场调查研究后综合各类信息的基础上构思出来的。广告创作人员需要积累生活经验和文化知识，需要深入调查研究，去为每一个创意收集所需要的依据和内容。新颖、独特的广告创意是在周密调查、充分掌握信息的基础上产生的，因此，要产生一个优秀的广告创意，首先就应该做好调查研究工作，其中包括对互联网特征的深入了解，对产品特征的掌握，对消费市场、竞争对手信息的掌握。相关信息资料掌握得越多，对构思创意也就越有好处，越能触发创意者灵感的产生。

进行广告创意，必须收集的资料包括两部分：特定资料和一般资料。

特定资料是指与广告产品和服务直接相关的信息，以及有关目标消费者的所有资料。特定资料是和广告创意密切相关的资料，创意者必须对特定资料有全面和详细的了解，并在此基础上发现产品或服务与目标消费者之间存在的某种特殊关联。只有掌握目标消费者与产品之间的联系，才能为广告创意的产生打下基础。

一般资料是指网络广告创意人员必须具备的知识和掌握的与广告相关的信息。一般资料的收集是一个长期的过程，它伴随着广告创意人员的整个生活。网络广告创意的过程，实际就是创意者运用自己拥有的一切知识和信息，结合刻意收集的特定资料进行组合和使用的过程。在这里，创意者的素质直接影响着广告创意的优劣。为了不断提高广告创意的水平，创意者必须做生活的有心人，随时随地注意观察和收集生活中的一切信息，以备创意时厚积薄发。

曾为万宝路香烟策划出牛仔形象的著名广告大师李奥·贝纳在谈到他的广告创意时说：创意的秘诀就在其文件夹和资料剪贴簿内。他说："我有一个大夹子，我称之为 'Corny

Language'（不足称道的语言），无论何时何地，只要我听到一个使我感动的只言片语，特别是适合表现的一个构思，或者能使此构思活灵活现、增色添香的想法，或者能表示任何种类的构想——我就把它收进文件夹内。""我另有一个档案簿，鼓鼓囊囊的一大包，里面都是值得保留的广告，我拥有它已经 25 年了，我每个星期都查阅杂志，每天早晨看《纽约时报》以及芝加哥的《华尔街时报》，我把吸引我的广告撕下来，因为它们都作了有效的传播，或是在表现的态度上，或是在标题上，或是其他的原因。""大约每年有两次，我会很快地将那个档案翻一遍，并不是有意要在上面抄任何东西，而是想激发出某种能够适用到我们现在做的工作上的东西来。"

由此可见，广告大师们的绝妙创意也并不是凭空构想出来的。好的创意是创意者通过不断的信息收集和积累经验，为自己建造一座创意的"水库"，创意才能喷涌而出。

2. 分析阶段

分析阶段主要是创意者对获得的资料进行分析，找出商品最能够吸引消费者的地方，发现能够打动消费者的关键点，也就是广告的主要诉求点。广告的诉求点，主要有以下几个方面。

①找出广告产品与同类产品所具有的共同属性。比如产品的设计、生产工艺，以及产品自身的适用性、耐久性、造型、使用难易程度等方面有哪些相同之处。

②找出广告产品与竞争产品相比较所具有的特殊属性。通过分析，找出广告产品的竞争优势。

③明确广告产品正处于生命周期的哪个阶段。

④列出广告产品的竞争优势，会给消费者带来的种种便利。

⑤找出消费者最关心的问题和最迫切需要解决的问题，抓住了这一关键点，就抓住了创意的突破口。

詹姆斯·韦伯·扬说："真正的广告创作，眼光应该放在人性方面，从商品、消费者及人性的组合去发展思路。"也就是说，创意的产生要从人的需求和产品特质的关联处入手，而不能简单地从产品本身出发。

3. 酝酿阶段

酝酿阶段是网络广告创意产生的潜伏阶段。在这一阶段中，主要是对已形成的广告概念进行时间上的孵化，创意者此时应该以较为轻松的状态等待创意的产生。在酝酿阶段，创意者应将广告概念全部放开，不需要十分专注地去思考它，而应将它置于潜意识的心智中，让思维进入"无所为"的状态中。这种状态下，由于各种干扰信号的消失，人的思维较为松弛，比紧张时能更好地进行创造性思考。一旦有信息偶尔进入，就会使人猛然顿悟，产生灵感，擦出思想的火花。

4. 开发阶段

开发阶段是指创意者抓住灵感的阶段。经过了收集资料、分析、酝酿几个阶段后，就要等待灵感的到来了。有时候，创意者会同时产生多个灵感，或者说出现多个思想的火花，这个时候，创意者要对每一个突然产生的想法进行开发，让它们逐步完整起来，并和广告产品取得更大的联系。

5. 评价决定阶段

在前一阶段中，可能会产生多个创意，这些创意往往具有不同的特点，广告制作人员不能错过每一个创意，要对创意进行分析、讨论和筛选，最终决定一个最为优秀的创意。在评价过程中，要对每个创意的优劣进行评价，比如是新奇还是平庸，是否有采用的可能性等。要注意从几个方面加以考虑：所提出来的创意与广告目标是否吻合？是否符合诉求对象及将要选用的媒体特点？与竞争产品的广告相比是否具有独特性？经过广告创意人员认真的研究探讨后，再确定选用哪一个创意雏形，然后将其深化和完善。

4.3 网络广告创意的要求和注意事项

4.3.1 网络广告创意的要求

1. 网络广告创意的一般要求

（1）熟悉网络

从事网络广告创意的人员，如果对网络媒体不熟悉，不了解网络的特点，那么创作出来的网络广告可能会因为不符合受众的心理特点，不适合在网上发布，即使发布也难以取得好的广告效果。因此，创意人员进行网络广告创意，第一个要求就是要熟悉网络，了解网络的特点。

（2）了解广告

从事网络工作的人员，大部分是技术人员，他们对网络很精通，对各种软件能操纵自如，有的还能自己编程写软件，但他们对广告并不是很了解，或者以为广告发布出来就应当有效，或者不会去对网络受众进行细分等。因此，进行网络广告创意的人员还应该了解广告，知道产品的广告该如何做，该对谁说，如何说，在哪个页面上发布效果最好，等等。

（3）懂得创意

网络广告是一种新的广告形式，如何进行网络广告创意是一门新的学问。从事网络广告创意的人员除了熟悉网络、了解广告之外，还必须掌握广告创意的方法、技巧，并进一步了解网络广告创意的特点。这是因为网络广告具有与其他媒体广告的不同特点，其创意也具有自身的特点。只有具备以上条件，创意人员才有可能创作出好的网络广告作品。

2. 网络广告创意的特殊要求

（1）运用多媒体技术，增强网络广告的吸引力

网络广告既有先天不足之处，也有它的优势所在，比如含有比传统媒体广告更多的技术成分。创意人员在进行网络广告创意时，要充分利用网络媒体技术先进的优势，使网络广告在实时、动态、交互等方面的表现更富吸引力，在画面元素的呈现上更加丰富多彩。充分利用网络媒体能综合呈现文字、声音、图片、全真色彩、动画、音乐、电影、三维空间、虚拟视觉等的功能，增强广告的吸引力，满足人们求新、求变的心理，充分调动网络

受众的兴趣，使得他们在畅游网络世界时，在网络广告的指引下，充分享受网上购物的乐趣。

（2）区分不同产品，针对不同页面

网络广告要克服只注重出现在首页的广告创意，对在更深层次页面展示的广告创意不够重视的毛病。事实上，从许多网站的经验来看，除了一些大众消费品适合在网站首页发布广告之外，对一些比较专业的产品来说，流量越大的页面，点击率越低；相反，流量越小的页面，点击率越高。因为，网页层次越往深处，内容越专业，虽然暴露次数少，但都是有价值的暴露。例如，一家经营摄影器材的客户在新浪网上投放广告，开始在首页上做，结果点击率只有 0.5%，最后换到更深层的专业页面去做，结果点击率达到 20%，是首页上的 40 倍。

因此，创意人员在进行网络广告创意时，要区分不同产品，针对不同页面。也就是说，不同产品的广告信息适合在不同页面发布，广告创意要针对不同页面来进行。大众消费品适应面广，适合在网站的首页发布，创意时要根据产品的特点、网站的特点来选择适当的广告形式。而那些专业化程度比较高的产品，适合在专业网页（或网站）上发布，广告在创意时，除了要考虑专业网页的特点，还要考虑专业网民（即经常上到这一网页的浏览者）的心理特点、爱好和需求，广告信息可以适当地专业化。

（3）争取受众反馈，促成网上购买

网络广告要达到的目标大体可分为两种：一种是推广产品信息，树立品牌形象，这点与传统媒体广告相同；另一种是获得受众的直接反馈，这是网络广告与传统媒体广告的最大不同。创意人员在进行网络广告创意时，一定要努力做到能使受众反馈，最后促成购买。因为，网络是唯一能够把广告激发受众 AIDA（注意、兴趣、欲望、行动），让以上四个环环相扣的步骤能一气呵成的媒体，随着市场环境的成熟和网络技术的进步，网络营销会逐步发展、成熟。另外，消费者对购买方便性的需求也要求网络广告与线上交易相结合。一部分工作压力较大、高度紧张的消费者会以购物的方便性为目标，追求时间、精力等劳动成本的尽量节省，特别是对于需求和品牌选择都相对稳定的日常消费品，这一点尤为突出。如果这些人在看到网上自己喜欢的产品的广告后能立即购买的话，既方便了消费者，又能大大提高广告的促销效果。

4.3.2　网络广告创意的注意事项

1. 标题要明确有力

据统计，受众在一个网络广告内容上的注意力持续时间不会超过 5 秒钟。因此，一定要在这段时间内以明确有力的广告标题吸引网民进入目标网页，并树立良好的品牌形象。

2. 广告信息要简洁

强烈清晰的文案比制作复杂的影音文件更能吸引受众点选。同时，网络广告应确保广告内容出现的速度足够快，这就要求网络广告信息简洁，避免信息过载，做到言简意赅。

3. 语言要简洁生动

由于各网站对广告尺寸有一定限制，而且网络媒体也不适合长时间阅读，因而简洁、生动的网络广告文案才会有较高的注意率。至于深入的信息传播，可以通过吸引受众点击、链接到广告宣传页来实现。

4. 注意语言与画面的配合

动画技术的运用为网络广告增加了吸引力，因而在一般的网络广告中，语言更应服务于画面，起到画龙点睛的作用。

5. 注意语言风格的适应性

由于网络可以根据不同兴趣爱好，把受众高度细分化，因而在针对目标受众诉求时，广告应注意运用他们所熟悉的语气、词汇，增强认同感。

6. 注意语言形式的变化

虽然网络无国界，但受众还是会受到语言的限制，因而广告要根据企业的传播目标选择站点，决定运用何种语言。

7. 发展互动性

随着网络技术的发展，网络广告的互动性增强，这是网络广告最强有力的优势。如果在网络广告上增加游戏活动功能，将会大大提高受众对广告的阅读兴趣。

8. 合理安排发布时间

网络广告的时间安排包括对网络广告时限、频率、时序及发布时间点的考虑。时限是广告从开始到结束的时间长度，即企业的广告打算持续多久，这是广告稳定性和新颖性的综合反映。频率，即在一定时间周期内广告的播放次数，网络广告的频率主要用在 E-mail 广告形式上。时序是指各种广告形式、广告渠道在投放顺序上的安排。发布时间点是指广告发布的精准时刻，或是产品投放市场之前还是之后的分界点。根据调查，消费者上网活动的时间多在晚上和节假日，针对这一特点，企业可以更好地进行广告的播放安排。网络广告的时间策略形式可分为持续式、间断式、实时式。网络广告时间策略的确定，除了要结合目标受众群体的特点外，还要结合企业的产品策略和企业在传统媒体上的广告策略。

9. 确定网络广告费用预算

对大部分上网企业而言，网络广告仅是其整体营销沟通计划的一部分。公司首先要确定整体广告预算，再确定用于网络广告的预算。整体广告预算可以运用财务能力法、销售百分比法、竞争对等法或目标任务法来确定。用于网络广告的预算则可依据目标群体情况及企业所要达到的广告目标来确定，既要有足够的力度，也要避免出现浪费广告费的现象。

10. 设计好网络广告的测试方案

在网络广告策划中，根据广告活动所要选择的形式、内容、表现、创意、具体投放网站、受众终端机等方面的情况，设计一个全方位的测试方案是至关重要的。在广告发布前，要测试广告在客户终端机上的显示效果，测试广告信息容量是否太大而影响其在网络中的传输速度，测试广告设计所用的语言、格式在服务器上能否正常显示，以避免最后的广告效果受到影响。

4.4　网络广告的创意策略和创意设计

4.4.1　网络广告的创意策略

1. USP 策略

罗素·瑞夫斯提出的 USP 策略是指广告要有独特的销售主题（unique selling proposition），只有当广告能指出产品的独特之处时才能行之有效，即应在传达内容时发现和发展自己独特的销售主题。USP 有三个特点。

①必须包含特定的产品效用，即每一广告都要向消费者提出一个销售主张，给予消费者一个明确的利益承诺，即产品效用。

②必须是独特的、唯一的，该主张必须是竞争对手所不能或未曾提出的，是其他同类竞争产品不具有或没有宣传过的主张。

③必须有利于促进销售，即这一主张一定要强有力到能招来一定数量的大众。

由于科学技术的飞速发展和人类社会的不断进步，新思想、新观念层出不穷，以往单靠一般化、模式化的广告创意和表现已不能引起大众的注意和兴趣，在产品中寻找并在广告中陈述产品的独特之处，即实施独特的销售主题这一新的广告创意策略一经问世，便立即在广告界引起热烈响应，并在 20 世纪五六十年代得到普遍推广。

2. 品牌形象理论

该理论由著名的广告大师大卫·奥格威提出。第二次世界大战后，伴随着西方经济发达国家生产力的迅速发展，新产品不断涌现，产品的同质化现象也越来越严重，这样寻求产品的独特卖点就越来越难。大卫·奥格威认为，在产品完全同质的基础上，谁更有独特气质，谁就能脱颖而出，因此，为品牌产品建立一个独特的个性对一个广告运作的成功是非常重要的，企业必须决定品牌要的形象（image），即个性。广告不仅要挖掘产品本身的卖点，同时还要赋予产品人格化的形象，即一个产品就像一个人，要有自己的个性。这个形象决定了产品在市场的地位：是成功，还是失败。

在关于如何树立形象的问题上，他认为，广告不是娱乐，而是要提供信息，促使顾客购买的不是广告的形式，而是广告的内容。这个广告内容是什么呢？按照形象理论的观点，这个内容就是包含着创意（creative）的个性形象。所以，形象论认为，一个好的广告应该让人们感觉这不是一个广告，不强卖，而是应该让顾客下意识去购买产品。

罗杰·瑞夫斯对 USP 理论与品牌形象理论的关系做过一段评价：USP 和品牌形象之间的关系是：一个演讲者的穿戴、气质、说服力就是品牌形象，演讲内容是 USP。他主张将二者结合起来，认为纯粹的 USP 和纯粹的品牌形象都不可取。换句话说，USP 是内核，而品牌形象是外壳。因此，USP 仍然是一个广告的关键，USP 理论并不会随着时间的推移而暗淡无光。

3. 定位理论

定位（positioning）理论是由著名的美国营销专家艾尔·莫瑞斯与杰克·特劳特（Jack

Trout）于 20 世纪 70 年代早期提出来的。定位理论的产生源于信息爆炸造成的人类各种信息传播渠道的拥挤和阻塞，几乎把消费者推到了无所适从的境地，想在传播过度的社会中成功，公司必须在其潜在顾客的心智中创造一个位置。

定位的对象是从产品开始，可以是一件商品、一项服务、一家公司、一个机构，甚至是一个人，也可能是你自己。定位并不是要你对产品做什么事情，而是要将你的产品在未来的潜在顾客的脑海里确定一个合理的位置。也就是说，定位是要针对潜在顾客的心理采取行动。因此，定位理论是对顾客的头脑进行争夺的理论，其目的是在潜在顾客心中得到有利的地位。定位理论的真谛就是"攻心为上"，消费者的心灵才是营销的终极战场。要抓住消费者的心，必须了解他们的思考模式，这是进行定位的前提。《新定位》一书列出了消费者的五大思考模式。

（1）消费者只能接收有限的信息

在超载的信息中，消费者会按照个人的经验、喜好、兴趣甚至情绪，选择接受哪些信息，记忆哪些信息。因此，较能引起兴趣的产品种类和品牌，就拥有打入消费者记忆的先天优势。

（2）消费者喜欢简单，讨厌复杂

在各种媒体广告的狂轰滥炸下，消费者最需要简单明了的信息。广告传播信息简化的诀窍就是不要长篇大论，而是要集中力量将一个重点成功地打入消费者心中，突破人们讨厌复杂的心理屏障。

（3）消费者缺乏安全感

由于缺乏安全感，消费者会买跟别人一样的东西，免除花冤枉钱或被朋友批评的危险。所以，人们在购买商品前（尤其是耐用消费品），都要经过缜密的商品调查，而广告定位传达给消费者的是简单而又易引起兴趣的信息，可以使自己的品牌易于在消费者中传播，被广泛接受的定位可以强化消费看对产品的认知，从而提升安全感。

（4）消费者对品牌的印象不会轻易改变

虽然一般认为新品牌有新鲜感，较能引人注目，但是消费者真能记住的信息，还是耳熟能详的东西。

（5）消费者的想法容易失去焦点

虽然盛行一时的多元化、扩张生产线增加了品牌多元性，但是使消费者模糊了原有的品牌印象。美国舒洁公司在纸业的定位就是一例。舒洁原本是以生产舒洁卫生纸起家的，后来，它把自己的品牌拓展到舒洁纸面巾、舒洁纸餐巾以及其他纸产品，以至于在数十亿美元的市场中，拥有了最大的市场占有率。然而，正是这些盲目延伸的品牌，使消费者失去了对其注意的焦点，最终让宝洁公司乘虚而入。难怪一位营销专家以美国人的幽默方式发问：舒洁餐巾纸，舒洁卫生纸，到底哪个牌子是为鼻子而设计的呢？

产品广告定位主要有两大类。

①实体定位，就是在广告宣传中突出产品的新价值，强调本品牌与同类产品的不同之处及能够给消费者带来的更大利益。实体定位又分为市场定位、品名定位、品质定位、价格定位和功效定位。

②观念定位，是指在广告中突出宣传品牌产品新的意义和新的价值取向，诱导消费者

的心理定式，重塑消费者的习惯心理，树立新的价值观念，引导市场消费的变化或发展趋势。观念定位在具体应用上分为逆向定位和是非定位。

4. 共鸣理论

这种理论要求创作人员要对目标受众的世界，包括他们的经历和情感在内有较深的理解。运用这种理论的广告并不强调产品说明或品牌形象，而是设计情景或渲染感情，以激发回应者对记忆的积极联想。如 1998 年下半年，雕牌洗衣粉曾全面退市，1999 年初，又以全新的包装切入洗衣粉市场，获得二次创业的成功。此次出击的雕牌大打情感牌，借助"下岗潮"的出现，不失时机地抓住这一引起社会普遍关注的热点，借势进行品牌的打造与传播。雕牌的情感诉求比较成功，其创造的"下岗篇"，就是其中比较好的情感宣传方式。妈妈下岗了，家庭生活日显拮据，并随着妈妈找工作的画面把情感推向了高潮，片中小主角的真情表白："妈妈说，雕牌洗衣粉，只用一点点，就能洗好多多衣服，可省钱了。妈妈，我能帮您干活了。"随着下岗这一普遍社会现象的出现，这一宣传引发了消费者内心深处的震撼以及强烈的情感共鸣，品牌迅速得到认同与提升。

4.4.2　网络广告的创意设计

网络广告的创意设计主要包括展示型设计和互动型设计两类。展示型包括直白型设计、解剖型设计、强大资讯型设计，互动型包括试用型设计、现场演示型设计。

1. 展示型设计

（1）直白型设计

这类广告的作用主要是告知，用浅白明确的语言传递产品的功能和服务的项目信息，使消费者一看就明白。如竞拍广告，非常简单明了地展示了所拍卖的产品类型，属于典型的直白型设计广告。

（2）解剖型设计

网络技术的发展为网络广告的设计提供了更大的创意空间，在以推广产品为目的的产品广告（如电子产品广告）中，解剖型设计为广告设计者提供了一个新思路。如 SONY 产品的网络广告，将产品的各个部分解剖给消费者看，使消费者能更清楚地了解到他们所想要了解的各部分的结构构造，一方面更好地展现了自己的产品，另一方面也体现了重视与消费者交互性沟通的企业理念，取得了传统广告所不能达到的效果。

（3）强大资讯型设计

在传统广告中，广告的空间是有限的。如果要将一个产品一段时间内的一些具体情况逐一向消费者介绍，则需花费相当大的成本。在网络广告中则不然，网络巨大的虚拟空间为强大资讯型设计提供了低成本的便利。当消费者想要全面了解一种产品的时候，网页无论从纵向还是横向上都能给予广阔的延伸空间，充分满足了消费者对广告信息的渴求。例如人头马寰盛洋酒股份有限公司推出的一款人头马洋酒，利用强大的资讯将该系列的酒按年代的顺序非常完整地介绍出来，给予消费者充分的信息满足感。

2. 互动型设计

（1）试用型设计

试用型设计能够保持一种与消费者的互动，使其通过网络参与到产品的试用过程中，真实地体验与感受产品的各种功能。这样的网络广告比起传统广告长篇赘述产品功能如何全面、使用如何方便更具真实性，更容易使消费者产生信赖感。

（2）现场演示型设计

由于消费者与企业之间是通过网络进行沟通的，企业的产品究竟如何是消费者最关注的问题，因此广告不仅要让消费者明确产品的功能，更应该使其感受到产品运用于现实生活的效果，现场演示型设计就能满足这样的要求。

案例分析

网络广告创意鉴赏

问题与思考

一、即测即练

自学自测　　扫描此码

二、简答题

1. 创意的副作用会让人对广告产生兴趣，而不是对产品产生兴趣"应该如何理解这句话？
2. 网络广告创意可以充分利用网络的哪些特点？
3. 简述文化适应性原则，并举例说明。
4. 头脑风暴法是促使创意产生的好办法，为了充分地激发创意在畅谈过程中应该注意哪些点？
5. 简述网络广告创意过程——收集资料阶段中的一般性资料和特定资料。
6. 简述定位理论中消费者的五种思考模式。

第 5 章

网络广告策划

与传统广告一样，网络广告的广告主也希望网络广告能够帮助他们卖出产品或服务。为了更好地达到这个目的，他们（或者他们委托的机构和个人）也需要通过一系列的策划、创意和发布的运作来保证传播目标的实现。网络广告策划是整个网络广告工作的核心，对于确定网络广告的方向，提高网络广告的效果具有重要作用。

5.1 网络广告策划概述

网络广告策划是对网络广告运作制定一个执行计划方案的过程以及经由这一过程最后确定的执行计划方案。经由网络广告策划所提出的广告运作执行计划方案或简明扼要，或者周密详尽。它的主要任务是根据企业的传播战略和特定目标受众的结构特征，为网络广告的运作设定广告目标和广告预算，挖掘和分析为了保证广告目标的实现而应采取的内容沟通和发布实施的策略。

5.1.1 网络广告策划的定义

网络广告策划，顾名思义，就是对网络广告进行的运筹与谋划，是在符合总体广告战略的前提下，以充分的市场调查和信息研究分析为基础，经过广告主和网络广告经营单位的共同努力，科学合理地制定网络广告总体策略，控制广告的实施，以达到广告宣传效果最大化而进行的创造性谋划过程。

网络广告策划包括的内容多、范围广。例如，网络广告主题的安排、网络广告对象的确定、网络广告文案的制定、网络广告方式的选择、网络广告时机的选择、网络广告效果的评估，等等。网络广告的策划是一个动态的过程，在整个策划活动过程中，可能需要多次修改策划的方案。策划方案一旦得到客户的认可，就成为网络广告的蓝图，网络广告经营单位将严格按照网络广告策划书进行网络广告制作。如果遇到特殊情况需要调整方案时，网络广告经营单位须及时与广告主进行协商，并得到广告主的认可后方可对原有策划书进行修改。广告主也应定期检查网络广告经营单位对网络广告策划书的实施情况。

与传统广告相同，网络广告的核心依然是广告策划。就市场调查、信息搜索以及广告制作、发布、预算、评估等环节来说，网络广告与传统广告没有本质的区别，网络广告策划与传统广告策划也具有相似的特点，但网络广告由于使用的是互联网这种特殊的媒介，所以其策划还具有一些新的特点。

5.1.2　网络广告策划的特点

1. 事前性

事前性是指网络广告策划是具体广告进行正式投放运行之前的准备。广告策划是在具体广告实施之前的"演习"，是对广告的各个环节，如制作、投放、评估等进行的事前安排，是在整个广告活动开始之前，对即将开始具体实施的广告的计划、谋略和安排。一个广告成功与否的因素虽然多种多样，但没有良好有效、独特新颖的策划方案是很难吸引受众的。有效的广告策划来自设计者的匠心独具和事先的种种周密布置以及对信息的充分利用。

2. 全局性

全局性是指广告策划不仅要直接利用广告调查得来的各种有用信息，而且更重要的是，要在这些信息的基础上设计出具体的广告，这就要求策划者对广告产生过程中的每一个环节都有所考虑。广告策划常常是使广告这一活动体现为组合型或系列化活动，策划者所做的工作要贯穿到整个广告活动的全部业务中去。这一过程中的全局性还体现在广告策划常常与企业的实体运作相关联，比如企业的产品特点、产品性质、企业文化等。广告策划所要达到的目标一定要与这些因素联系在一起，甚至企业与周围社会环境的关系也要考虑进去。因此，广告策划在某种意义上来说是对企业与企业产品相关联的所有信息的综合考虑，以达到全面规划的目的。在广告界存在"整体广告策划"的说法，认为在广告专业化水平下，整体广告策划是广告发展的必然趋势。对网络广告来说，这种全局性也是广告策划中的必须坚持的原则，本质上与传统广告是相同的。

3. 指导性

指导性是指广告策划的过程就是为广告的具体制作、实施提供一个蓝图，后者要以此为依据。在广告运作中，常常要分成不同的步骤，比如广告创意、广告制作、广告发布、广告媒介选择等，这样分开有一定的好处，有利于各种专业化的操作。但这种分开的步骤必须在最终得到整合加工，这就是广告策划的任务，它的指导性就体现在对各个子环节进行取舍修正上。

网络广告策划与传统广告策划相比，不同之处在于：网络广告的活动基础是网络，与传统广告经常使用的媒介组合方式相比，网络广告常常以独立的媒介传播存在。虽然网络广告也会将网络媒介同其他媒介相结合，但它具有更大的独立性。网络广告策划既要服务于企业整体广告策划的安排和部署，也要考虑如何在网络这个虚拟的世界中做好特殊的策划活动。

5.1.3　网络广告策划的原则

网络广告策划与传统广告策划在本质上没有太大的区别，综合传统广告策划的原则，在进行网络广告策划时，重点应该遵循以下几个方面的原则。

1. 整合性原则

整合性是指网络广告策划必须考虑各种广告媒体之间的相互搭配，即整合多种媒体进行全方位的广告宣传。网络作为一种新型的媒介，不可能在短时间内取代传统媒介，同时，由于它的"年轻性"，消费者对网络广告的信任度相对于传统广告来说要略低一些，因此，网络广告在具体投放中应该做到同传统媒介进行整合，以弥补网络媒介本身的不足。

全方位、整体投放广告将获得最佳的广告效果。当然，在资金投入的限制下，并不是所有的网络广告都会选用整合传统广告媒介的方式来对产品进行宣传，但整合性原则依然是网络广告策划中较为常用且能收到良好效果的原则。

2. 创新性原则

尽管所有的广告都应该尽量做到创新，但对于网络广告来说，创新性尤为重要。在信息量极为庞大的网络中，只有创新才能使广告更容易引起目标消费者的注意，才能达到广告的目的。网络广告必须出奇制胜，寻求独特的广告语言、广告表现形式等，从而实现网络广告活动的创新。

不论是单纯的文字广告还是图、文、音、像结合的广告，也不论是网幅广告还是插页式广告，都应该尽量突出创新性。

3. 经济性原则

网络广告策划必须以经济效益为核心。网络广告策划的经济效益，是指策划所带来的经济收益与策划方案实施成本之间的差额。成功的网络广告策划，应当是在策划方案实施成本既定的情况下取得最大的经济收益，或花费最小的费用取得目标经济收益。

虽然所有的广告策划方案都应该遵循经济性原则，但网络广告策划在经济性方面尤为重要，其原因主要是与网络广告的计费方式有关，策划方案必须准确地核定该广告投放后预计消耗的资金数量，这样才能完整地部署其广告实施的各个环节。

5.2　网络广告策划程序与内容

5.2.1　网络广告策划的一般程序

广告策划是经过严密计划，有明确目标的营销组合活动。策划要经历循序渐进的过程：①提出问题，分析问题，找到问题的关键点，确定策划目标，收集情报资料；②拟定行动方案（计划），方案评估、优化，决定最佳方案；③贯彻实施，反馈调节。以市场营销中的广告战略策划为例，首先要分析市场，寻找市场机会，结合企业目标制定营销目标，其次是围绕目标制定出营销战略，并将战略细化为具体的计划——营销组合，最后是执行报告与评估结果。所有广告策划都要经历这些基本步骤（如图 5-1 所示），但具体细节可能不同。

1. 调查分析阶段

网络广告策划需要调查的信息包括从产品、顾客到市场，甚至是网络媒介的方方面面，比如企业状况、顾客收入、消费偏好、宗教文化等，具体可分为市场调查和广告传播调查。前者包括市场环境调查、竞争状况调查、消费者调查、产品调查等，后者包括广告概念调查、广告创意调查、广告媒介调查和广告效果调查。将前期调查获得的信息加以分析综合，确立网络广告策划的目标，划定策划范围，厘清细节，同时为广告后期的实施提供依据。可以说，围绕广告策划的前期调查分析，在相当程度上决定着广告策划及广告实施的效果和成败。

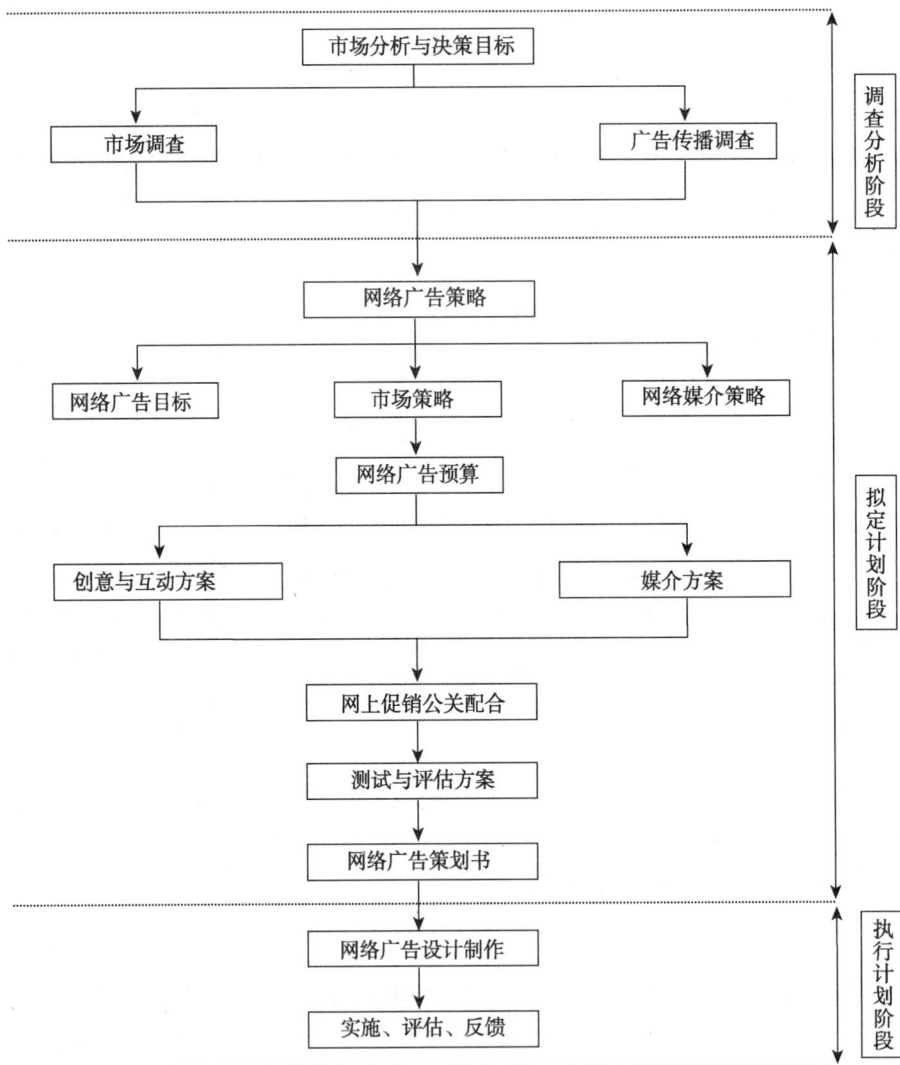

图 5-1　网络广告策划的基本步骤

2. 拟定计划阶段

拟定计划阶段是广告策划的实质性阶段。由于广告策划是一个创造性的过程，不同的策划人员，不同的环境，使用不同的分析方法，会得出不同的结论，因此，在此阶段，需要从多方面、多角度对整个广告的策略进行分析，综合各种观点，尽可能降低广告实施过程中的风险。

经过分析与整合后，就会形成一个较为具体的纲要，其内容包括广告目标、预算设定、广告媒介、广告形式、广告语言、广告时间、广告地域、广告对象等问题。这一阶段既是对前一阶段的归纳和总结，也是后一阶段行动的基础。因此，在形成纲要的阶段，应该尽量避免失误，否则将影响到后来的一系列实施计划。

在纲要的形成阶段中，不仅应该有广告设计人员，还应该有产品的设计者、生产代表、企业经营者、企业决策层等的参与，以便能将产品的各个方面考虑周全，随后应从各个方面对纲要进行充实，形成一个纲领性的计划书。纲领性的计划书一旦形成，广告策划的大致方案就已经确定下来了，但这并不表示广告策划就已经完成，在随后每一次扩充内容时，都可能对前面的计划进行调整和修改。一个成功的广告策划通常需要进行多次反复的修改才能最终成型。在具体的修改过程中，要考虑各个因素，包括时间、社会状态、经济背景等，每一个变化都可能使整个广告策划全线修正。在网络广告策划中，临时修正的情况更为突出，由于网络本身具有即时性、多变性的特征，因此为了适应网络媒介的特征，网络广告也应该相应保持其新鲜度。

经过反复修正后的广告策划将进入到正式制定阶段，在这一阶段中，要对广告宣传和投放的各个环节制定更为详细的方案，包括网站及网页的选择、经费的预算、广告播放时间和时长、广告播放频率、网络广告的发布形式等。

3．执行计划阶段

网络广告策划的执行阶段要完成两个任务，包括网络广告设计制作和网络广告实施、评估、反馈。

（1）网络广告设计制作

广告设计是广告创意的体现，广告创意都期望被完美诠释，取得最佳广告效果，所以广告设计将决定广告效果。网络广告设计有多种形式，可以根据策划的需求选择使用，需要告知时，应当使用信息丰富的文字形式；想要表现吸引力时，大面积的图文结合效果就比较好。广告设计表现一定要符合广告创意策略，要有吸引力，还要提供充分的商品信息。

（2）网络广告的实施、评估和反馈

网络广告的实施、评估和反馈十分重要，直接关系网络广告策划的成功与否，不能因为前期准备充分就掉以轻心，它关系着下一次网络广告策划的开展。

①实施。广告实施之前应再次分析有关市场调查、市场分析、市场预测的报告，核对广告目标，确保广告活动始终围绕广告目标，避免偏离。广告的目的是扩大品牌知名度、提升品牌形象，一般广告活动应该关注广告到达的目标受众的范围和频次，可暂时不追求点选人数。促销等特定的广告活动应关注到特定页面上查看详细品牌信息的目标受众的数量，此时，点击率就非常重要。

广告实施中还应该核查发布广告的网站，保证广告的点击率。根据网站的种类选择适合的广告发布载体，从站点流量、点击率来预测广告点击率及广告目标的达成情况，通过了解网站的技术水平来保证广告到达受众，从页面的下载速度、使用是否方便和系统运行的情况来判断广告的表现力。根据广告目标、网页的内容等确定广告的表现形式，确保广告效果最大化。和广告发布网站保持沟通和对它足够的了解，随时获知广告的到达情况、点选情况，以修正和完善后续的广告活动。随时了解广告的发布情况，及时进行网上调查、受众情况分析，使策划紧跟网络广告的实施，保证广告活动与受众的及时互动。

②评估。网络广告实施后必须进行评估。评估的目的在于分析活动中得到的数据，并与之前的市场调查、市场分析、市场预测结果比对，通过定量和定性分析，找出偏差，完善和指导后续的广告活动方案。在定量评估中，尽量比较计划和执行在量上的区别；在质的评估上，要研究广告实施过程中广告效果的呈现以及广告的衰竭曲线。

进行网络广告效果评估要遵守两个原则，并且应贯穿始终。

一个原则是相关性原则。网络广告效果测定的内容必须与广告主追求的目的相关，DAGMAR 法很好地体现了这一原则。举例来说，倘若广告的目的是推出新产品或改进原有产品，广告评估应针对广告受众对品牌的印象。如果广告的目的是要扩大销售，则应将评估的重点放在受众的购买行为上。

另一个原则是有效性原则。评估工作必须达到测定广告效果的目的，评估要用具体的、科学的数据，不能使用虚假的数据。掺了水分的高点击率等统计数字对于网络广告的效果评估毫无意义。网络广告的评估应使用多种评估方法，多方面综合考察，得出更准确的评估结论。①

③反馈。传播学上的反馈是指受传者对接收到的信息的反映或回应，也是受传者对传播者的反作用。反馈体现了现代社会传播的双向性和互动性，是传播过程不可或缺的要素。信息的反馈能使传播者及时了解传播对象对信息的需求、希望或评价等，传播者据此对传播的内容或形式进行调整，使之更符合传播对象的口味和需要。

对反馈信息的态度直接影响广告策划活动。对于反馈，要遵循反指导性原则，评估结论要对整个网络广告活动起到"反"指导作用。网络广告效果评估既是这次广告活动的完结，也是下次网络广告活动的开端。

5.2.2　网络广告策划书的内容与格式

策划书内容包括市场环境分析、竞争对手分析、网上消费者行为分析、产品分析、优势/劣势/机会/挑战分析、广告目标与主题、定位与瞄准、与传统广告的整合、网络广告创意与互动方案、网络媒介方案、网上促销与公关的配合、测试与评估方案等，只有事先进行周密的策划，才能保证广告活动有条不紊地顺利实施。

完整的网络广告策划书包括以下要件。

1. 项目概述

对于项目的名称应该选取容易记忆、以描述为主的项目名称，以方便讨论、记录与提案。对于项目的介绍应尽量用简短的文字来描述，内容应该包括广告项目活动的目的是什

---

① 详见本书第 7 章。

么，拟采用什么形式，做了哪些工作，对这个项目的期望有多高？尽可能清楚、准确地描述这些问题，便于具体执行。

2. 市场分析

市场分析是网络广告策划的基础，主要包括以下内容。

（1）市场环境分析

市场环境分析主要分析网上目标市场的潜力、企业竞争对手最近的动态、干预政策等。具体的广告策划要受各种市场环境因素的影响，包括自然环境、国际环境、国内政治环境、行业环境、技术环境、企业环境等。策划前应尽量收集和掌握产品、企业、销售渠道、企业以往的广告活动情况等企业内部资料，还应收集相关政策、网民人口构成、网上消费行为、市场供需、电子商务发展情况等企业外部资料，得出具体的市场环境分析报告，为广告策划奠定基础。

（2）竞争对手分析

竞争对手分析主要是弄清企业、产品的直接竞争对手和间接竞争对手的整体营销情况，比较各自的长短，了解竞争对手的网上广告活动——广告传播量、在哪些网站上投放了广告、选择了什么样的网络广告形式、费用大小及网上广告诉求等。重点要弄清楚下列问题：哪些竞争对手在做类似的工作？是否正和别人竞争，并准备使用类似的战术？这个项目什么地方比对手做得更好，从竞争对手那里可以学到什么？竞争对手是否已取得成功，能否超过竞争对手？竞争对手是否失败过，想做得更好吗？

（3）网上消费者行为分析

网上消费者行为分析主要是分析网上消费者的消费情况，充分了解目标消费者的特性。比如，网络用户多有猎奇心理，对网页的要求较高，网页广告和内容如果不吸引人，就不会引起他们的关注。广告设计时应针对这一心理，提供简洁又吸晴的广告信息。网络用户受教育程度较高，这一特征有助于企业开发有影响力和购买力的潜在消费群体。消费者分析的重要内容有：上网的人口有多少，他们整体的人口统计特征与心理特征是什么，谁是这个项目的目标对象等。使用人口统计特征（地理、年龄、收入等）社会观点（环境保护主义、体育迷、政治团体、时髦、开放等），历史消费记录等，通过大数据的整合和挖掘等方法构建目标群体模型，描绘出这个项目的理想目标群体，通过这一模型可以了解目标消费者的需求爱好，为开发企业的潜在目标市场做好准备。

（4）产品分析

网络广告的目的是为了推介产品，广告策划只有对产品有全面深入的了解，才能准确把握产品的卖点，进行有针对性的广告宣传。对产品的分析首先要了解产品的特征，掌握产品的性能、质量、生产材质、生产工艺以及与同类产品的比较等。其次要了解产品的生命周期，在产品生命周期的不同阶段，营销的策略和手段都是不同的。最后要明确产品的品牌形象和市场定位，这对于媒介的选择和目标消费群体的确定都是至关重要的。

3. 网络广告策略

（1）网络广告目标

网络广告目标的描述可以是定性的传播效果，也可以是定量的相关响应指标。在传播效果上既可以是品牌形象的表达，也可以是产品功能特性的认知。在相关响应指标上，既可以是网民的点击率、响应率，也可以是实际的销售数量。例如："让消费者了解手机的功能和其强大的应用"以及"加大在高校里面的步步高音乐手机宣传活动，从而扩展高校购买步步高音乐手机的人数"。

（2）目标市场策略

企业的任何一种产品，都不可能满足所有人的需要，这就要求企业必须认定自身产品的销售范围、销售对象。这个被认定的销售对象就是产品的目标市场，也就是网络广告宣传的目标市场。比如，婴幼儿洗发液的目标市场是年轻的父母。有的产品的目标市场可能是多个，比如书架的目标市场有图书馆、学校、机关、家庭等。

认定目标市场的依据有二：一个是网络广告产品自身的功效，即网络广告产品能满足消费者某一种或几种需要的功效；另一个是市场需求情报，即市场上哪个地区或阶层的人需要这种产品。

（3）产品定位策略

广告的最终目的在于促进产品销售。产品能否对消费者产生吸引力，主要在于产品的个性与特色所产生的魅力，而产品的个性与特色不仅存在于产品实体中，也存在于产品的附加值中。网络广告对产品的宣传策略，关键是造成产品的差别化，这是网络广告策划中的灵魂。

产品定位策略首先要运用市场细分的方法，把产品定位在最恰当的位置上，突出产品的差别化，使消费者在接受产品的过程中满足某种需要。产品的定位策略主要有以下几种类型：市场定位、功能定位、质量定位、价格定位、品名定位。

（4）广告诉求策略

广告的诉求是要解决向目标对象"说什么"和"怎么说"的问题，即包括诉求点和诉求形式，因此，从本质上讲，广告的诉求策略就是广告的说服策略。广告能否达到说明的目的取决于三个层面：一是广告是否针对本身需要说服的目标消费者；二是广告内容是否刚好符合目标消费者的需求或喜好；三是诉求所采用的方式是否为他们所愿意接受，是否有效。

所以，广告要达到有效诉求的目的，必须具备三个条件：正确的诉求对象、正确的诉求重点、正确的诉求方式。

例如，新宝来的广告诉求策略。

①诉求对象：公务员或事业单位员工，有接送孩子上学需求的中青年女性，或从事自由职业、收入中上、可支配时间较多的人，有经常外出购物、拜访亲友等需求的中年人。

②诉求重点：强调消费者驾驭自己事业的同时，也知道怎么享受生活。突出新宝来作为社会中产阶级的身份代表，是对未来生活充满希望、热情的标志，大力宣传拥有了新宝来就意味着拥有了幸福生活。

③诉求方式：采用情感诉求策略，即凭借新宝来优越的操控性能，良好的驾驶乘坐感觉以及出色的安全保障，可以让消费者的家庭生活变得更加甜蜜美满。

（5）广告表现策略

广告的表现策略主要体现在广告的主题和广告的创意上。

广告主题是广告的中心思想，是广告内容和目的的集中体现和概括，是广告诉求的表达，也是广告创意的重要载体。广告主题在很大程度上决定着广告作品的格调与价值，是广告策划设计人员经过对企业目标的理解、对产品个性特征的认识，以及对市场和消费者需求的观察、分析、思考而提炼出的诉求重点。广告主题必须是真实的、可靠的，必须服务于广告目标，必须蕴含商品和服务的信息，必须保证消费者的利益，必须鲜明而具体，使人一目了然。广告主题有三个基本部分组成：广告目标、信息个性和消费心理，三者相辅相成。广告主题是广告的核心与灵魂，所以广告主题要深刻、独特、鲜明、统一，要防止广告主题同一化、扩散化、共有化。

广告创意就是将企业的广告诉求以有创造力的形式表达出来，制造与众不同的视听效果，最大限度地吸引目标消费者，从而达到品牌传播与产品营销的目的。广告表现要突出广告创意。此外，广告表现的风格、各种媒介的广告表现和广告表现的材质都承载着广告表现的内涵。

（6）网络媒介策略

网络媒介策略是一种对广告媒介进行选择和组合的策略。由于不同的媒介有不同的定位，其受众也有差别，收费标准也不一样，因此，正确选择媒介对于广告的成功有着至关重要的作用。

网络媒介的选择可以参考该媒介之前所做广告的曝光次数、点击次数、点击率、转化次数、转化率等指标，此外，广告产品应符合媒介的定位，即广告应该投放到受众为产品潜在消费者的频道或网页，只有定位一致才能使广告起到影响潜在消费者的目的，否则将浪费广告费。

网络广告媒介的组合可以考虑以下三种策略。①不同网络媒介类型的组合。网络媒介主要包括网站、自媒体、邮件列表、终端软件等，不同的媒介各有优势和不足，不同类型的媒介组合后能互相取长补短，最大限度地覆盖网络广告的目标受众，有效发挥各种广告的强势效果。②不同网络广告形式的组合。单一的广告形式只能满足一部分人的浏览习惯，广告形式的单一势必会流失很大一部分受众。例如，动态的画面、含有互动游戏的广告比较能打动青少年网民，而旗帜型等大幅面的页面内嵌广告更容易吸引那些上网寻找信息的中青年网民。③网络媒介与传统媒介的组合。网络媒介不可能完全取代传统媒介，两者的有效结合有可能产生惊人的效力。在网络上投放广告的同时，要注意利用平面广告进行复合和交叉媒介宣传，以提高广告站点和公司站点的知名度。

4. 广告计划

这里讲的广告计划是指狭义的广告计划，具体包括广告目标、广告地区、广告时间、广告对象、发布计划和广告费用预算。

5. 广告活动的效果预测和监控

（1）广告效果测试主要包括以下几方面。

①广告主题测试：考察广告文案是否将广告主想要传播的信息告知目标消费者，是否

真正满足他们的需求。

②广告创意测试：对广告主题、广告构思进行测评，评估广告主题和构思是否符合消费者需求，是否符合产品定位，是否能对消费者产生冲击等，确立适合的广告创意，确定最优广告创意。

③广告文案测试：在广告作品发布之前检测广告作品定位是否准确，广告创意是否引人入胜，广告作品是否有冲击力和感染力，广告能否满足目标消费者的需要，激发消费者的购买欲望。

④广告作品测试：测试广告的文字、图案、声像等对人的视觉、听觉以及心理的影响和广告作品主要信息或突出部分能否在瞬间被受测者捕捉到。

（2）广告效果监控主要包括以下几方面。

①广告媒介发布的监控。在广告播出后，不定期地通过问卷调查、座谈会、媒介反馈的数据分析等方法进行广告效果测定，并及时做出方案的调整与修改。

②广告效果的测定。考察企业开发的广告是否成功，广告费是否有效运用，产品/品牌形象是否得到有效提升，销售量是否有所提高。[①]

5.2.3　关于网络广告策划的建议

要想使未来的网络广告能从广告的汪洋大海中脱颖而出，在进行网络广告策划时，可以在以下方面多下功夫。

（1）充分了解用户信息和娱乐方面的需求

"内容是互联网上的货币。"人们上网最主要的目的是为了获取信息以及娱乐，很多人在接触网络媒体时并不准备购买任何商品，他们受媒体刊登或播放的内容吸引，继而看到广告。因此，在制作网络广告前，首先要充分了解用户在信息或娱乐方面的需求，然后在投放网络广告时，选择与他们的需求相吻合内容页，提高广告的送达率，促使他们主动了解更多的产品信息。对比只宣传产品的方式，这样获取企业产品信息的网络用户会对企业和产品有更深刻的印象。在这方面，互联网技术独特的互动特点是电视等传统媒体无法比拟的。

（2）根据产品特点，确定合适的广告活动主题

确定广告活动的主题就是确定广告的卖点，给目标消费群体最恰当的理由来点选广告，从而购买产品，达到预期的广告效果。

（3）选择流量大且访问者覆盖企业目标消费群体的网站

流量大的网站相当于繁华的商业街，人气旺，企业的广告自然会受到更多人的关注。吸引的访问者能覆盖企业的目标市场，企业才可以在目标市场中成功划分出自己的细分市场。

（4）分析并选定网站中能取得最大广告效果的广告形式

每一种媒体都包括多种广告形式、不同的网络广告形式、不同的投放位置，广告效果不同，企业应当根据自己的实际需要和广告预算进行合理选择。为达到最好的广告效果，还必须针对待定的广告形式和投放位置设计专门的广告形式。大面积的旗帜广告、流媒体、

---

① 豆丁文库. 广告效果及监测. http://www.docin.com/p-1000304090.html.

移动图标、大图标以及邮箱过渡页面、邮箱内大面积广告、广告邮件、弹出窗口、画中画和软文等，都是经实践证明有效的广告形式，具体应用可视企业需求和网站而定。

（5）设计有吸引力的广告文案和插图

广告表现形式是吸引受众注意的关键，广告必须传递最能吸引受众、易于理解的单一的"信息点"，促使受众产生进一步了解的兴趣，在网络广告中同样可以走传统广告中的"AIDA"诱发路径[①]。标题是最重要的广告文案组成部分，如果标题不能吸引受众，广告其他部分的作用将大大削弱。

（6）收集访问者的电子邮件地址

根据国际互联网消费者行为的统计数据，访客平均要重复访问网站 7 次才会转化为该网站的固定用户，此统计结果与人们的消费行为相吻合。企业收集访问者信息建立数据库，可以积累雄厚的客户资源，确保数据库营销时需要的广告目标群体。

（7）与受众保持紧密联系，及时发布正确的销售信息

与受众建立和保持良好关系，可以保证企业在后续广告活动中及时了解受众的心态和兴趣爱好，从而有针对性调整销售策略。

以上工作应该始终贯穿于整个网络广告策划之中。

5.3　网络广告文案

网络广告文案与传统广告文案在本质上没有区别，都是为产品能够打动消费者让消费者掏腰包而写下的文字，是通过广告语言、形象和其他因素，对既定的广告主题、广告创意所进行的具体表现。广告文案由标题、正文、广告词和随文组成，是广告内容的文字化表现。在广告设计中，文案与图案图形同等重要，图形具有前期的冲击力，广告文案具有较深的影响力。广义的广告文案是指广告作品的全部，不仅包括语言文字部分，还包括图像等部分。狭义的广告文案仅指广告作品的语言文字部分。

5.3.1　网络广告文案的基本构成

1. 广告标题

广告标题是广告文案的主题，往往也是广告内容的诉求重点。它的作用在于吸引人们对广告的注目，留下印象，引起人们对广告的兴趣。只有当受众对标题产生兴趣时，才会阅读正文。广告标题通常具有醒目的文字形式，多变的句型结构。可以说，有一个好的广告标题，广告文案就成功了一半。被人们广为传颂的广告，大多数都有醒目的标题。不少受众常常以广告的标题来推测广告全文的蕴意，从而决定看不看广告。

广告标题撰写时语言要简明扼要，易懂易记，思路清楚，个性新颖，标题的文字数量一般掌握在 12 个字以内为宜。

---

① 即 AIDA 模式，详见本书第 3 章 3.6.1 部分。

2. 广告副标题

它不是广告文案的必需，可以作为广告文案的补充，起到一个点睛的作用，主要表现在对标题的补充上，目的在于点破广告诉求，让对标题内容不甚明了的人，获得一种豁然开朗的感觉。

3. 广告正文

广告正文是对产品及服务的客观和具体的说明，以增加受众的了解与认识，送到以理服人的目的。广告正文撰写要求内容要实事求是，通俗易懂。广告正文不论采用何种题材式样，都要抓住主要的信息来叙述，言简意赅。

4. 广告口号

广告口号也称广告语，是战略性的语言，目的是经过反复和相同的表现，使受众明白其与众不同的企业精神，读懂商品或服务的特点。广告口号已成为推广商品不可或缺的要素。广告口号常有的形式有：联想式、比喻式、许诺式、推理式、赞扬式、命令式。广告口号的撰写要注意简洁明了、语言明确、独创有趣、便于记忆、朗朗上口。[①]

5. 插图

插图主要是根据企业文化、企业性质来配图和量身定做，以达到画龙点睛的效果。

6. 标志

标志有商品标志和品牌形象标志两类。标志设计是广告受众借以识别商品或企业的主要符号。在广告设计中，标志不是广告版面的装饰物，而是重要的构成要素。在整个广告版面中，标志造型应最单纯、最简洁，视觉效果最强烈，使受众在一瞬间就能识别，并留下深刻的印象。

7. 公司名称

公司名称一般都放置在广告版面下方次要的位置，也可以和标志设计配置在一起。

从整体上说，有时为了塑造更集中、更强烈、更单纯的广告形象，以加深受众的认知程度，广告文案可针对具体情况，对上述某一个或几个要素进行夸张和强调。此外，优秀的文案要有灵魂，那就是创意，一篇有创意的文案才会引起受众的共鸣，带来更好的广告效果。

在广告中，广告标题和广告口号常常会被消费者混淆，实际上它们还是有区别的，主要表现在以下几个方面。

（1）功能不同

广告标题是为了使广告作品能引起受众的注意，吸引受众阅读广告正文而写作的，而广告口号是为加强企业、产品和服务的一贯的、长期的印象而写的。

（2）表现风格不同

广告标题的表现功能要求新颖、有特色、能吸引人，在广告中起提纲挈领的作用，更

---

① 百度百科，"广告文案"。

倾向于书面语言运用。广告口号因为着力于对受众的传播和波及效应的形成，在表现风格上立足于口头传播的特征。其语言表达风格要体现口语化，自然、生动、流畅，给人以朗朗上口的音韵节奏感；在语言的构造上，要体现平易、朴素，但富又有号召力的遣词造句特点。

（3）运用时限、范围不同

广告标题是一则一题，每则广告的标题都不同，因此其运用时间短暂。广告口号是广告主在广告的长期过程中一直在使用的，它在一个企业或商品的广告战略中被长期地运用，被广告运作过程中的每则广告作品所运用，是该企业在不同媒介中的广告作品的一部分。因此，广告口号的运用时间长，而广告标题运用的时间短；广告口号的运用范围广，而广告标题的运用范围窄。

（4）承载信息不同

广告口号所承载的信息一般是企业的特征、宗旨，产品和服务的特性等，是企业、产品和服务的观念和特征的体现。广告标题不一定承载这些信息，但为了吸引消费者的注意，可以承载广告口号中同样的信息，也可以承载与广告口号中的信息不相关的内容，在信息的承载面上，广告标题与广告口号各显特色。

总而言之，广告标题只是一个题目；广告口号则延伸广告标题的含义，明确主题，加深主题。因此，广告口号是企业文化的象征，换广告时标题可以改，但广告口号最好不要改。

5.3.2　网络广告标题的创作

在网络广告对语言信息要素的使用当中，广告标题（或者口号）是被讨论最多的一个问题。一般认为，在传统的平面广告中，只读标题的目标受众是既读标题也读正文的受众的 5 倍，所以标题决定了 80%的广告效果。而网络广告对标题的依赖性更为苛刻，在许多情形下，只有依靠标题吸引目标受众的点击才能展开下一层面的正文，网络广告的标题决定了 100%的广告效果，它决定了受众是否打开正文，直接影响着点击率，关系到对产品和服务的销售量。

与传统广告一样，网络广告标题创作的变化可以考虑从下面的角度展开。

1. 新闻式广告标题

新闻式广告标题是把广告商品或服务的领先优势直接以新闻报道的形式向目标受众进行公布。

新闻式广告标题可能是使用频率最高的广告标题，一方面，产品或服务的目标受众总在不断地寻找新特色、新产品和新服务，喜新厌旧是一种最容易激发受众共鸣的广告诉求；另一方面，企业市场竞争所要求的不断创新和突破也总在给新闻式标题提供发挥的机会。

新闻式广告标题可能是最没有风格的标题，它要求以非常具体的内容来推动企业传播目标和战略的实现。新闻式广告标题的组句特点是朴实，这就要求制作人在广告创意酝酿阶段必须能够真正发掘到目标受众对广告商品或服务的关心点。例如，图 5-2 所示的"第十八届中国舟山国际沙雕节"，简单明了，对于对沙雕感兴趣的人来说，不需要更多的语言。

图 5-2   新闻式广告标题

2. 实惠式广告标题

实惠式广告标题重点在突出利益诉求，向目标受众直接承诺选择广告的商品或服务将带来哪些利益。

如图 5-3 所示，"一直很贵 除了今天"，这样的标题受众只要看上一眼就能明白广告的背后是厂商的优惠让利。对价格敏感、注重实惠的消费者一定会对广告的具体内容产生兴趣，诱发点击，从而实现广告信息的送达。

图 5-3   实惠式广告标题

与新闻式广告标题一样，实惠式广告标题也应避免过于花哨，以免让人感觉承诺的利益有水分。另外，实惠式广告标题也可以与某个流行的词汇相结合，以创造紧跟流行的广告效应。例如，唯品会创立时的广告词是"精选品牌、深度折扣、限时抢购"，在周杰伦担任唯品会首席 CJO 之后，就将广告词改成为"都是傲娇的品牌，只卖呆萌的价格，上唯品会，不纠结"。经过修改之后的广告词，率性好玩，更容易被消费者接受。"傲娇""呆萌"这类词语一般是在网络上使用，唯品会的主要消费对象基本都是年轻人，他们深受网络流行语的影响，这样的广告更容易吸引这些年轻消费者的注意。

3. 建议式广告标题

网络广告的建议式标题对目标受众提出了一个对广告商品或服务（或者与广告商品或服务相关）的行动建议，它是一种排它式的劝慰，将说服直接指向行动而不是态度。

例如图 5-4 中的"喝红茶就喝滇红茶"，没有产品特色的渲染，也没有实惠的诱惑，以不容置疑的口吻彰显王者风范，如果再配以消费者心中偶像的代言，相信大多数人都愿意去尝试一下。

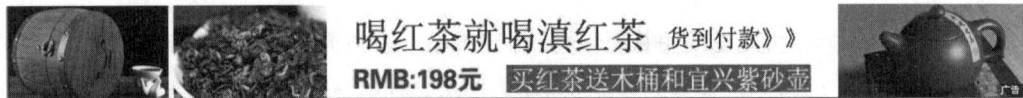

图 5-4   建议式广告标题

4. 提问式广告标题

与建议式广告标题相近的是提问式广告标题，它"建议"目标受众去考虑一个问题，并且用行动到广告正文当中寻找答案。

　　许多人都认为提问式广告标题很有用，因为它可以直接给消费者一个震撼性的冲击。提问式广告标题的问题可能是目标受众已经在想的问题，或者是目标受众还没有想到的问题，不管哪一种情形，设置巧妙而恰如其分的问题无疑能更好地吸引目标受众的注意。例如图 5-5 中的"正品你不要？"通过提问的方式将诉求集中在"正品"上，暗示所售商品保证是正品，消除消费者对网上名牌商品假货泛滥的担忧。

　　在使用提问式广告标题的时候，一方面要仔细考虑它是否是传达广告内容的最佳方式，另一方面还要注意避免问题过于直白。

图 5-5　提问式广告标题

5. 悬疑式广告标题

　　悬疑式广告标题通常是为了激发目标受众的好奇，"欺骗"目标受众的注意和兴趣。在某种意义上，悬疑式广告标题与提问式标题一样是绕了弯子的广告标题，但悬疑式标题引发的好奇心不会落到某一个具体的问题上，也不会落到在广告或目标受众的环境中已经显而易见的事情之上，它要提炼出一个出乎意料的、可以让目标受众进行思考的"悬疑点"。

　　例如图 5-6，超美的画面和简练的文字，大有让人一见倾心之感，但整个广告从文字到图像让人丝毫看不出它想推销什么。在感叹唯美设计的同时，你是否有对其想要传播什么内容有一点儿好奇？此类悬疑式广告标题的弯子可能很大，对目标受众的冲击力也可能会很强，但要注意的是，广告标题必须把握一个可以确保目标受众回到战略关联性上来的限度。

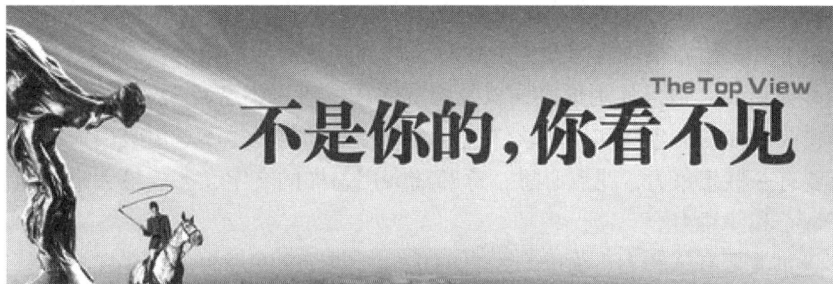

图 5-6　悬疑广告标题[1]

　　网络广告标题千变万化，很多标题往往将数种风格融为一体，也常有不俗的效果。例如，某品牌笔记本的广告标题是"到底什么才算好？2015 年中游戏本大横评"，就是既有提问式又有新闻式的混合标题。

---

[1] https://www.douban.com/group/topic/43286977/?type=like.

以上归纳的五种广告标题形式并不能涵盖所有的标题变化，只是提供了一个广告标题生成的思考方向，好的标题不仅需要广告制作者对产品或服务有深入的了解，也需要有良好的语言文字基础和出类拔萃的创意。

广告制作者可以通过以下几点来审视标题。

①如果拿不准，就采用带点迷人利益的新闻式广告标题，这种结合绝对有力。找出产品所具有的新闻价值和最迷人之处，它们的结合将极具爆发力而又不失机灵。记住，新闻和利益永远不会错，永远不会过时。

②一个好的广告标题不仅要具有表现力和促销力，还必须在整个广告内容中脱颖而出，具有举足轻重的地位，因而不可忽视标题字体的风格和大小。

③所展示的广告标题一定要让消费者轻松地领悟到要点、所提供的核心利益以及所要宣传的产品，才能够迅速抓住消费者的心。标题的诉求是符合消费者心理和兴趣。

④决定是否在广告标题中包含产品或者广告主的名称时要十分慎重。在标题中加入广告主名称可以提高广告的识别度和认知度，但是硬把广告主塞进标题有时候会显得过于生硬，反而破坏了标题原有的含义。

⑤如果广告的投放是针对特定的细分市场，那么标题可以通过把握人口统计特征、心理特征等直接瞄准细分市场。①

5.3.3　网络广告正文的制作

网络广告的标题或者图像往往只是突出了广告产品或服务最有说服力的卖点，当它已经足以吸引目标受众的兴趣和注意力的时候，广告正文则应该被用来对内容的沟通进行补充或者总结。很多时候，最重要的推动还是要依赖广告正文来完成，因此正文的制作对于广告营销的成功至关重要。

在制作广告正文时应该注意以下几点。

①最吸引人的应当先说，然后再将其他内容依次展开。或者说，把独特内容包裹成一个悬念，吸引受众注意。读者看一篇文章时，对前三段注意力最集中，如果这"寸土寸金"的前三段用不好，读者很可能因此失去耐心，放弃阅读后面的内容。

②措辞要讲究，适当使用形容词以及修辞手段，吸引力会更大。例如："功能强大的新软件包将改变你的一生"和"新软件包真好"相比，前者是不是更吸引人？总之，广告制作人员要有一些想象力，花点心思，琢磨琢磨用怎样的文字，才能最大限度地激发广告受众的好奇心和注意力。

③广告正文要有亲和力，为受众所喜闻乐见，使受众在思想上、在视觉上都产生愉悦感。广告制作人员在写作时，要有"群众"观念。就是说，一则网络广告可能会被成千上万的人浏览，如果内容让受众觉得是专门为他（她）而写，那么，广告对他们的吸引力就会大得多。广告正文不要自顾自地讲大道理，自得其乐，自我陶醉，要实在点、直接点、轻松点，要像和好朋友面对面聊天一样，才能让人家看得下去。

④着笔要尽量简洁，让受众能在最短时间内了解广告想呈现的是什么，给受众一幅清

---

① 唐志东. 网络广告学. 北京：首都经济贸易大学出版社，2010：252-260.

晰的画卷。要做到这一点不是很容易，"简洁是才能的姊妹"，如何抓取核心内容，如何清晰表达，如何尽可能缩减笔墨，如何适当使用修辞手法和形容词等都是问题。

⑤广告正文应将受众置于第二人称。比方说，可以写"你一定很关注里约奥运会上我国体育健儿的优异表现"，也可以写"我国体育健儿在里约奥运会上表现优异"。两者相比，从吸引注意力的目的出发，前者是不是更好？因为它视受众为"你"，营造出了较强的参与感，无形中拉近了与受众的距离，增加了吸引力。

⑥行文当开门见山，直截了当。与一般媒体的受众相比，网友的耐心尤其少。广告提供的信息或许对他（她）们有益，但如果要受众没完没了地找下去才能找到，恐怕极少有人有这份耐心。因此，广告正文应做到片言居要，让受众直接了解广告的目的何在，要讲的主要意思是什么，这样会更好。

⑦句子越短越好。一个句子最好十来个字，最多别超过 25 个字，太长了，会让受众接不上气儿。段落要尽量简短，6～8 句足矣。如果广告正文文字太多，屏幕上黑糊糊一片，受众眼睛先花了，屏幕上看东西本来就没有读书读报来得舒服，谁还会有耐心看下去？另外，也尽量别让一行文字的宽度横跨整个屏幕。否则，段落一多，一整行一整行地看起来很费劲，而且受众的浏览器可能差别很大，不得不拐来拐去地看，这样没几下就把受众的热情折腾光了。所以，每行文字最好别超过屏幕宽度的一半。

⑧正文主体部分的文字字体最好使用软件的默认值，这可以保证大多数人的阅读效果，为加强效果，文字大小可以时不时地变换一下，不过要适度、得体，别喧宾夺主，也别让人眼花缭乱。广告正文可以适度地使表现形式活跃起来，不过最好别用下划线，因为这容易和链接标识相混淆，误引来点击，可考虑采取改变颜色、粗体、斜体等手段。

⑨每页都得有个"栏头"，就是页面最顶端出现的那行文字，英语为"title"，国内翻译成"标题"。为了避免和正文内容的标题相混淆，还是翻译成"栏头"为好。有的人不知道这个"title"的重要性，随便设置或者根本就忘了。要知道它和文本内容的标题一样，都是广告的一个路标，是绝对不能省的。①

案例 5-1

红牛饮料平面广告文案

广告语：轻松能量　来自红牛

标　题：还在用这种方法提神

正　文：都新世纪了，还在用一杯苦咖啡来提神？你知道吗？还有更好的方式来帮助你唤起精神。全新上市的强化型红牛功能饮料富含氨基酸、维生素等多种营养成分，更添加了 8 倍牛磺酸，能有效激活脑细胞，缓解视觉疲劳，不仅可以提神醒脑，更能加倍呵护你的身体，令你随时拥有敏锐的判断力，提高工作效率。

副标题：迅速抗疲劳　激活脑细胞。

随　文：www.redbull.com.cn

① 杨坚争，等. 网络广告学. 北京：电子工业出版社，2008，2 版：115-117.

5.4 网络广告费用预算

网络广告的预期目标和投入费用始终是广告主对网络广告进行比较和选择的决定性因素。广告主在网络广告的运作中负责运作费用的投入。网络广告的预算来自企业营销组合的总预算，可能是企业广告预算的一部分或者是全部。不管是企业广告预算的一部分还是全部，广告主对网络广告的投入都需要从产出与投入的角度和营销组合的其他传播策略进行比较和评估，并据此做出最后的决定。没有一个广告主会投入无限的网络广告运作费，网络广告的不可能仅仅是"艺术"的或者创意的策划。

5.4.1 网络广告费用预算需要考虑的因素

在现代企业经营中，企业在制作广告预算时，大多会采用根据一些规则确定一定数额的资金作为广告预算，然后在这个总额范围内进行流动分配的形式。网络广告预算通常就是这一揽子计划中的一部分。在固定预算情况下，企业的预算与业绩的增减几乎没有什么关系，使用的是早已编制好的预算。这时，若不用完编制好的预算，就会导致下一期的预算减少，所以业务部门很容易不顾企业的效益而用完预算。

流动预算是指根据企业业绩的增减而改变预算。按流动预算来编制广告预算，从企业管理注重投入产出比的层面来讲是恰当的，但从广告费的性质来看往往是做不到的。因为从广告性质来看，企业的业绩越不好就越要通过投入广告费来使业绩得到恢复。

如果把广告费定位为提前投资，那么广告预算就不应该只限于本次广告期的预算，而应该把它设定为包含下一个广告期在内的提前数年的预算。但是如果企业效益实在低迷，就很难做到这一点。

企业在运营时还可以把广告预算作为企业的战略预算来对待。企业可以考虑把广告预算分为用于长期战略需要的部分（如确立和提高企业形象等）和与本期销售有关的、直接用于促销的部分。

此外，企业制定广告预算时还应该注意考虑以下三种情况。

（1）在综合营销领域里考虑广告预算

如何开展市场营销因商品而异，大体上可以分为拉动战略和推动战略。营销战略的展开需要随商品所处的阶段而有所不同，不能因产品单价低就单纯考虑采用拉动战略。在商品流通阶段，企业如果能预测是采用拉动战略好还是推动战略好，就可以减少失误。

如果企业在流通阶段采用的是以推动战略为主的营销战略，那么制定预算时就应该把重点放在如何帮助商家进行促销上。若企业采取的是鼓动消费者的拉动战略，则应该把预算的重点放在大众媒体上。

（2）在竞争环境下考虑广告预算

当今市场，每种商品所面临的竞争环境都很残酷，其范围已不限于国内，而常常涉及国际市场的竞争。例如啤酒市场就可以清楚地看到，过去人们都认为国产啤酒与外国啤酒应分别属于不同的市场，如今它们之间的鸿沟已经消失，我们看到的已经是一个统一的啤酒市场。随着自贸区跨境电商的迅猛发展，会有更多的国外产品以与国内相关商品相当甚至更低的价格出现在国内广大消费者的面前，国产商品受到外国商品的冲击而不得不降价销售已不是什么新鲜事了。

企业的广告预算不仅应该考虑自身市场的拓展，还需要考虑能否有效地对抗竞争对手，是先于竞争对手、还是后于竞争对手在市场上推销产品，广告的预算额度将有所不同，采取的策略也会有所区别。即使选择后上市场，企业也要根据竞争对手的强弱而采取不同的策略。当后于竞争对手进入市场时，企业或者投入大量的费用做豪华的广告使产品成为家喻户晓的热点话题，或者瞄准空隙做重点促销宣传以避开正面竞争，并依此来编制合理的预算。

（3）从产品生命周期和企业发展战略考虑广告预算

对于处在成长期的产品，由于可以预见其未来具有广阔的市场，因此不论现在市场的销量如何，都应该强化广告，通过大量、持续的广告投入使其在不久之后能成为企业的拳头产品。对于成熟期的产品，可以适度减少广告投放的频率，这时广告的目的主要在于让消费者保持记忆，提醒购买，广告预算也可以相应减少。对于衰退期的产品，广告的投放可以进一步减少甚至不做广告。

5.4.2　网络广告预算的方法

网络广告预算是网络广告策划的一个重要组成部分，策划案的实施必须有预算的财力支持才能实现。广告预算总额要安排得合理，若广告预算过多，则可能产生浪费；预算过少，则会影响必要的网络广告宣传活动，从而达不到广告的预期目标，使企业失去竞争能力。

为了使广告预算符合广告计划的实际需要，在制定广告预算时，企业要树立正确的指导思想：①必须树立对市场、消费者用竞争者进行预测的观点；②树立广告效果、营销活动、广告媒体综合运用及各种广告活动密切配合、相互协调的观点；③树立检查广告活动进度、发现问题并及时调整广告计划、有效控制广告费用的观点；④树立合理使用广告费用、杜绝浪费、讲究效益的观点。

网络广告与销售之间的关系是另外一个要特别注意的环节。网络广告费既是一项费用支出，也是一项投资。虽然不是直接参与销售，但它的投入可推动和促进销售活动的顺利进行。合理、有效的网络广告能使潜在消费者熟悉商品特征、性能，能提醒消费者购买或使用商品，能提供新产品信息，能以产品潜在的吸引力提高产品的价值。因此，企业必须根据自身的实力来安排必要的网络广告支出。

编制网络广告预算总额的具体方法很多，常用的主要有以下几种。

1. 销售额百分率法

这种方法是根据一定期间内产品的销售额，按一定比率计算出预算经费的方法。这种方法由于计算标准不同，又具体分为以下几种。

①计划销售额百分率法：根据对下年度的预测销售额计算出网络广告的预算额。

②上年度销售额百分率法：根据上年度或过去数年的平均销售额计算出网络广告的预

算额。

③平均折中销售额百分率法：折中上述两种方法，计算出网络广告的预算额。

④计划期销售额增加百分率法：以上一年度网络广告费为基础，加上下年度计划销售额增加的百分比，计算出网络广告的预算额。

销售额百分比法的计算公式为

网络广告预算费用＝（计划/上年度/平均）销售额×广告费用占销售总额的百分比

销售额百分率法在国内外都是被比较广泛采用的一种计算网络广告预算总额的方法，它具有以下的优点。

①计算简单方便，尤其适用于增长率较为稳定、受市场变化影响较小的产品。

②易于管理预算分配。

但此方法也有一些明显的缺陷。

①网络广告支出与销售额之间的线性关系可能成立，也可能不成立。例如，当产品已不再适应市场需求、走向产品生命周期的衰退期时，若依然依据上年度销售额制定网络广告预算进行投入，依据产品生命周期的发展规律，产品销售额也不可能因此而增加。

②方法比较呆板，应变能力较差，难于根据市场变化做出相应的变化。例如，当商品供不应求时，销售量扩大了，此时企业的主要任务是把资金投向生产，所以可适当地节约网络广告预算。反之，当出现激烈的市场竞争，商品销售量减少，为了促进销售，就可以增加广告预算，加大广告宣传力度。

③方法不利于销售情况不好、生产新产品的部门。若企业以此方法确定下属各部门或分公司所需网络广告经费时，销售情况越好、产品处于生命周期成熟期的部门或公司就会得到更多的广告费。一些销售情况虽不好，但通过网络广告促销结合其他措施完全可以重振雄风的部门，或产品处于生命周期投入期或成长期的部门，却得不到应有的广告预算经费，从而错过发展或重新发展的机会。此时，这种预算方法就容易造成和实际需求相脱节的结果。

2. 销售单位法

此方法首先为产品的每一个销售单位确定一定数量的网络广告费，再乘以计划销售数量，从而形成企业总的网络广告预算额。

此方法的优点如下。

①计算方法简单。

②计算产品的销售成本比较方便。

此方法的不足之处如下。

①需要依赖历史资料及销售预测技术，若预测失误，可能造成网络广告费用不足而延误整个产品的销售计划。

②不能适应市场的迅速变化，被动地被销售量所约束。

3. 目标达成法

此方法是依据企业总的目标和销售目标，来具体确定网络广告的目标，再根据网络广告目标的要求确定采取何种广告策略，进而计算推行这些网络广告策略所需要的费用。这种方法比较科学，能适应市场营销变化而灵活地决定网络广告预算。

一些广告专家把广告目标分为知名、理解、信服、行动四个阶段，越走向高层次，越需要广告发挥较大的功能。如果以其中某一阶段为广告目标，就要为达到这一目标提供所必需的各项广告费用，涉及广告活动的内容、范围、频率及时限等。例如为了增加商品的知名度，就要扩大网络广告的投放量。假设网络广告的目标设定为看到这则广告的女性网民增加 1000 名，经调查计算每次广告活动平均增加女性点击人数为 100 人，每次的广告费用为 1000 元，这样网络广告需重复 10 次，则每月广告费为 1 万元。其计算公式为

网络广告预算费用 = 目标人数 ÷ 每次活动新增目标人数 × 每次广告活动的费用

由于目标达成法是以计划来决定预算的，广告活动的目标明确，因而便于企业检验网络广告效果。但运用此法有一定难度，企业应注意在决定网络广告预算时，同运用销售额百分率法结合起来，使预算切实可行。

4. 竞争对抗法

竞争对抗法是根据竞争者的网络广告活动费来确定本企业的网络广告预算，又称为竞争对等法。在产品定位上对竞争对手采用紧逼定位策略的企业经常使用此法确定广告预算，此法整体思路和销售额百分率法及销售单位法不同。销售额百分率法和销售单位法是从企业自身出发确定广告费用的多少，对市场的迅速变化反应比较迟缓。而竞争对抗法是依据市场竞争对手的广告费投放情况来确定应投入的网络广告费的多与少，当竞争对手增加网络广告的费用时，本企业的网络广告费也要相应增加；反之，则减少。采取这种方法的都是财力雄厚的大企业，资金不足的中小企业使用这种方法具有很大的风险，计算方法有以下几种。

（1）市场占有率法

市场占有率法是先计算竞争对手的市场占有率和广告费用，求得单位市场占有率的广告费用后，在此基础上加码，乘以本企业预计市场占有率，即为本企业的广告预算。其计算公式为

$$网络广告预算费用 = \frac{主要竞争对手广告费用总额}{主要竞争对手市场占有率} \times 本企业预计市场占有率$$

（2）增减百分法

增减百分法以竞争对手本年度广告费比上年度广告费增或减的百分率，作为本企业广告费增或减的百分率参考数。其计算公式为

网络广告预算费用 = （1 ± 主要竞争对手广告费增减率）× 上年度网络广告费用

例如，竞争对手本年度广告费预计比上年度增加 10%，本企业也至少增加 10%。

竞争对抗法的主要缺点是比较盲目，可能造成较大的广告费用浪费，对财力有限的企业来说，一般不宜采用。而且，竞争对手广告支出资料不易取得，所收集的信息也不一定准确。所以，只有当市场竞争激烈，广告竞争也激烈，企业财力雄厚，并能及时、准确地掌握竞争对手的活动态势时，可以使用此方法将自己的广告费用定得有竞争力，从而提高

企业的整体竞争力。

5. 支出可能定额法

此法也称为全力投入法，是按照企业财政上可能支付的金额来确定广告经费的方法。此法符合"量入为出"的原则。所以，企业能拿出多少钱来就拿出多少钱做广告，从而在其有限的财务预算上尽可能地支出广告费，最大限度地发挥广告的促销作用，并可以根据市场情况的变化灵活地加以调整。这是一种较适应企业财政状况的方法。但因为此方法不是依据企业的营销目标来制定广告费，所以具有一定的盲目性。

6. 任意增减额设定法

任意增减额设定法依据企业上年或前期广告费用，将其任意增加或减少，以此设定预算。一般企业在设定广告预算之初，是任意决定的，但以后可以根据市场需要和企业财力的可能，逐渐加以修正，以达到一定的广告目标。这种方法虽不科学，但计算简便，非常适用于小型企业和临时广告开支。如果是经验丰富的决策者，这样决定广告预算有可能使广告顺利开展。如果决策者不明形势、决策失误，就会影响广告活动的顺利开展或造成广告费的浪费。

7. 模拟定量计算法

模拟定量计算法是利用计算机通过若干模型对企业的整体营销活动做仿真，并配以数学模型，然后预测企业的广告活动及其所需要的费用。例如，汉得利公司发明的一个公式就是描述广告费、市场占有率及利润三者之间的关系。从这一公式中，能决定为了获取最佳利润应花多少广告费，以及为了得到最佳市场占有率应投入多少广告费。这一方法为广告预算的确定开辟了新途径，而且具有一定的科学性。一些广告费投入很大的大公司，采用太简单的计算方法已不能适应需要，必须建立有关系统，选用大量参数，通过计算机及新型数学模型做出分析，从而得出精确的结论。

8. 任务法

此方法使广告预算者在决策上扮演重要角色。首先，明确企业的营销目标和广告目标；其次，为达到目标，企业下年度的广告工作应如何安排，如进行哪些具体的广告活动，地点、时间、方式如何等；最后，累计出每项广告活动所需总费用，并确定一定比例的机动经费，从而最终确定下年度的广告预算总额。此法的优点与缺点相互关联。如果企业准确地知道下一年度需要什么程度的广告以达成某种任务，则此方法非常有效。如果企业不能确定下年度具体的广告活动，则此方法就成为高度主观臆断，会影响预算的准确性。此外，即使企业能确定下一年度的具体广告工作，但仍可能受多种因素的影响，而使预设情况发生较大的变动。机动经费的确定在很大程度上可以减弱此方法的不足。通过机动经费的预设，使企业可以应付下年度中由于市场变化等因素造成的预算失误，及时以机动经费应付新的、突发性的广告需求，从而最终达成企业目标，完成广告活动的任务。

上述 8 种广告预算的确定方法，各有利弊，对于不同的企业、不同的市场状况，使用效果也不尽相同。企业在确定广告总预算时，可灵活选择其中适用的一种方法，或几种方法组合使用，从而制定出恰当、准确的广告经费，既不浪费，又能达到预期的目的。[①]

案例分析

2013 年京东"双十一"网络广告策划案

问题与思考

一、即测即练

自学自测　　扫描此码

二、简答题

1. 整体广告策划的含义是什么？为什么是广告发展的趋势和必然？

2. 所有的广告策划方案都应该遵循经济性原则，为什么说网络广告策划在经济性方面尤为重要？

3. 简述网络广告效果策划要遵守的原则。

4. 简述在网络广告策划书中市场分析需要分析哪些方面？

5. 试述广告标题与广告口号的区别。

6. 何为拉动战略？何为推动战略？两者有什么区别？

[①] 杨坚争等. 网络广告学. 2 版. 北京：电子工业出版社，2008：85-89.

第 **6** 章

网络广告的投放与运营

　　网络广告经策划、创意、制作之后，就到了广告发布投放的阶段。所谓广告投放，就是将制作好的广告通过网络媒体发布出去，使其与公众见面。网络广告的投放相对传统媒体的广告来说，有更多的自由性和自主性，不论是企业还是个人，都可以在网络上进行广告发布。

6.1　常见的网络广告投放形式

6.1.1　利用企业自己的官网进行广告发布

　　截至 2021 年 12 月，我国网站数量为 418 万个[①]，具有一定规模的企业通常都会建立属于自己的网站。作为官方网站，不仅是企业信息系统建设不可或缺的组成部分，也是企业在互联网上的名片，起着沟通企业内外的桥梁作用，是企业宣传自己、发布产品讯息的重要平台。利用自己的官网发布产品/服务的广告已经成为网络广告投放的主要方式之一，企业可在自己的网站上对广告的内容、互动方式等各种因素进行全面的、不受任何约束的策划（如图 6-1 所示）。

图 6-1　联想官网上"双十一"狂欢节活动广告

---

① 中国互联网信息中心. 第 48 次中国互联网络发展状况统计报告. 2021，8.

很多企业还把自己的官方网站经营成电商平台，为了增加网站的流量和用户的黏性，网站除了包括企业介绍、公司新闻、产品展示、服务热线等内容外，也可以提供一些网民喜闻乐见的内容，如新闻、IP 查询、违章查询、彩票开奖、汇率、股市行情、生活常识、重要网站链接，以及可供访问者免费下载的常用软件、游戏等，以吸引访问者。从长远的发展来看，企业的独立网站会同公司的地址、名称、电话一样，是独有的，是公司的标志，将成为公司的无形资产。

虽然企业在自己的网站投放广告不需要花钱，但如果企业网站的流量有限，每天登录网站的网民数量稀少，那也起不了多少广告的作用。企业为了增加网站的流量可以对网站做适度的推广，其中利用导航网站进行网站的推广是一种十分有效的方法。网民之所以对导航网站有依赖，是因为利用导航网站可以快速地找到需要的网站，而且通常都是业内著名的网站，同时避免了输入搜索关键词的烦琐，以及由此带来的可能被搜索引擎引入歧途的风险。国内做导航的网站大大小小不下几十个，有综合类的，如 hao123.com；在细分市场领域，如影视类的影迷导航网（yingmi123.com），学习类的英语学习网址大全（yywz123.com），设计类的中国设计网（cndesign.com）等。

以综合类的 hao123 为例（如图 6-2 所示），hao123 是百度旗下的网站，汇集了全网优质的网址和网络资源，能及时收录影视、音乐、小说、游戏等各类的网址和内容。用户可以在该导航中轻松找到当下最热门的各大网站，目前，已成为亿万用户中文上网导航的首选，日均浏览量约 882 万次，登录访问的网民数量约为 367 万人，ALEXA 全球排名 118位，中文网站排名 73 位，网址导航网站排名第 2 位（居第 1 位的 2345 网址导航的日均浏览量和网民数量都不及 hao123，且相距甚远）[①]。

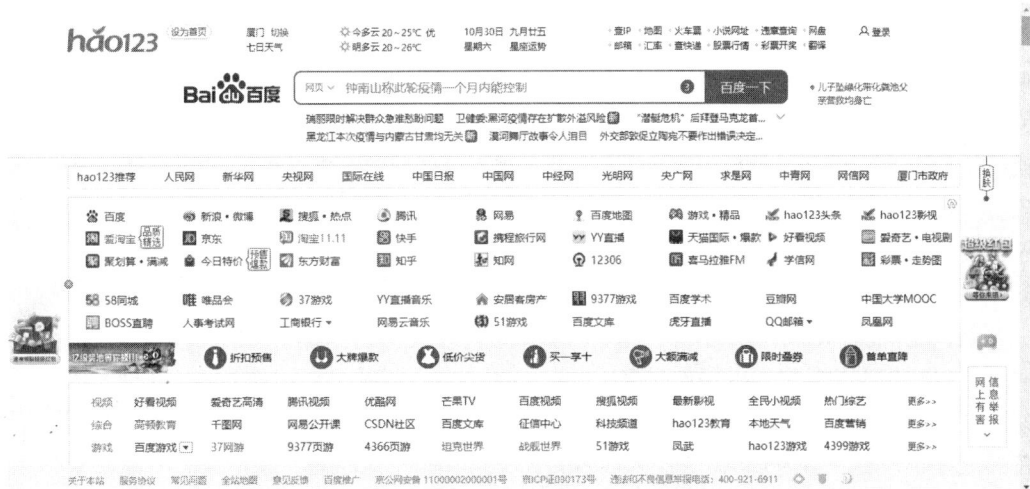

图 6-2 hao123 网站首页

要成为 hao123 的收录网站，企业首先要将 hao123 设为友情链接，链接可以是文字链接也可以是图片链接。

---

① 站长之家. https://alexa.chinaz.com/hao123.com. 2021-10-30.

文字链接的内容为："hao123上网导航<a href="http://www.hao123.com/">hao123</a>"

图片链接的内容为：hǎo123<a href="http://www.hao123.com/"><img src="http://www.hao123.com/static/images/public/logo.jpg" alt="hao123上网导航"/></a>

然后填写网站提供的收录申请表即可[②]。

6.1.2 在其他网站上发布广告

这是常用的网络广告发布方式。互联网上有数以百万计的各类网站，它们千差万别，有日访问量达到数以亿计的综合门户网站。也有日访问量只有数百几千的垂直或个人网站，正确选择适合企业的网站投放网络广告，有可能使企业的网络营销事半功倍。以下是企业在选择投放广告的网站时需要参考的基本原则。

（1）选择访问率高的网站

互联网上有许多访问流量大的网站，像新浪、搜狐等大型综合门户网站。这些一线网站因为在业界有很高的知名度，影响大，每天的浏览量数以亿计。企业在这类网站上投放广告，产品的曝光度自然就水涨船高，但此类网站对广告的收费也相对较高，企业需具备一定的资金实力。退而求其次，可以选择一些更适合中小企业，具有较高性价比的二线三线网站。

（2）选择受众定位明确的网站

互联网上还有许多专业性的网站，其特点是访问人数较少，覆盖面也较窄，但访问这些网站的网民可能正是广告的有效受众。从这个角度看，有明确受众定位的网站的有效受众数量不一定比一些知名网站少。因此，企业选择这样的网站投放广告，获得的有效点击次数甚至可能超过知名网站，正所谓"小市场，大占有率"。

以上是选择网站进行投放的基本原则，那具体该如何操作呢？一个综合了前面两个原则适合投放广告的高质量网站，可以通过综合评价以下指标来选择，这些指标包括网站流量（UV、PV）、网站相关度、世界排名（ALEXA排名）、网站权重等指标，这些指标可以通过站长之家（www.chinaz.com）中的站长工具下的ALEXA排名查询和SEO综合查询得到。其中，网站权重是站长工具通过分析网站关键词排名，预估从搜索引擎产生的流量，将评估数据划分成0~9共10个等级的综合评级，数值越大说明网站自然流量越大，该值大于5，即表明网站流量不错。如图6-3所示，在ALEXA排名的下面还有日均IP和PV的数据。

前面是对已知网站做评估的介绍，但如果企业事先对选择哪个网站一无所知，那该如何操作呢？其实站长之家的网站排名（top.chinaz.com）就是一个网站大全。在网站的首页就有"热门行业排行榜""热门地区排行榜""网站推荐"和"网站总分类"的内容。除了首页之外，还有"行业排名""地区排名"和"排行榜"等栏目，这些排行榜就是某一领域相关的网站目录。假如经营美食的企业，想找一家美食类的网站投放广告，可以点选首页—网站总分类—生活服务—餐饮美食，然后就可以看到餐饮美食网站排行榜。一般来说，排名靠前的网站门槛都比较高。企业可以根据自己的广告预算选择相应的网站，比如，经过综合考虑拟选择"开饭喇"网站进行广告投放，如图6-4所示，之后再进行SEO概况查询。

② http://www.hao123.com/abouthao123/rec。

图 6-3　站长之家之站长工具之 ALEXA 排名查询

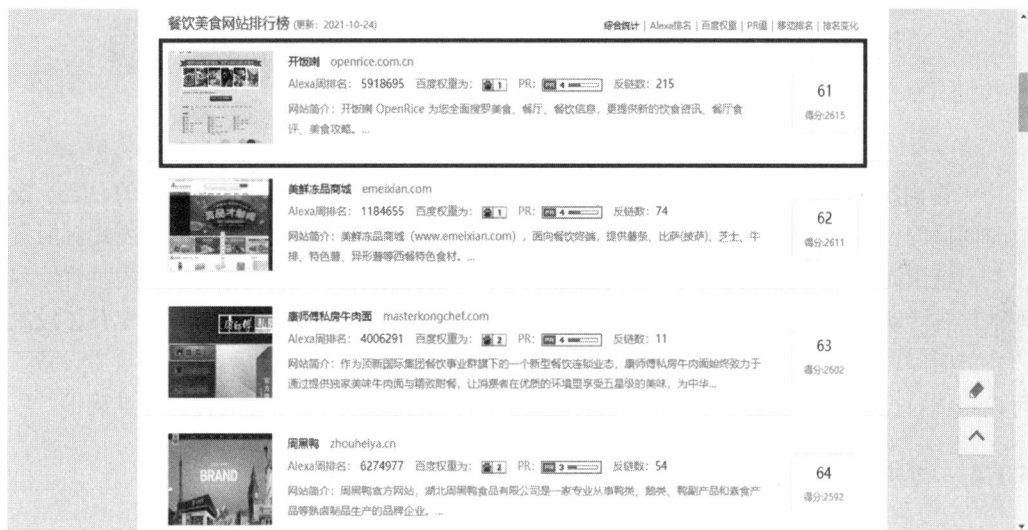

图 6-4　站长之家网站排名筛选结果

6.1.3　利用搜索引擎进行广告发布

搜索引擎广告也叫关键词广告、竞价排名，或付费搜索引擎关键词广告等，它根据客户的主动搜索展示推广内容，精准定位，性价比高。当网民利用搜索引擎进行搜索时，推广内容会显示在搜索结果页面上的显著位置，如图 6-5 所示，是用"冰箱"这一关键词在百度进行搜索的结果页。

搜索引擎广告基本上都属于 CPC 收费制，即按点击次数收取广告费，展示免费。跟一般网络广告不同的是，关键词广告出现的位置不是固定的，系统会根据广告主对关键词的出价进行排名。价高者将拥有相对较好的广告展示位，如显示在搜索结果列表的最前面。价低者则会被安排在列表靠后的位置，或某些特定位置，如网页右侧或下方等，甚至在搜索结果的前两三页之后。

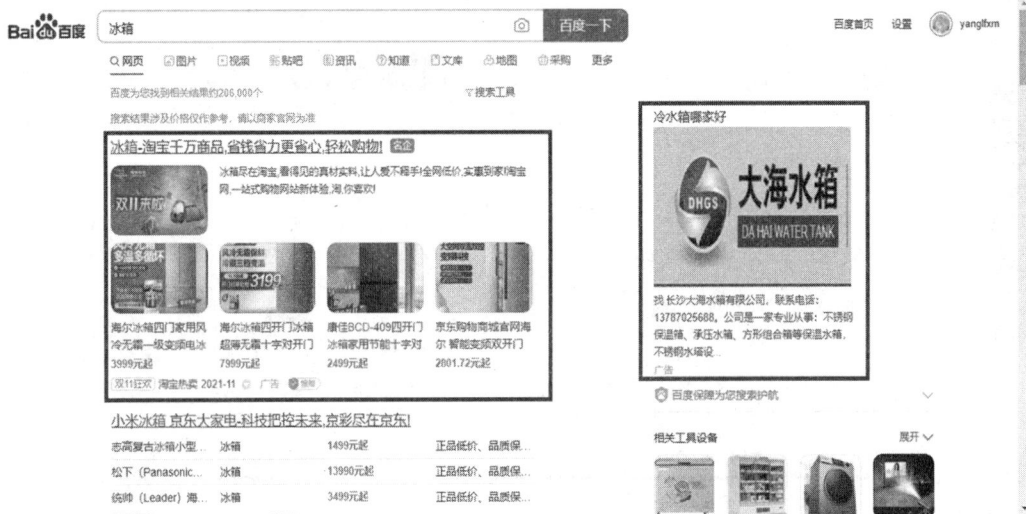

图 6-5   搜索引擎广告

关键词广告的投放可以由广告主自主管理，实现灵活投放，包括投放费用的设定、投放时间段的设定、投放区域的设定等。由于关键词广告是按点击量来收费的，因此对消费没有最低限制。但是，广告主却可以设置自己每天的最高消费额度，而且可以随时暂停和取消广告活动。关键词广告在时间的安排上也具有较大的自由度，广告主可以设定具体投放广告的时间段，达成最合理的时间安排。在地理区域方面，广告主也可以做到自主设置，可以根据自己产品所适合的销售区域范围来进行设置，最大限度地做到目标的准确性。

6.1.4   利用电子邮件进行广告发布

利用电子邮箱发送含有推广内容的邮件是网络广告发布常用的方法之一。如果所有的邮箱地址都是广告主平时收集积累下来的，那么通过此渠道发布广告基本上是免费的，唯一的风险是可能招致垃圾邮件的投诉（图 6-6）。当然，收集目标客户的邮箱地址并不是一件容易的事，此时广告主可以考虑利用中介组织，或者支付一定的费用让中介组织代发邮件，或者通过正常渠道购买含目标客户邮箱地址的邮件列表（电子邮件列表也叫邮件组，相当于一份地址清单），此后便可以定期向这个邮件组发送广告信息。现在网上有些邮件组还不允许做广告，因此广告主如果想利用邮件组做广告，首先要弄清楚这个邮件组是否允许做广告。利用电子邮件列表发送广告最好的方法是使用邮件列表软件，或利用服务器上所带的邮件列表功能（一般的服务器托管服务提供商都会向用户提供这项服务）设置自己的邮件列表。由于每个邮件组中的客户都是按某一主题编排的，因此邮件组可以为企业提供精确细分的目标市场，对应的回报率也是比较高的。

图 6-6　不当的邮件广告

6.1.5　利用广告交换服务网络进行广告发布

网络广告交换是具有一定资源互补优势的网站之间的简单合作形式，即分别在自己的网站上放置对方的广告。在互联网上有一些专门从事全球范围内广告自由交换服务的网络，能为加盟者提供互惠互利、互为免费的广告交流活动。凡拥有自己主页的用户，都可以加入广告交换服务网络，实现在多个网站上发布广告。

广告交换服务网络的运作机制是：广告主按照服务网络的要求制作一个宣传自己的旗帜广告传送给交换服务网络服务商，登记注册后，便成为该网络的成员。然后，广告主在自己的网页上加入交换网络服务商提供的一段 HTML 代码，这样每当有人浏览其网页时，交换网络中有关成员的广告即会在该网页上自动显示。同样的原理，该广告主自己的广告也会出现在交换网络其他成员的网页上，达到了互换广告的目的。广告交换服务网络是以等量交换为原则的，交换服务网络的服务器将统计各成员网页被浏览的次数。根据这个数据，交换服务网络会将某个成员的旗帜广告，按其所选择的类别等量地送到其他成员的网页中显示，这样就可以实现相对公平地在成员中互换广告。

众所周知，网络广告是互联网行业最主要的赢利模式，流量变现的能力成为衡量互联网企业成功与否的非常重要的评价标准。随着互联网人群定向技术的发展，互联网广告也开始摆脱单一、古板的投放模式，转向更精确高效的投放模式。

广告交换服务网络本身有很多优点，突出表现在以下几个方面。

（1）费用低廉。通常来说，广告交换本身是免费的，除了网站自身的维护费用外，基本不会发生其他费用。

（2）可统计性。广告交换服务网络会为所有的成员与赞助商提供即时统计，报告广告出现的次数与被浏览的次数。

（3）投放便捷。广告交换服务网络服务商一般会建立一个广告交换平台，广告销售业务往往由交换平台代为处理，所以各个网站不会再为其他问题所困扰。

（4）接触面广。广告交换服务网络通过聚合大量的中小网站，采用 1∶1 的免费广告交换方式，使很多中小企业能够以非常低的代价跨入网络广告领域，使自己的广告有可能免费地出现在服务网络成员中无数的网页上，大大地拓展了广告的接触面。

案例 6-1

广告共享交换平台——美哇

浙江美哇广告股份有限公司（www.waa.com,www.waacorp.com）（以下简称"美哇广告"）是一家致力于互联网、移动互联网免费广告共享交换的科技传媒公司。公司创立于2017年4月，打造的"共享广告平台"是一个专业的广告交换平台，为中国5000万中小企业提供广告免费交换、广告免费投放服务。

美哇广告创建了"共享广告经济模式"，改现有网盟"广告主＋网站主＋会员"的三方模式为"广告主＝网站主＝会员"集三方于一体"去中间化"的商业模式，采用共享交换广告位免费推广的方式，通过创新的广告渠道形式，让中小企业开放共享自己的网站资源，使其得到活化利用与优化配置，变身自媒体，成为广告商和全球其他成千上万的网站交换广告，有效地帮助中小企业免费做广告，获得更广域的宣传以及精准高效的推送，借力实现品牌推广国际化、生意全球化。

公司拥有两大自主研发的PCT国际专利技术——镶入性网络广告专利、AVP积分系统专利，目前两项自有PCT专利技术已在欧洲、澳洲、北美洲、亚洲等四大洲的41个国家和地区申请了专利保护，并将以中国为中心，快速复制到全球其他国家。公司主要产品有：免费交换分享广告、镶入性广告和基于这两类产品而衍生的一站式广告，细分产品有图片、文字、视频广告和移动互联网搜索广告（移动端App黄页）等，并将在此基础上实现精准广告和基于广告诉求的大数据计算服务，向移动共享广告、广告版权、广告消费支付及区块链广告领域拓进。

美哇广告以免费、自由共享交换的模式为主要服务功能。每个企业对连续高频次展现、高精准度、低成本的网络广告都有刚性的需求，美哇广告的共享经济模式，有信心、有能力在全球范围内创建无边界的共享广告平台，建设具有高社会服务价值的互联网广告生态圈，帮助更多中小企业实现零成本推广的企业愿景。

共享广告革新传统数字广告，特点如下。

1. 商业模式去中间化

"去中间化"的B2B共享广告交换平台，活化利用中小企业的网站闲置资源，没有中间渠道，自由、免费交换广告（图6-7）。

企业网站　　　　智能匹配广告分发　　　　企业网站

图6-7　广告直接互换

2. 精准定向

四大维度精准定向，广告交换、投放由广告主自主定制，实现我的广告我做主。

行业定向：细分到128类行业子项可供选择。

时间定向：全时段内自主设立广告交换、投放时间段。

地域定向：省、市、县全范围覆盖，广告的目标地域精准触达。

特征定向：根据浏览人群的标签属性进行大数据筛选分类匹配，个性化推荐广告。

3. 可追踪

广告主所交换的广告路径均会被记录，可追踪到每一个页面，构建诚信、透明、高效、无作弊的数字广告交易市场。广告去哪儿，数据告诉你。

4. Avp 计算价值

共享广告采用代币计算广告资源的交换价值。广告主通过广告交换、展示成功的可以获得 Avp，交换和展示越多，获得代币越多。获得的 Avp 进入广告主账户钱包，可以继续投放广告，也可以兑换现实货币。以前投广告花钱，现在换广告赚钱。

5. 降低成本

通过去中间化的交换，广告主不必再为传统广告中的不诚信行为而造成的浪费去买单，共享广告交换行为完全免费，可以真正实现资源共享而达到共荣。

6. 解决痛点

传统数字广告市场交易欺诈、流量作弊的行为，无法在共享广告公平、透明计算的交换模式下生存，行业长久痛点可被解决（过程免费从而无法获得收益，作弊也就没有意义）。

7. 价值创新

共享广告让闲置的网站资源不浪费，经过活化利用，让网站从此告别"花瓶"形象，挖掘新的经济价值，开启网站价值创新模式。

8. 平等参与，普惠长尾

让更多的中小企业在"去中介"的美哇平台上平等参与，享受零成本广告交换，解决流量被掠的问题，促进长尾价值网状交互。[1]

6.2　网络广告联盟

网络广告联盟又称联盟营销（AD Networks），是指集合互联网中小网络媒体资源组成联盟，帮助广告主进行广告投放，由广告主按照广告效果向作为联盟会员的终端站点支付广告投放发布费用的一种组织形式和组织机构。

在互联网和新媒体之上，有许多中小网站（或者垂直内容门户）其实也是不错的广告平台资源，但它们"人微言轻"，对自己的资源没有独立推广的能力，于是，整合许许多多"名不见经传"的网站实现资源共享的网络广告联盟应运而生。

互联网和新媒体在很大程度上类似于马赛克的碎片化信息传输终端，网络广告联盟聚合了作为联盟会员的中小网站所提供的广告发布平台的长尾价值，它依靠联盟会员的数据积累和优化，根据联盟会员的特点和级别，提供与之匹配的多样化广告形式和组织化的购

---

[1] http://www.waa.com/multiful/.

买平台，实现快速、便捷的广告投放，以较低的管理成本有效地提高网络广告的投放和管理效率。网络广告联盟为许多中小网站的运营提供了收入来源，它帮助实现广告主和网站媒体的双向选择，保证各方利益的最大化。广告主选择网络广告联盟的原因，一是广告联盟能聚合较多的垂直类网站，受众的针对性比较强，可以满足广告主的特定需求；二是与网络广告联盟的合作方式有许多灵活的选择，如对广告发布费用的计算和支付；三是同大型门户网站相比，网络广告联盟的广告投放费用也更为低廉。

一般认为，网络广告联盟于 1996 年起源于亚马逊。亚马逊曾经是美国最大的进行互联网交易的电子商务公司，以网上书店闻名。当一家大型实体书店刚刚可以向消费者提供 20 万本图书选择的时候，亚马逊可以给消费者的选择早已远远超过这个数字。亚马逊在互联网上利用自建型的网络广告联盟把自己的广告投放到当时数以万计的中小网站之上，通过这些广告建立与亚马逊网站的链接，有效地实现对互联网和新媒体之上的目标受众的大规模覆盖。亚马逊的网络广告联盟为当时许多中小网站提供了经营收入，曾经一度成为许多互联网 SOHO 族的生存方式。在国内，广告网络联盟的发展始于2000 年，好耶公司由互联网广告代理而积累大量媒体资源，从而被动演变成为网络广告联盟的雏形。此后，伴随百度联盟的成立、Google AdSense 进入中国运营，以及亿玛旗下亿起发为代表的第三方广告网络联盟的成立，中国广告网络联盟的发展进入多元发展的成长期。

6.2.1　网络广告联盟的优势

随着网络广告市场规模的不断壮大，网络广告联盟在网络广告生态圈里的地位越来越高，已经成为网络广告发布的主要渠道，这一切皆源于网络广告联盟所具有的优势。

1. 低营销成本保障广告效果

网络广告联盟营销基本上都是按效果付费，因此可以有效地控制广告费，实现广告费用与效果挂钩。广告主通过在具有潜在目标顾客的联盟会员网站上投放广告，引导用户访问广告主网站及购买商品。只有当购买行为或注册会员等实际效果发生时才支付费用，广告主能以最小的营销费用得到最好的效果。

2. 选择广泛

无论对广告主或是联盟会员，在网络广告联盟管理平台上进行广告投放交易，都会扩大自己的选择余地。广告主可以根据联盟会员的网站排名、拥有的受众类型选择适合自己广告的网站，而联盟会员也可根据自己网站的风格选择适合的网络广告。

3. 更广的网络覆盖面以及品牌强化

如果广告主的网站在谷歌或百度等搜索结果中的排名较低，但在联盟会员网站中的排名较高，甚至排到会员网站的前三位，或者如果广告主在谷歌或百度搜索结果中的排名较高，那么自己在联盟会员网站上的链接和旗帜广告就可能吸引目标市场的大部分潜在顾客，达到四两拨千斤的效果。

4. 集中精力进行产品开发和销售服务，提高工作效率

由于这种广告投放形式完全将广告投放问题交给联盟营销服务商，对于广告双方（联盟会员和广告主）来说，既可以基本解决网站访问量问题，又可以从繁杂的营销工作中解脱出来，集中精力进行产品开发、客户服务等主营工作，从而大大提高了工作效率。

5. 可计算的结果，支持营销活动

网络广告联盟营销"按效果付费"的广告支付方式与传统方式相比最大的进步是：客户的每一个点击行为和在线活动都可以被管理软件记录下来，从而可以让广告主了解广告费用的明细，使其支付的每一分钱都用在刀刃上。另外，强大的联盟营销管理平台具有跟踪记录、分析记录的功能，这些功能为广告主的产品开发和营销策略提供了科学决策依据。

6. 准确、可靠的费用结算

资费计算是建立在准确的数据记录基础上的，所有费用都是在联盟营销管理平台上统一结算，无须人工操作。传统的合作营销体系是广告主与多家合作单位进行一对一结算的，这给广告主带来了很多不便。采用联盟营销管理平台后，一方面，联盟营销管理平台完全按照各个联盟会员网站给广告主带来的效果统一进行结算，广告主最后只需要确认总的营销效果是否与广告费用相一致，即可解决与多数联盟会员网站的结算问题，为广告主免去了不必要的工作，节省了大量时间；另一方面，准确、可靠的费用结算系统也为联盟会员提供了佣金保障。由联盟服务商 100%定期预付给联盟会员佣金的信用金保证制度可以确保佣金收入安全，保障了联盟会员的权利，联盟会员再也不用为佣金不能按期到账而担心了。

7. 额外的增值服务

提供联盟营销管理平台的联盟服务商可以为广告双方提供许多额外的增值服务。例如，有价值的市场营销报告：广告主开展营销活动时，联盟服务商可以根据公共联盟营销管理平台上的统计数字为广告主提供业绩报告。报告内容除了因受广告影响而产生的购买数、购买额、代理费等内容外，还可以包括按不同时间段、不同网站和购买详细信息等内容对客户网上行为进行的评价，以及其他广告主管理联盟网站所需要的有效资料。此外，联盟服务商还可以提供其他营销活动支持服务，如可以为网站促销活动提供策划及运作、E-mail营销支持、与联盟网站进行交流及宣传活动等支持服务，提高广告主的营销活动效果[①]。

6.2.2 网络广告联盟的类型

网络广告联盟涉及的内容和参与者较多，有不同的分类标准。

1. 根据广告联盟的广告主与联盟平台关系

（1）自建型广告联盟

自建型广告联盟指以推广自己的产品为主的广告联盟，如金山联盟（union.ijinshan.com）、当当联盟（union.dangdang.com）等，此类联盟建立的目的是为了扩大广告主自己产品的市场占有率或提升销售额。

---

① https://www.maigoo.com/goomai/197307.html.

案例 6-2

金 山 联 盟

金山联盟前身是优哈联盟，隶属于中国顶尖的互联网企业——金山网络，依托金山网络强大的品牌号召力和成熟的推广模式，经过多年精心运营，已发展成为国内极具实力的广告联盟体系之一。

金山联盟一直致力于帮助广告发布商挖掘专业流量的推广价值，为推广客户推介最有价值的投放通道。自成立以来，金山联盟提供了CPM、CPC、CPA、CPS等多种广告形式。加盟金山联盟的合作伙伴累计近5万家，不少网民美誉度极高的网站及软件也在和金山联盟的合作中获得快速成长，这些合作伙伴的影响力几乎覆盖所有中文网民[①]。

（2）第三方广告联盟

第三方广告联盟平台没有自己的产品，以推广别人的产品和品牌为主，如亿起发（www.eqifa.com）、黑马（www.heima8.com）、悠易互通（www.yoyi.com.cn）等，此类联盟处于中间的位置，链接广告主和联盟会员，收入来自广告主支付的广告费用的分成。

案例 6-3

亿起发联盟营销平台

亿起发是亿玛公司在 2004 年初就开始研发和不断完善的联盟营销平台，主要致力于为海外上市的中国知名网络公司、准备到海外上市的中国优秀网络公司，以及更大范围的新兴网络公司，提供面向加盟的数万家互联网站与数以亿计的移动端用户群体的实实在在的"效果营销"服务。亿起发（www.yiqifa.com）不但能够同时支持和满足不同深度与广度效果营销需求的效果计费和结算方式，如CPC（cost per click，按照点击广告的独立 IP 数付费）、CPL（Cost per lead，按照广告点击后引导到达的独立 IP 数付费）、CPA（cost per action，按照用户引导到达后的有效行动或行为数付费）和CPS（cost per sale，按照用户引导到达后购买消费数额付费），而且还提供了众多联盟营销平台的创新功能与产品。亿起发联盟平台正在逐步建立和成为中国联盟营销平台行业的事实标准。亿起发（www.yiqifa.com）一直秉承"联盟天下，效果营销"的联盟运营理念，迄今为止不但已经为众多知名网络公司如新浪、搜狐、百度、Ebay、淘宝、Tom、腾讯、华友、elong、金山等提供了卓有成效的网络效果营销推广服务，而且多次被第三方权威机构评为国内最佳网络联盟平台，让中国近 6 万个网站主（网站的拥有者或者影响者）群体找到了一个长期诚信安全的赚钱归属地[②]。

（3）综合型广告联盟

综合型联盟拥有自己的产品，不仅推广自有的品牌和产品，而且还推广其他广告主的

---

① http://union.ijinshan.com/?c=help&a=show&id=14.
② https://www.eqifa.com/front/aboutus.

品牌和产品，或通过其他联盟推广自己的品牌和产品，比如阿里妈妈（www.alimama.com）、百度联盟（union.baidu.com）、360 联盟（ssp.360.cn）等。

案例 6-4

360 奇聚流量变现平台

360 广告覆盖 PC 和移动端数亿精准流量，通过搜索、资讯、娱乐等全场景伴随，为广告主提供可靠的营销方案。多元变现，包括私有市场竞价、公开市场竞价、程序化优选、程序化包段，多维度基准预估价值收益、挖掘流量价值最大化，为网站媒体实现高额收益。基于最领先的机器学习、自然语言处理、视频图像技术、知识图谱、大数据等技术，并通过内容、推荐及用户三大模型，将前沿技术全面赋能联盟伙伴，为广告主实现更为精准的广告个性投放和形式丰富的广告产品，如信息流、场景橱窗、Banner、开屏、视频、插屏、互动等。

2. 根据广告联盟的广告形式和平台性质

（1）搜索竞价联盟

搜索竞价联盟指以搜索引擎应用为核心的广告联盟，联盟的组织者为搜索引擎服务商。搜索竞价联盟是伴随谷歌、百度等搜索引擎网站的发展而成立的，具体的模式是在各加盟网站上放置搜索框，供用户使用搜索功能，既为网站自身带来了便利，也提高了搜索引擎的点击率。同时，搜索引擎会根据各家网站所贡献的搜索量支付给加盟网站一定的费用，这样就达到了双赢的效果。这类联盟往往是由搜索引擎公司发起成立的，如谷歌、百度、360 点睛营销平台、搜狗联盟等。

案例 6-5

百 度 联 盟

百度联盟（union.baidu.com）是百度旗下的广告联盟，是互联网上大流量变现渠道之一，平台有四大优势。

①预算充足，流量全面

依托于全球最大的中文搜索引擎，百度联盟日均有上百亿次的广告展现，合作伙伴数量近百万，服务的广告主数量逾 80 万家。目前已与终端厂商、运营商、移动 App、小程序、网站、软件等多类伙伴达成紧密合作，涉及移动、PC 全域流量。

②合作多元，样式丰富

百度联盟包括百青藤、搜索推广合作、Hao123 推广合作、聚屏推广合作等业务，为联盟伙伴提供全面变现方案，并且支持多样化的广告样式，包括信息流、开屏、视频、Banner、插屏等，不仅覆盖当前主流广告样式，还不断创新广告样式以适配新的流量场景。

③精准匹配，高额变现

百度联盟通过强大的定向及智能分析能力，结合行业领先的 AI 技术，将具有强竞争力的百度推广内容精准投放到媒体的相应位置，为联盟伙伴流量的充分应用和价值的合理转化提供了巨大空间，合作伙伴年分成超 200 亿元。

④服务专业，运营高效

全栈式团队服务，联动商务、产品、运营、市场、财务等部门为合作伙伴提供定制化需求支持，专人专项全方面高效解决会员合作问题，充分提升流量变现效率[1]。

（2）WAP广告联盟

WAP 广告联盟是基于无线互联网通过手机完成点击或付费的广告联盟组织形式，汇集各中小独立 WAP 流量并打包，吸引广告主依据流量投放广告，产生定购关系，获得的广告收入在联盟成员中分配，如安沃传媒（www.adwo.com）、有米科技（www.youmi.net）等。这类联盟专注于为广告主提供移动营销整合服务，将 App 研发者与广告主连接起来，为研发者进行 App 流量变现提供渠道，让广告主与用户实现了多层次的互动，增强了 App 的媒体传播价值，并进一步促进产业链上下游携手，共同构建完整的移动互联网产业链。

案例 6-6

安沃智能移动广告平台

安沃（Adwo）智能移动广告平台是运用先进的 IT 技术，结合资深广告营销人才对于移动互联网用户行为习惯的深刻理解而打造的智能移动广告平台。该平台致力于为广告主提供移动端整合营销解决方案，整合了移动应用开发者、广告主、代理商、网站主等多方资源与利益，形成媒体价值。广告主和代理商是愿意在平台付费投放广告的个人或企业。应用开发者是为平台提供应用程序，并同意通过在应用程序中植入广告获得广告收益的个人或企业。网站主是有自主经营的网站，并愿意在其所属网站中接收来自安沃的广告，从而获得广告收益的个人或企业。[2]

（3）电子商务联盟

该联盟是以电子商务广告主为主的广告联盟，联盟的付费方式以 CPS（按销售额付费）为主，如淘宝联盟（aff.alimama.com）、京东联盟（union.jd.com）、成果网（www.ga-net.com）

案例 6-7：淘宝联盟

等，通过联合广大媒体合作伙伴，帮助电商平台推广商品、扩大品牌知名度。经许可加入的任何个人或公司，获得相应的推广代码或链接进行推广，当用户完成购买行为时，联盟会员就可以获得佣金。

6.2.3 网络广告联盟的运作方式

网络广告联盟的运作包括联盟会员、广告主和广告联盟平台三个要素。联盟平台按一定的广告投放机制在联盟会员的终端站点上播放广告，同时对广告播放的效果进行监测和

---

[1] https://union.baidu.com/bqt/#/advantage.
[2] http://www.adwo.com/shtml/help.shtml.

数据统计，然后将统计结果反馈给广告主。广告主按照联盟营销的实际效果（如销售额、引导数、点击数等）向联盟平台支付广告费用。联盟会员则根据与联盟平台商定的广告费用分成比例，收取相应的佣金，把网站访问量变成收益。其运作模式如图 6-8 所示。

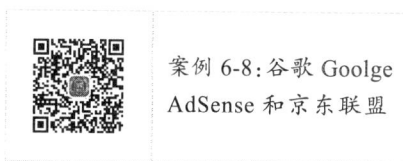

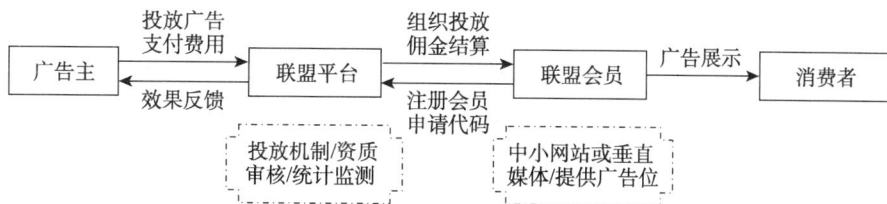

案例 6-8：谷歌 Goolge AdSense 和京东联盟

图 6-8　网络广告联盟运作模式

6.3　网络广告交易平台

　　网络广告交易平台（Ad Exchange）联系的是广告交易的买方和卖方，也就是广告主和广告位拥有方。说到买卖双方，就要引出两个为买卖双方服务的平台——需求方平台（DSP）和供应方平台（SSP）。

　　在互联网上有成千上万的广告主，他们亟须推广自己的产品或者服务，寻找优质的媒介和精准的目标用户，优化广告投放策略，提高投入产出比。正是应广告主的这些需求，才促使了 DSP（demand side platform）这些需求方平台的诞生。有了 DSP 平台，广告主就不需要自己去寻找优质的媒体资源和目标客户，只需要在平台上设置广告的目标受众、投放地域、广告出价等投放策略，DSP 就会帮助广告主去广告交易平台以竞价的方式获取到这些媒体和目标客户。

　　同时，在互联网上也有成千上万拥有丰富资源（广告位）和用户流量的媒体网站，他们急需把自己的流量进行最大化的变现，所以他们希望自己的每一份流量都能获得最大化的收益。媒体方的这些需求促使了 SSP（supply side platform）平台的诞生，有了 SSP 平台，媒体方就不需要去寻找优质的广告主，他们只需要把自己的资源和流量交给 SSP 平台，然后 SSP 再把这些资源放到 Ad Exchange 里面去接受竞价，这样就能尽可能地使得媒体的流量得到最大程度的变现。简单地讲，SSP 就是一个媒体服务平台，站长们可以在 SSP 上管理自己的广告位、控制广告的展现、设置补余，等等。

6.3.1　网络广告交易平台与网络广告联盟的区别

　　既然已经有了大型的网络广告联盟的出现，为什么还会有网络广告交易平台这一中间层的出现呢？为什么在中间商的中间还需要有这一角色为 DSP 和 SSP 做中介？真正的价值是什么？如果只是提供更多的选择匹配或者提供实时竞价（RTB），那么为什么不是通过网络广告联盟之间的合并来完成？为什么一定要多一个利益相关者才能完成？

首先，SSP 和 DSP 不是必须的。把广告交易比作平时日常的杂货买卖，消费者既可以去沃尔玛（SSP）买，也可以去路边小商贩那边买（直接的 publisher[①]）。但 SSP、DSP 可以利用技术手段帮助卖方（publisher）、买方（advertiser）实现利益的最大化。

网络广告联盟平台虽然聚集了大量的买方和卖方，但目前尚未形成网络广告联盟平台一家独大，或者几家独大的局面。如果市场出现这种情况那就不需要 Ad Exchange 了。但问题是 Ad Networks 太多了（数百家之多），只要在需求方（demand side）和供给方（supply side）都有一些客户就可以做 Ad Networks。

当整个市场只有一家 Ad Networks 的时候，网络广告联盟市场的运作情况可以简单用图 6-9a 来描述；当整个市场有两家 Ad Networks 的时候，网络广告联盟市场的运作情况就会是如图 6-9b 所示的模式。为什么 Network1 和 Network2 要进行对话呢？很简单，每个Network 都不能保证自己的供给方和需求方能达到完美的匹配。比如，Network1 的供应方网站有大量的与旅游相关的广告位卖不掉，同时办公用品的广告主却愁花不掉预算；而Network2 刚好相反，有大量与办公用品相关的广告位虚位以待，同时还有广告主需要购买与旅游相关的广告位却无法得到满足，这种情况下，二者会一拍即合。

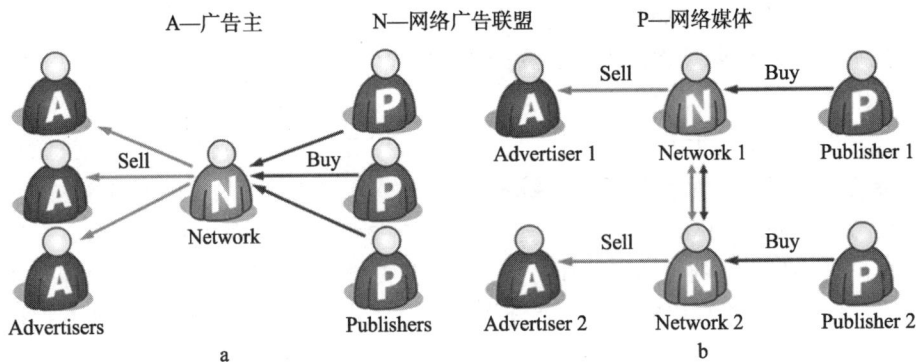

图 6-9　网络广告联盟市场运作模式

当有三家 Ad Networks 的时候，其运作情况如图 6-9a 所示，他们可以通过简单的相互协调来匹配市场的供需。当市场上有数百家网络广告联盟时，简单协调机制为：如果Network1 的 Advertiser1 想要买某一个类型的广告展示，而 Network1 的 Publisher1 无法提供，这样 Network1 就去问 Network2，Network2 也没有，于是找 Network3，然后找Network4……以此类推，很可能出现一个购买要经过 10 家甚至更多的 Network，将造成很大的延迟，如图 6-9b 所示。而且雁过拔毛，每个经过的 Network 付出了劳动（查询了自己network 内 publisher 的库存），怎么也得抽点油水，这使得一个广告展示的交易成本大大增加。因此，如果没有一个像股票交易那样的自动撮合系统，要在各 Ad Networks 间互通有无几乎是不可能实现的。

---

① 广告位供应方，即网站。

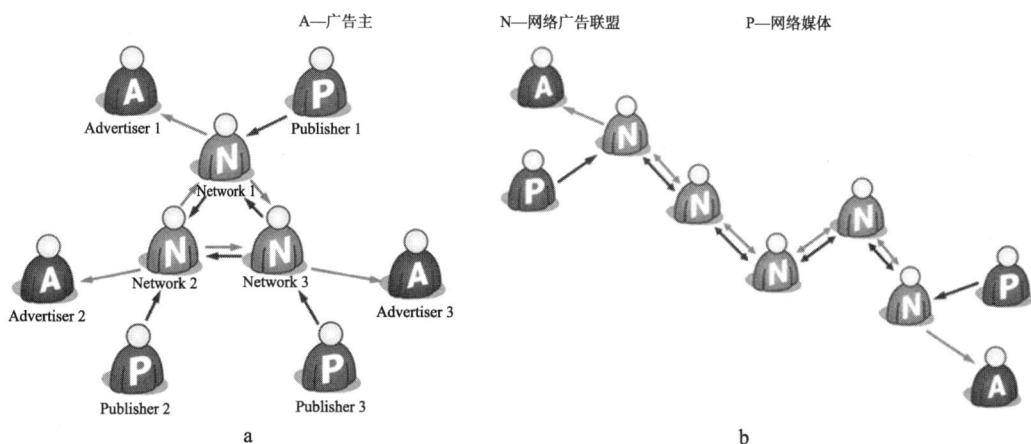

图 6-10　网络广告联盟市场运作模式

于是，网络广告交易平台应运而生，其运作模式跟股票交易类似，如图 6-11 所示。

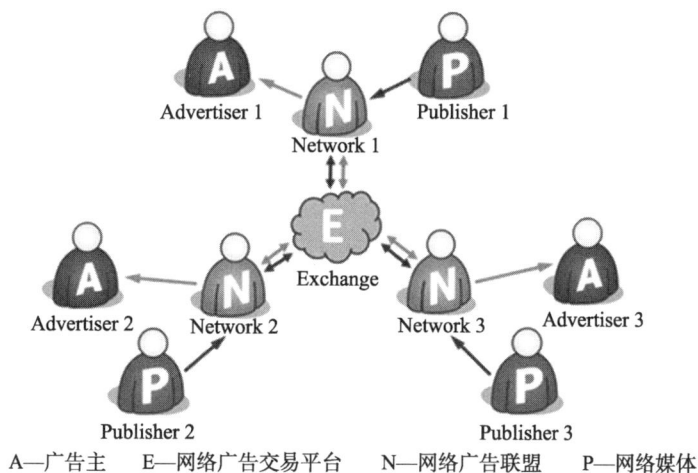

A—广告主　　E—网络广告交易平台　　N—网络广告联盟　　P—网络媒体

图 6-11　网络广告交易平台运作模式

6.3.2　网络广告交易平台的交易机制

和股票交易平台不同的是，Ad Exchange 平台的竞价机制不是先到先得而是竞价获得，即 RTB 模式。RTB（real time bidding），就是实时竞价。跟传统购买形式相比，RTB 是在每一个广告展示曝光的基础上进行竞价，就是每一个 PV（page view）都会进行一次展现竞价，谁出价高，谁的广告就会出现在这个 PV 中。

有个问题出现了，为什么广告主即买方会为了一个广告 PV 而竞相出价呢？这个广告位有什么了不起的地方，会让广告主心甘情愿出最高价来竞标？秘密就在于，Ad Exchange 售卖的不是传统意义上的广告位，而是访问这个广告位的具体用户，这个用户会有自己的兴趣爱好，广告如果能够投其所好，就能产生最大的收益。这样的用户在互联网海洋里可是稀缺资源，他完全有魅力让广告主通过竞相竞价获得在其面前展现自己的机会。那么，Ad Exchange 是怎么知道这个访问用户是谁，他会对什么更感兴趣呢？这就要引出互联网数据管理平台（DMP）了。

DMP（data management platform），即数据管理平台，是把分散的第一、第三方数据进行整合纳入统一的技术平台，并对这些数据进行标准化和细分，再把这些细分结果推向现有的互动营销环境里。有了 DMP，Ad Exchange 就可以知道访问广告位的用户是对什么感兴趣的用户了，这样 RTB 模式就有了运营的资本，广告主也乐于出较高的价钱来买这个用户。

下面就来看看 Ad Exchange 的运作方式。当一个用户访问广告位页面时，SSP 端向网络广告交易平台发出访问信号，告知有一个访问请求。SSP 把广告位的具体信息，如所属站点、最低出价以及通过 DMP 分析匹配后的用户属性信息打包发送给各个 DSP 端。DSP 端开始对这个广告位进行竞价，竞价获胜者就能够让自己的广告展现在这个广告位上，进而让用户看到。

例如，新浪网的某个广告位，进入某个 SSP 平台，然后，这个平台把这个广告位的每一次展示曝光机会都放到某个 Ad Exchange 中。有两个广告主，一个是卖保险的中国平安，另外一个是卖汽车的一汽大众。中国平安选择了 DSP1 平台，设定的规则是：如果用户是保险人群，那么帮我出价 1 元钱去竞拍这次的曝光。一汽大众选择了 DSP2 平台，设定的规则是：如果用户是汽车人群，那么帮我出 2 元钱去竞拍这次的曝光。

当一个用户浏览新浪网，此时要展示这个广告位了，于是 Ad Exchange 告诉 DSP1 和 DSP2 平台，并且把 Ad Exchange 记录的用户 Cookie 进行 Hash 计算，其值作为用户唯一标识分别传给 DSP1 和 DSP2。DSP1、DSP2 根据这个 Hash 值，去自己的 Cookie Mapping 数据里面查询到在 DSP 域下的 Cookie，这个 Cookie 包含了 DSP 对这个用户的行为记录。比如，这个时候 DSP1 通过 Cookie 发现这个用户昨天搜索过关键词"保险"，DSP1 根据这个行为把这个用户归为保险人群，于是按照广告主中国平安的要求，DSP1 告诉 Ad Exchange，这边有个中国平安的客户，愿意为这次的曝光出价 1 元钱。DSP2 通过 Cookie 发现这个用户昨天去浏览过某个汽车资讯的网站，DSP2 根据这个行为把这个用户归为汽车人群，于是按照广告主一汽大众的要求，DSP2 告诉 Ad Exchange，这边有个一汽大众的客户，愿意为这次的曝光出价 2 元钱。

在 Ad Exchange 拿到 DSP1 和 DSP2 两家的出价数据之后，根据比较发现 DSP2 出价最高。于是 Ad Exchange 告诉 DSP2 竞拍成功，可以把你的广告创意和素材给我了，同时告诉 DSP1 由于你的价格比较低，竞拍失败。在收到 Ad Exchange 返回的数据之后，DSP2 就会把广告主一汽大众的广告创意和素材交给 Ad Exchange，Ad Exchange 就会把一汽大众的广告在新浪网的这个广告位上播放了，如图 6-12 所示。

以上的过程就是一次竞价的完整过程，所有的过程都是在 100 毫秒内完成的，这就对 DSP 和 Ad Exchange 提出了相对较高的技术要求，无论是网络带宽速度还是广告请求处理速度都需要达到一定的要求。

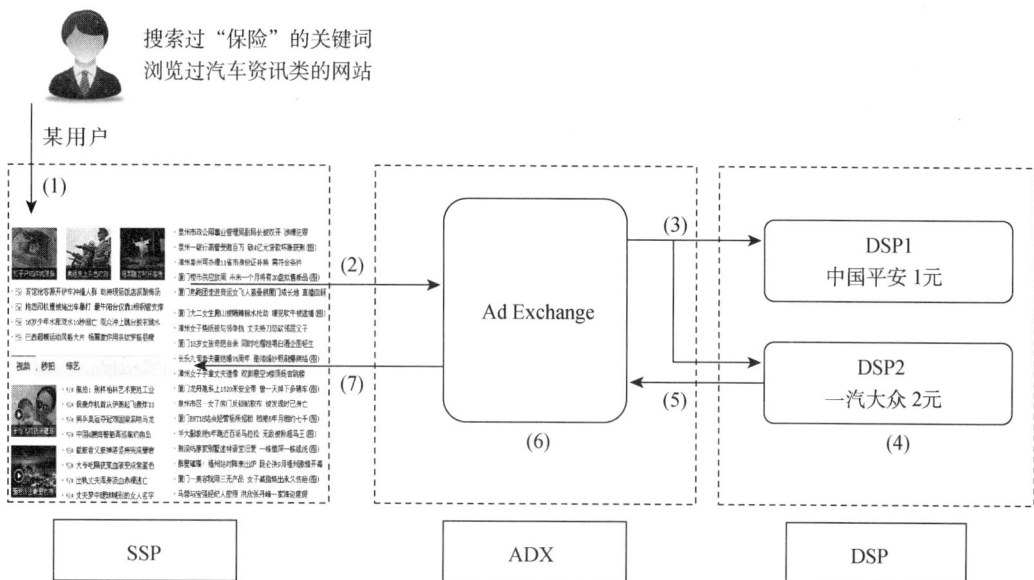

(1) 用户访问媒体网站。

(2) 页面发起广告请求。

(3) 实时向各DSP发出资源信息以及经过Hash变换后用户的Cookie数据。

(4) DSP根据Cookie Mapping过的数据，判断出用户的所属群体并且按照广告主的要求进行出价。

(5) 各DSP的出价信息返回给AdExchange。

(6) 用根据各个DSP的出价判断哪个DSP竞拍成功，并且拉取竞拍成功的广告主的创意和素材。

(7) 展示一汽大众的广告。

图 6-12　RTB（实时竞价）交易机制

6.3.3　网络广告交易平台模式的优势

　　针对具体用户的广告投放方式，相较于传统的买固定广告位包天或者包月展现，Ad Exchange 的优势还是很明显的，既能够有效地提高广告主的投资回报率（Rate of Investment，ROI），也能够让广告位的收益最大化。假设一个汽车广告主按 CPM（每千人印象成本）方式花 50 元买了 10 个 PV 的展现，10 个 PV 里有 5 个人对汽车感兴趣，另外 5 个人对美食感兴趣。那么，汽车广告主覆盖有效用户的成本是 50 元，站长的收益也是 50 元，而那些美食广告主无法覆盖目标用户，没有展现机会。但是，如果按照 Ad Exchange 模式购买广告，广告主只需要针对 5 个目标用户竞价展现就好，即使每个目标用户的出价会高于 CPM 方式下的平均出价，但是由于精准，广告主的成本不但没有增加反而有所下降，即花更少的钱覆盖相同的用户，这样就有效地提高了广告主的投资回报率。同样，美食广告主也可以通过 Ad Exchange 覆盖到另外 5 个对美食感兴趣的用户，获得广告展示机会。对站长而言，一个广告位不再被某一个单一广告主购买独占，而是对每一个流量都竞价获利。这样就能够保证网络媒体的流量获得最大的收益，流量越大，收益越高。所以，Ad Exchange 更容易获得高质量的广告位资源，如图 6-13 所示。

假设一段时间内有10个PV访问　　　　　　10个PV看到的页面情况　　　　　　各方的收益情况

浏览

- 15万内的运动小车 它能当代表吗?
- 试奥迪新Q3:家族最便宜SUV有惊喜
- 大众神车竟然缩了.7月最火的是它
- 钱不多 照样能买台豪华SUV撩女神
- 中国市场为何没有俄系车 从年前谈起告诉你鸥翼门真相
- 购车指南: 马自达CX-4 别克新君越 起亚KX5 标致3008
- 新车上市: 新款哈弗H2 福特新款"野马" 五十铃硬派SUV
- 厦门|全国报价　　　　全国|福州|北京|上海|广州|重庆
- 天语SX4降5000元 凯越降1.7万 嘉年华降1.1万
- 启悦降2万元 雅阁优惠1.6万 标致508降2.3万
- 威朗降1.5万 RAV4优惠2.35万 观致3降2.5万
- 销量前十车型如今7.3折起 抢!车企疯狂飚底价68折起
- 【北京】中级车跌价63折起　【广东】四城市秒车团报名

广告主成本　¥50

网站收益　¥50

无法覆盖的有效用户

传统模式
AD Exchange 模式

浏览

- 15万内的运动小车 它能当代表吗?
- 试奥迪新Q3:家族最便宜SUV有惊喜
- 大众神车竟然缩了.7月最火的是它
- 钱不多 照样能买台豪华SUV撩女神
- 中国市场为何没有俄系车 从年前谈起告诉你鸥翼门真相
- 购车指南: 马自达CX-4 别克新君越 起亚KX5 标致3008
- 新车上市: 新款哈弗H2 福特新款"野马" 五十铃硬派SUV
- 厦门|全国报价　　　　全国|福州|北京|上海|广州|重庆
- 天语SX4降5000元 凯越降1.7万 嘉年华降1.1万

沪上4家人气西餐厅
上海作为国际都市,不仅吸引众多外国人前来,地道的外国美食也随之而来。每一个在上海生活的人,不用出国,就可品尝到各国地道美食……[详情]

广告主成本　¥33

网站收益　¥69

浏览

上海12家人气面馆
下雨的时候,为什么不去吃碗 [详细]

上海平价海司店
清爽脆饭打开夏季会欲! [详细]

广告主成本　¥36

图 6-13　Ad Exchange 模式优势

目前，国内 RTB 行业的发展基本上是紧跟国际 RTB 的发展潮流。2011 年 9 月，淘宝 Tanx 正式发布；2012 年 4 月，谷歌 Double Click Ad Exchange 正式上线；2012 年 6 月，腾讯 ADX 广告交易平台开始运行。2012 年作为中国 RTB 的元年，伴随着 RTB 和 Ad Exchange 的兴起，中国涌现了诸多 DSP 平台。2013 年，RTB 产业链逐渐完善，阿里、腾讯、新浪、京东先后布局 RTB 市场，核心 ADX 和 DSP 产品陆续上线。

案例 6-9：阿里妈妈之 Tanx

问题与思考

一、即测即练

自学自测　　扫描此码

二、简答题

1. 企业利用自己的官网进行广告发布有何利弊?
2. 试述选择投放网络广告的媒体应当考虑的要素。
3. 简述广告交换服务网络与网络广告联盟的区别。
4. 简述网络广告联盟的运作方式。
5. 简述网络广告联盟与网络广告交易平台模式的区别。

第 7 章

网络广告的定价与效果评测

广告效果有狭义和广义之分。狭义的广告效果是指广告所获得的经济效果，即广告传播促进产品销售的增加程度，也就是广告带来的销售效果。广义的广告效果则是指广告活动目的的实现程度，是广告信息在传播过程中所引起的直接或间接变化的总和，它包括广告的经济效果、心理效果和社会效果。网络广告效果同传统广告效果一样具有复合性的特征，也包括经济效果、心理效果和社会效果几个方面。广告效果测量是指根据一定的法则，采用特定的操作程序，对广告效果给出确定的量化价值。

7.1   网络广告投放发布的印象定价

在网络广告市场上，网络广告的定价始终是一个焦点。当年，Wired 杂志电子版的 Hotwired.com 网站为互联网第一个旗帜广告定价的时候，依据的是无竞争的利润法，发布 12 个星期的费用为 3 万美元，其依据是 Hotwired 所需要的利润。随着网络广告市场的快速发展，在媒体机构和广告主的长期博弈过程中，网络广告的定价方法不断推陈出新。如今，网络广告的定价方法不下几十种，总体上可以分为印象定价和按目标受众的直接反应定价两个类型。

网络广告的印象定价沿袭的是传统广告中最常用的定价思路，以终端站点的登录和访问者浏览广告产生的印象作为广告投放发布平台收取费用的依据。媒体机构认为只要网页被访问者打开过，就视同访问者看到了广告，就会对广告内容产生印象。它根据终端页面的热门程度，也就是网民对页面浏览的质量（停留时间），采用固定费率对网页中的广告位进行销售。

在网络广告当中，印象定价是媒体机构相对强势情形下的一种定价方法，它是许多发展相对成熟、已经具有相当流量规模的网站作为广告投放发布平台的定价类型对媒体机构出售其广告发布空间比较有利。媒体机构需要做的是保证其网站的流量。许多人曾经认为网络广告的印象定价与传统媒体相比具有更高的性价比，但随着互联网和新媒体的发展，网络广告的印象单价不断提高，一些发展成熟的大型门户网站的网络广告投放价格已经超过了传统媒体或者已经与传统媒体相差无几。

网络广告印象定价的交易方式主要有以下几种。

1. CPT 定价

CPT（cost per time）定价是根据广告投放在终端页面上的位置和尺寸，按投置时间长短确定网络广告的销售和购买价格。投置的时间可以以年、季度、月、天或者小时作为单位。这是网络广告最简单的定价和购买方式，广告主可以根据自身需求，针对特定的网站选择特定的页面位置，购买其特定的时间段进行广告的投放和发布。

2. CPM 定价

CPM（cost per mille）定价也是以广告投放在页面上的位置和尺寸为基础，不过交易双方按网络广告暴露和显示的次数确定销售和购买的价格。CPM 定价也叫作每千次印象费用或每千人印象成本，它以页面上广告投放的位置和尺寸为基础，以广告暴露或显示在登录访问者面前的次数，也就是所投放的终端页面的被打开次数确定出售和购买的价格，一般以每一千次作为一个计价单位。网络广告暴露或显示的次数越高，它被看到的次数越多，获得的注意力也就越多。

CPM 定价也是传统广告投放发布常用的定价方式，只不过传统广告是用发行量或者收视率作为广告暴露的计量标准，媒体机构和广告主双方以此确定广告位销售和购买的价格。根据同样的原理，互联网数据技术可以很容易地记录广告所投放的终端页面被打开的次数，也就是互联网媒体所称的曝光量，以此作为出售和购买的定价标准。

3. CPTM 定价

CPTM（cost per targeted thousand impressions）定价也可以叫每千次目标印象费用。CPTM 定价是媒体机构和广告主双方在 CPM 定价的基础上再加上一个限制，即广告主根据市场细分要素及相关变量筛选出目标受众，广告面向这些受众的暴露或显示为有效显示，以每一千次的有效暴露或显示为计价单位，确定出售和购买的价格。

在 CPTM 定价中，广告主可以根据互联网数据技术实现的可能，用目标市场区隔的市场细分要素和相关变量，来对广告页面的登录时间和访问者的 IP 进行分析，筛选出符合市场细分要素和相关变量的 IP，根据他们登录和访问的次数付费购买。CPTM 与 CPM 的区别在于，CPM 是互联网终端站点对应所有登录和访问者的印象数，而 CPTM 是终端站点对应经过广告主的市场细分要素和相关变量定位之后的登录和访问者的印象数。在互联网上，数据传输的监测系统可以分析访问者的特征，包括访问者的地区（国外分辨到国家，国内分辨到省、市及大学）、IP 地址（真实 IP 地址和代理 IP 地址）、访问时间、访问者的访问方式、所用的操作系统、电脑屏幕大小等一系列的特征，广告主可以通过这些特征，就广告产品或服务的目标市场区隔对终端站点登录和访问者进行定位。

4. CPK 定价

CPK（cost per keyword）定价是搜索引擎广告的关键词定价，它是指搜索引擎广告当中媒体机构和广告主对每个关键词所确定的销售和购买价格，通常也称关键词成本。

在网络广告投放发布平台的交易当中，网络广告的印象定价虽然有利于媒体机构一方，但削弱了许多没有足够流量的终端站点对广告主的吸引力，它们除非加入网络广告联盟，否则难以取得广告收入。

对作为广告投放平台购买方的广告主来说，网络广告的印象定价只是获得了一个相对的信息展示机会，广告主必须为许多不确定性承受一定程度的风险。首先，广告的曝光次数不等于实际阅读次数，当登录和访问者浏览网页的时候，很可能没有注意到广告的内容就跳了过去，而且许多终端网页，特别是浏览量很大的网页通常会显示好几则广告，每个广告所能得到的注意程度就会相对下降。总之，得到一个广告曝光次数并不等于得到广告受众的真实浏览次数，说到底，它的实际价值无从把握。

更重要的，同意采用印象定价的广告主为了保证投放发布效果的最大化，降低购买费用浪费的风险，通常需要在保证目标受众的覆盖与尽量减少覆盖面浪费（就是 CPTM 定价法也有注意力浪费的问题）之间做出折中的选择。需要特别指出的是，一个广告受众对产品或服务的购买还没实现之前，他们都只是所谓的潜在顾客或消费者，因此，对登录和访问者所进行的分析都会面临潜在顾客或消费者的不稳定性问题。同时，尽管有许多分析方法，但由于分析本身过于复杂或者缺少有效的支持，分析结果的有效性也会受到影响，这些因素使本来处于交易主动一方的广告主需要对网络广告的印象定价承受一定程度的风险。

7.2　网络广告投放发布的直接反应定价

因为互联网和新媒体数据传输技术的特点，网络广告投放发布在很多时候可以以目标受众的直接反应作为购买和销售的定价方式。网络广告直接反应定价是网络广告投放发布平台所特有的一种销售和购买的交易类型，它选择广告投放发布之后目标受众不同的直接反应作为定价的依据。网络广告直接反应定价是在广告主作为相对强势一方情形下的交易方式，更加有利于广告主一方，可以在一定程度上降低广告主广告费用浪费的风险。

网络广告直接反应定价极大地推动了网络广告市场的革命性发展，具体表现在以下两个方面。首先，网络广告直接反应定价可以让广告主对实现直接营销更有信心。以直接反应定价的网络广告不只是为了增加印象，它在一定程度上推动了企业实现一步或者两步到位的直接营销。广告主对"直接营销"的购买比传统广告更有兴趣，因为只对广告的直接反应付费，甚至可以控制以直接反应为基础的广告发布。其次，网络广告直接反应定价还可以促使许多不能获得足够流量的站点有机会表现出它们作为广告投放平台的价值，尤其是当它们加入了网络广告联盟之后。与此同时，如果投放发布的广告能够激起目标受众的有效反应，广告主也愿意对所获得的每次反应向拥有终端站点的媒体机构支付更高的购买费用。媒体机构虽然承受了一定程度的风险，但一旦投放的广告反应热烈，也有可能获得比网络广告印象定价更高的收入。

随着互联网和新媒体的发展，网络广告直接反应定价会根据不同情况产生不同的方式和方法。

1. CPC 定价

CPC（cost per click）定价是以网络广告投放发布之后是否被点击来进行收费的一种定价方式。

CPC 定价是目前网络广告投放发布最为常用的一种直接反应定价的方式，也是网络广告直接反应定价中出现较早的一种形式，并且是最具推动性和革命性的定价方式。1996 年，宝洁公司向雅虎提出以 CPC 定价投放五种产品广告，这个美国最大的广告主似乎否定了网络广告的印象价值，它要求广告必须具有"直接营销"的能力，对投放的广告只有在被点击之后才对此付费。因为雅虎要对点击数量负责，宝洁公司根据当时的实际情况同意可以由雅虎来设计要投放的广告，而不是采取宝洁自己提出的广告设计。宝洁和雅虎的这一举动极大地推动了网络广告直接反应定价的应用和发展。

2. PFP 定价

PFP（pay for performance）定价是以目标受众在对广告点击之后更进一步的反应作为收费依据的一种定价方式，它是一种对媒体机构更为苛刻的交易方式。很多时候 PFP 定价对广告主更有吸引力，广告主也愿意对所获得的反应支付更高的价格。

顾客和消费者高卷入的互动是网络广告的一个特征，广告主在网络广告的创意和制作过程中也越来越重视目标受众的回应，如通过设置有奖调查、在线游戏等多种不同的互动方式，不但能够强化受众对广告内容的认知，还可以帮助建立起有效的受众数据库。

在实际运作中，针对不同的绩效目标，PFP 定价可以演变出许多不同的方法。

3. CPA 定价

CPA（cost per action，有时候也称为 CPR，cost per response）定价是以目标受众的回应（如所回收的有效问卷或获得的订单）作为收费依据的一种定价方式。

4. CPL 定价

CPL（cost per lead）定价是以通过网络广告所能搜集到的潜在顾客或消费者的注册数量来收费的一种定价方式。CPL 定价其实也是一种 CPA 的定价方法，广告主按照所获得的注册用户的数量对终端站点支付广告投放和发布费用，也就是所谓的引导注册。有许多招聘类网站，如中华英才网、智联招聘等对作为招聘方的广告主都采用 CPL 的定价方法。

5. CPP 定价

CPP（cost per purchase）定价是以按照网络广告播出之后，网民因受其影响发生交易而达成的商品或服务的成交额作为收费依据的一种定价方式，也可称为 CPS（cost per sales）、CPO（cost per order）或者 CPT（cost per transaction）定价。

采用 CPP 定价的广告主只有在网民登录和点击网络广告并产生购买之后，才按销售数额向网络媒体支付广告投放和发布的费用。它以广告产品的实际销售数量来换算广告投放发布的金额，是销售了产品之后再支付广告费，没有销售就无须支付。它几乎把广告投放和发布平台当作互联网的虚拟门市，其中广告主彻底规避了广告费用浪费的风险。在互联网上，许多第三方网上商城以及其他互联网电子交易都采用 CPP 定价方法。

值得注意的是，媒体机构也希望投放和发布的广告产品或服务销量上升。例如商家 A 和 B 在一个网站同一个位置以 CPP 定价方式投放广告，网站有 1% 的登录和访问者购买了 A 广告的产品或服务，商家 A 按每一个购买向媒体机构支付 50 元，而同一个网络站点可能会有 5% 的登录和访问者购买 B 广告的产品或服务，商家 B 每一个销售只向媒体机构支付 15 元的投放发布费。对媒体机构来说，在同一个位置投放发布 A 广告对每 100 次广告暴露或显示只能获得 50 元的收入，投放 B 广告却可以获得 75 元的收入。由此，对广告发布平台的竞争又回到了作为购买者一方的广告主身上。

网络广告直接反应定价虽然极大地推动了网络广告市场的革命性发展，但它过于否定广告为企业和产品树立品牌形象的作用。网络广告的投放和发布如果过于注重直接反应，则难以形成传统广告可以创造的巨大品牌效应。

在广告投放发布平台的交易当中，对网络广告投放发布平台的各种定价方法往往很难做出孤立和抽象的比较，它们所反映的实际上是广告主作为主动的购买方对广告效果和广告支出的不同要求。

广告是企业的一个市场行为，凡是涉及广告费用，都会引出对广告效果的认识问题。虽然人们一般都承认广告并不是影响产品或服务市场销售和市场利润的唯一因素，也同意广告的作用或许要通过延迟反应才能全面体现出来，但就算是在传统广告当中，也有很多广告主倾向于把可以衡量的消费者行为作为广告目标设定和支付费用的依据。他们认为，作为企业的市场投入，广告最后应该能够有可以进行具体测量的产出作为衡量广告效果和广告费用支出的标准。

理论上，以目标受众的直接反应来衡量广告效果以及对广告投放发布平台进行定价可以更有效地说服广告主做出广告投入的决定。目标受众直接反应的定价方式确实也吸引了许多以直接销售为目的的中小广告主。不过，尽管网络广告适应和推动了许多企业因为面对越来越激烈的市场竞争而选择直接走向消费者的发展趋势，但也有许多不同的意见认为，仅仅以目标受众的直接反应对广告投放发布平台的营销效果进行评价并不能够公平地反映一个广告的实际效果和广告投放发布平台的价值。美国网络广告调查公司 AdKnowledge 最早提出了对网络广告转化率的研究，"转化"是目标受众受广告的影响而形成的购买、注册或者信息需求。AdKnowledge 认为，"研究表明浏览而没有点击广告同样具有巨大意义，营销人员更应该关注那些占浏览者总数 99%的只浏览不点击广告的浏览者。"调查表明，尽管没有受众点击广告，但是全部转化率中的 32%是在观看广告之后形成的。该调查还发现了一个有趣的现象：随着时间的推移，由点击率形成的转化率在降低，而由观看网络广告形成的转化率在上升。点击广告的转化率从 30 分钟内的 61%下降到 30 天内的 8%，而由观看广告形成的转化率由 11%上升到 38%。

这项调查报告得出两个结论：①网络广告潜在的投资回报率（ROI）比以前的估计要大得多，因为此前广告商仅仅考虑了与点击有关的销售量，而忽视了品牌效应（branding effect）对销售的影响；②仅仅依赖于点击量进行决策的话，广告商可能无法对他们的广告项目影响效果进行正确判断。

转化率的这一研究结果也证实了广告效果延迟反应的存在。广告延迟反应的主要原因有以下几个。

（1）心理学的角度

与购买决策相关的内在心理过程包括动机、知觉、态度形成、整合和学习。在现实生活中，广告可以作用于受众心理过程的任何一个阶段。如果作用于层次较低的阶段，该受众对某品牌有了一定认知，但没有进行下一步的链接点击，没有做出更直接的反应，实际上该认知对该受众日后的进一步行动存在积极作用。例如，某品牌汽车的一款新车广告可能已经使目标受众产生了情感偏好，但是他/她们不一定马上将这种偏好转化成直接的购买行为，虽然最后的购买行为确实受到之前的广告活动的影响，这样就产生了广告延迟反应。

（2）决策过程

消费者的决策过程通常被认为是消费者在购买产品或服务的过程中需要经历的好多个步骤，包括问题确认、信息调研、选择评价、购买决策和购买后评价。一旦消费者选择买哪个品牌，他就会执行这个决策并且购买，但是消费者还需要做出其他的决策，如购买方式、购买地点、购买金额等。消费者从形成购买的意图或决策到实施真正的购买行为之间往往存在滞后时间，尤其是对重大的和复杂的购买情况更是如此，如汽车、个人电脑和耐用消费品的购买。因此，广告很有可能在其中扮演了积极角色，但是效果要在一段时间后才能显现，也就是出现了所谓的广告延迟反应。

（3）学习理论

学习是人在思考过程或行为中为巩固经验而发生的一种相对持久的变化。学习过程一方面不断清除大脑中的旧档案，一方面又往其中增添新内容，人们的习惯和技巧正是通过学习获得的。学习还有助于培养兴趣、态度、信念、偏好、情感和行为标准，正是这些因素影响着消费者的感知过程和最终的购买决策，造成了广告的延迟反应。

虽然网络广告的直接营销和投放发布的直接反应定价具有极大的推动性和革命性，但对广告目标和广告效果的不同衡量标准也仍然存在，所有的不同意见都承认在网络广告策划和运作时应该提出一个明确、具体并且可以衡量的广告目标，这一广告目标可能因广告项目不同而不同。因此，网络广告印象定价不会因为直接反应定价的火爆而消失，在未来还将延续其相对广泛的应用，其原因一方面主要是广告延迟反应的存在，另一方面也有其他许多因素。

7.3　网络广告发布的效果评测

网络广告效果是指网络广告作品通过网络媒介刊登后所产生的作用和影响，或者说是目标受众对广告宣传的结果性反应。网络广告的运作有一个特点，就是它可以在发布执行的同时设置对广告效果进行监测的程序。对广告效果的评价和测量是围绕所设定的广告目标，对内容沟通和信息发布两个执行性策略进行分析和控制的过程。通过对广告效果的具体评价和测量帮助广告主确定是否达成了广告所设定的目标。如果广告的内容沟通和信息发布策略不可能或者没有达到所设定的广告目标，企业应该停止费用的投入。如果广告不可能或没有达到所设定的目标，那企业浪费的不仅仅是所投入的费用，甚至很多时候还会失去瞬息万变的市场机会。

广义的网络广告效果评测包括对广告策划与运作在许多方面所引起（或可能引起）目标受众的反应进行测量或评价；狭义的网络广告效果评测是指目标受众在互联网上对广告的直接反应。

在网络广告的运作当中，狭义的广告评测可以很容易地与广告的发布同时实现，互联网的数据传输技术可以对登录者的访问行为进行追踪，广告主可以通过特定的软件监测系统对目标受众的反应进行分析并生成详细的报表。在网络广告的发布当中，目标受众的直接反应在很多时候也直接被用作广告主对网络广告的其他参与者所提供的服务进行费用支付的结算依据。

除了用作费用支付的结算依据之外，对目标受众直接反应的软件监测所生成的数据很多时候也可以用于对广告效果进行更广泛的综合测量和评价。

例如，某品牌洗发水可以就互联网上目标受众的直接反应用达格玛（DAGMAR）模式对广告在不同层次所达到的效果进行测量。

产品：×××企业×××品牌×××洗发水

时限：一个月

广告投放终端站点：×××

目标一：使目标受众的 60%知道该产品的名称。

测量：首先明确广告所投放的终端站点的网民的基本构成，符合广告产品目标细分市场的网民（如 18~24 岁的女性）在登录和访问者当中的比例。在这一终端站点上所投放的广告以暴露或显示次数作为广告可到达的程度。广告被成功传送到符合条件的访问者浏览器上，让访问者有机会看到，服务器即记录一次"广告暴露"，搜索引擎程序与媒体网站内部使用者均为条件不符的访问者。

要测量是否有 60%的目标受众看到这一广告，可以使用以下公式。

$$目标受众的认知率 = \frac{广告曝光次数 \times 目标受众在网民中所占比例}{人口统计资料中目标受众的人口数}$$

目标二：使目标受众的 50%对该产品感兴趣，产生进一步了解的意愿。

测量：以广告的 CPC，即被点击次数（访问者点击链接至网站上的另一个网页，或者链接到广告主的网页，或者链接至其他网站的广告网页）作为主要指标。把点击了广告的访问者确认为对广告已经产生了兴趣的目标受众，可以使用以下公式来计算目标受众感兴趣的比例。

$$目标受众感兴趣的比例 = \frac{点击数 \times 目标受众在网民中所占比例}{人口统计资料中目标受众的人口数}$$

目标三：使目标受众的 40%喜欢该产品，产生购买欲望。

测量：以访问者对点击进入的链接网页的阅读率作为主要参考指标，把对链接的网页进行了阅读的访问者视为已经产生购买欲望的目标受众。网页阅读率是指浏览器下载网页时，网站服务器会将所有的在该网页上的图形、声音文档或其他档案单独下载并记录下来，最后记录的是一整篇网页被阅读的次数。网页阅读率与网页点击率不同，网页点击率是浏览器向网站服务器要求下载的档案数，而一个网页包括文字、图片、声音等多个文档，并且不同的网页所包含的文档数也不一样。1997 年，由美国、英国等多个国家组成的国际发行稽核局联盟宣布采用"网页阅读"作为网站流量的稽核标准。要测量目标三是否已经达成，可以使用以下公式进行测量。

$$目标受众中产生购买欲望的比例 = \frac{网页阅读数 \times 目标受众在网民中所占比例}{人口统计资料中目标受众的人口数}$$

目标四：使目标受众的 5%成为该产品的消费者。

测量：这里所说的 5%的购买率，是指在互联网上直接进行购买，不包括受网络广告影响而通过其他途径进行的购买。对目标四的测量可通过在线数据库里的购买记录来进行，可以使用以下公式测量。

$$目标受众的网上购买率 = \frac{网上购买数 \times 目标受众在网民中所占比例}{人口统计资料中目标受众的人口数}$$

这个例子的广告主可以根据企业和产品整合营销传播的需要，就上面的单个或多个目标对该广告活动和它对这一终端站点的投置效果做出综合评价，以检查其执行策略（包括诉求创意的内容沟通策略）的错误或者做出更有效的改进。

网络广告目标受众的直接反应还可以从成本计算法的印象成本、点击成本和行动成本的角度对广告的效果做出就软件监测系统生成数据的评测。

成本计算法最常用的指标是每千人印象成本（CPM）、每点击成本（CPC）、每行动成本（CPA）等。例如，某品牌洗发水的广告在某一终端 1 个月的投置费用是 5000 元，所获得的暴露次数为 500000 次，点击次数为 50000 次，转化次数为 1000 次，它的各项成本分别为

CPM = 总成本 ÷ 广告曝光次数 × 1000=5000 ÷ 500000 × 1000 = 10 元

CPC = 总成本 ÷ 广告点击次数 = 5000 ÷ 50000 = 0.1 元

CPA = 总成本 ÷ 转化次数 = 5000 ÷ 1000 = 5 元

如果企业要对不同广告形式、不同终端站点媒体或者不同投置周期的广告效果进行比较，而不仅仅是测量某一次的投置效果，可以采用成本的加权计算法。加权计算法对广告投置一段时间后产生的效果的不同层面赋予不同的权重，以显示不同效果之间的差异。例如，某品牌洗发水以一个月时间同时实施了三种广告方案，投放效果各有不同，基本情况如表 7-1 所示。

表 7-1　某品牌洗发水（1 个月）的 3 种广告方案投放效果

方案	投放网站	投放形式	投放时间	广告点击次数	产品销售数量（件）
方案一	A 网站	横幅	1 个月	2000	280
方案二	B 网站	横幅	1 个月	4000	180
方案三	C 网站	横幅	1 个月	3100	260

通过表 7-1 很容易得出这样两种不同的结论。

①广告点击次数最多的是方案二，它能够吸引更多的注意力，当然这种方案的效果最好。

②第一种方案的效果才是最好，因为产品销售量最高，真正由网络广告效应带来了利润。

但是，只是根据表格的数据直接得出结论，不仅对广告效果的评价会比较片面，而且缺乏准确性与客观性。衡量网络广告投放的整体效果必须涉及很多方面，比如，要考虑广告带来多少注意力，注意力可以转化为多少利润、品牌效应等。对上面的洗发水广告可以使用加权计算法进一步分析其效果。

首先，可以为产品销售和获得的点击分别赋予权重，权重的简单算法为

（280 + 180 + 260）÷（2000 + 400 + 3100）= 0.08

由此可得，平均每 100 次的点击可形成 8 次实际购买，那么，可以将销售量的权重设为 1.00，每次点击的权重为 0.08，然后将销售量和点击数分别乘以其对应的权重，最后将两数相加，从而得出该企业通过投放网络广告可以获得的总价值。

方案一的总价值为：$280 \times 1.00 + （2000 - 280）\times 0.08 = 417.6$

方案二的总价值为：$180 \times 1.00 + （4000 - 180）\times 0.08 = 485.6$

方案三的总价值为：$260 \times 1.00 + （3100 - 260）\times 0.08 = 487.2$

从计算结果可见，方案三才是为该企业带来最大价值的方案。虽然第一种方案可以产生最多的实际销售数量，第二种方案可以带来最多的注意力，但从长远来看，第三种方案才更有价值。

在网络广告的运作当中，与广告发布投放同时置入的软件监测系统使对广告效果的评测贯穿了广告发布活动的始终，在一定程度上延展了整个网络广告效果评估的工作平台。

随着网络广告市场的发展，媒体机构、广告主以及代理商越来越多地求助独立的第三方软件监测系统和监测机构，它们在评估方法、操作流程和报告结果上更具权威性和公正性。由技术雄厚的第三方机构研发的广告监测系统所提供的数据更加公正、准确，不会重复累计点击数，也不会漏播广告。第三方软件监测系统可以给每位广告主单独提供监测账号和密码，广告主在广告投置 24 小时后就可以自行登录查询所生成的数据报告，以便及时更换广告投置的创意，调整广告投置排期。由第三方软件监测系统所提供的数据报告有多种生成方式，可以满足不同广告主的不同需要，为其效果的最大化提供切实有效的帮助。

最后还要特别指出的是，一个广告的发布计划会包含很多的数据，但这些数据本身只不过是让一个发布计划言之成理的假设，在很多情况下甚至很难证明一个已经实施或正在实施的发布计划是否是最好的发布计划。媒体机构（连同市场和消费者）的过去、现在和将来都充满了变数和不可知因素，对于将来的广告发布策略和发布计划，一切用于假设（将来情况）的数据都是可以促使其发生变化的数据，即使它证明了过去和现在的情况，但在广告发布的将来同样还会有变化，或者可以根据需要创造条件促使其发生变化。无穷尽的数据证明分析可能会产生一个漂亮的广告计划，但不一定是广告主需要的、能产生更多回报的计划。广告信息发布策略和发布计划需要慎思明辨，更需要创意。

问题与思考

一、即测即练

自学自测

扫描此码

二、简答题

1. 如何理解广告曝光次数并不等于实际浏览的广告人数？

2. 如果你的广告同时出现在若干个站点，该如何监测哪个站点的效果更好？

3. 网络广告的效益可以用 CPM、CPC、CPA 和 CPS 等指标来衡量。针对不同的广告目标，可以使用不同的网络广告效果评价指标，请说明如果广告目标分别是促销、品牌曝光和活动推广，应该分别使用何种指标为主进行评估较合适，并做简单分析。

4. 一定时期内一个广告主投入某产品的网络广告费用是 6000 美元，这则网络广告的曝光次数为 600000，点击次数为 60000，转化数为 1200。请计算这个网络广告的：

（1）千人印象成本（CPM）；

（2）每点击成本（CPC）；

（3）每行动成本（CPA）；

（4）转化率。

5. 某通信制造商在 A、B 两家网站上刊登了某通信产品的广告，刊登周周期为 1 个月，广告刊登结束后，A、B 两网站向该制造商提供了网络广告在其网站上的被点击次数分别为 5102 和 3051。同时，网站协助制造商对网民的行动进行了跟踪调查，分别得到由于受网络广告影响而产生的购买次数分别为 102 和 124。根据一般的统计数字，每 100 次点击可形成 2 次实际购买。假定传播效能在实际购买上的权重为 1，每次点击的权重为 0.02。

（1）比较两个网站的传播效能（网站给企业带来的在展示和销售上的总效应）。

（2）比较两个网站的点击转化率，分析 A、B 两个网站哪个网站的受众质量更高？

第 8 章

新媒体营销

"新媒体"一词是英文"New Media"的直接翻译,所以要了解新媒体的起源,还得从"New Media"一词的来源说起。一般认为,"新媒体"作为传播媒介的一个专有术语,最早是由美国一个叫彼得·戈尔德马克(Peter Carl Goldmark)的人提出来的。彼得·戈尔德马克是留声机唱片和电子录像的发明者,还是参与制定彩色电视 NTSC 标准的重要成员,曾担任过美国哥伦比亚广播公司技术研究所所长。他在 1967 年发表了一份关于开发电子录像商品的计划,在这个计划里他第一次提出了"新媒体"一词。之后,美国传播政策总统特别委员会主席 E. 罗斯托(E. Rostow)在 1969 年向当时的美国总统尼克松提交的报告书中,也多处使用"New Media"一词。从此以后,"新媒体"一词就开始在美国社会流行,并逐步流传到全世界,"新媒体"也逐渐成为全世界的热门话题①。

新媒体是相对于传统媒体而言的。广播相对于报纸是新媒体,电视相对于广播又是新媒体,而相对于互联网,电视、广播、报纸和杂志又都成了传统媒体。

刚开始人们把整个互联网当作一种媒体,网站负责所有内容的生产,从网站的主页到各频道的首页,散播着从政治经济到体育娱乐等各类形形色色的信息,人们开始把上网称为冲浪,史称 Web1.0 时代。到 Web 2.0 时代,用户开始参与内容的生产,出现了博客、论坛、QQ 空间等新的内容渠道,网上内容更加丰富多彩,互联网对人们的吸引力越来越大,网民的数量快速增长。再到移动互联网的强势崛起,内容传递、呈现的方式更是呈百花齐放之势,从几乎对网民全覆盖的社交工具,如微信、微博,再到聚焦各类人群的各种手机软件(App),如影音视听类的网易云音乐、喜马拉雅、全民 K 歌等,互联网可以说实现了对全民的一网打尽。作为新媒体的一大特征也是必要条件就是它需拥有一定数量的受众。

如今,打开手机的应用市场,令人眼花缭乱的各种 App 充斥着人们的生活,只要愿意用户可以下载其中的任何一款,下载安装甚至还能得到一定的奖励。每一种应用表面上都是给用户提供一种满足其需要的功能,实际上却是在争夺终端用户。任何一种应用当拥了一定数量的用户后,就可以成为信息传播的渠道,也就有了媒体的价值,便可以称得上是一种媒体。因此,本书将新媒体定义为:拥有一定数量用户,以信息传播为主的互联网应用,主要是智能手机上基于移动互联网的应用,如微信、微博、短视频和社群等。

---

① 百度百科,"新媒体"。

8.1　新媒体营销概述

随着新媒体的出现，人们将原来花在传统媒体上的时间逐渐转移到新媒体上。因此，新媒体逐渐成为一些企业进行市场营销的首选，新媒体营销也成为当下炙手可热的营销趋势。那么什么是新媒体营销呢？

新媒体营销就是以新媒体平台为传播和购买渠道，把相关产品的功能、价值等信息传送到目标受众，以便形成记忆和喜欢，从而实现品牌宣传、产品销售目的的营销活动①。在特定产品的概念诉求与问题分析上，它能对消费者进行针对性引导，借助媒体平台和舆论热点向消费者传递某种概念、观点和思路，以达到企业商业策略的软性渗透，使企业得到更好的品牌宣传和销售。不同于传统营销的思维方式，新媒体营销的思维方式更具有体验性、沟通性、差异性、创造性和关联性。

潜在销售线索

新媒体营销借助新媒体，以内容为核心，注重获取有利于企业营利的"潜在销售线索"。例如，在现有的竞争情况下，用户从知道产品到最后转化为付费用户不是瞬间就能够完成的，特别对于在线工具的 Saas 产品来说，一个用户的转化周期有时候长达 6 个月。所以，如果缺乏能够和用户直接沟通的桥梁，企业就很难继续和他们进行针对性沟通，更不用谈及最后的转化了。

这个桥梁就是销售线索，目前最常见的销售线索包括：用户的手机号码、微信号、邮箱地址、QQ 号、公众号粉丝、微博粉丝等信息，当然最直接、最优质的还是前面三种线索。

8.1.1　新媒体营销的核心理论

市场营销中有诸多理论，包括 4P、4C、4R 和 4I 等。相对于其他理论，4I 理论更适用于追求范围大、黏性强的信息传播营销，像内容营销、微信营销、微博营销等新媒体营销。4I 是指要把内容整合得有趣（interesting）、能够给用户带来利益（interests）、做到和用户互动（interaction）和让用户彰显个性（individuality）的营销理念。

1. 趣味原则

中国互联网以娱乐为基本属性之一。要想在互联网这个"娱乐圈"中生存发展，广告、营销就必须符合娱乐化和趣味性的原则。因为广告本身讲究创意，为了让广告、营销具有趣味性，那就要求在广告的源头创意上做到既有趣又好玩。

2. 利益原则

营销活动要以为目标受众提供切实可行的利益为基础。任何营销活动都要站在目标受

---

① 参考 https://a.newrank.cn/trade/news/69.

众的角度思考问题，试想一下目标受众为什么要参加活动、参加活动对他们又有什么好处？这样努力挖掘目标受众的心声，分析人类所共有的欲望，结合营销方式和技巧，设法激发目标受众的参与欲望，最终就能引导目标受众产生进一步的行动。

3. 互动原则

网络媒体最重要的特色之一就是交互性，通过利用网络媒体的这一特征与目标受众进行交流可以避实就虚使网络营销的效果发挥到极致。

4. 个性原则

网络媒体基于大数据很容易实现个性化，做到千人千面。通过个性化营销能够让受众感到这个营销活动就是为自己量身打造的，使受众的虚荣心得到极大的满足，从而促成交易行为。

8.1.2　新媒体营销的特点

随着用户将原本花在传统媒体上的时间逐渐转移到新媒体上，由此导致传统媒体营销效果急速下降，越来越多的企业在进行品牌、产品的推广时选择新媒体进行营销，传统的营销正在被以新媒体营销为代表的网络营销不断地蚕食。新媒体营销之所以能替代传统媒体营销，与新媒体营销固有的一些特点密不可分，新媒体营销主要有五个特点。

1. 传播速度快

新媒体营销的传播速度快主要表现在两个方面。一方面是激发受众参与的传播途径。新媒体营销更加注重内容信息的传播，其内容更符合用户对信息的需求，因而更容易让用户参与内容信息的传播，加快信息的传播速度。另一方面是传播手法，新媒体平台本身具有信息发布便捷、快速的优点，用户可以随时随地地接收新媒体的信息并且表达自己的观点，这增加了他们主动传播信息的概率。要将这两个方面都能利用起来，"引起共鸣"是新媒体营销的常见手法，也就是传播的内容必须引起用户的认同，他们才会主动地进行传播。

2. 覆盖面广

新媒体营销覆盖范围广是指基于互联网环境的传播方式和传播渠道的多样化，由于互联网不受时间和空间的限制，营销信息能够覆盖全国各地甚至全世界的目标受众。

3. 成本更低

成本更低是指与传统的电视广告、报刊广告相比，新媒体的传播方式更灵活，可以随时对发布的营销信息进行修改、更新，企业还能利用免费的新媒体营销平台适时发布营销信息，建立自己的粉丝群体更好地进行企业产品和品牌的宣传、推广，从而花最少的钱，产生最好的营销效果。

4. 营销目标精准

新媒体营销基于大数据、云计算等技术能够通过用户在网络上形成的信息、行为、关

系等数据描绘产品的目标人群画像，通过制定更加精准的营销策略，将营销信息主动推送
到感兴趣的目标人群眼前，从而提高营销信息的精准性，获得更多的用户转化。

5．互动性强

新媒体信息的传播是双向的，具有非常强的互动性，用户可以对营销信息进行传播、
讨论和反馈，甚至还能参与营销的策划与改进，将原来的 B2C 电商模式变成现在的 C2B2C
模式[①]。

8.1.3　新媒体营销的渠道

新媒体营销的渠道，即新媒体营销的平台，指的是用户获取信息的来源。新媒体营销
可以单独通过某一种渠道进行营销，也可以利用多种渠道进行整合营销传播。新媒体营销
的渠道主要包括以下几种。

1．微信公众号

微信包括订阅号和服务号，针对已关注的粉丝形成一对多的推送，推送的形式多样，
包括文字、语言、图片、视频等，并且基于微信本身庞大的用户基础，传播效果遥遥领先
于其他渠道。

2．新浪微博

微博比微信更为开放，互动更加直接，推送不受数量和时间的限制，形式多样，并且
因其开放性而容易造成爆炸式的传播效果。

3．社交网站

包括天涯、豆瓣、猫扑、人人等社区。这些网站有其对应的用户群体，网站内部也有
多种玩法，如豆瓣日志、豆列、小组等，也具有良好的传播效果。

4．问答平台

以这几年发展红火的知乎、在行一点（原名"分答"）等平台为主，这些平台重视内
容本身，在站外搜索引擎上的权重较高，常形成用户分享信息的发源地。

5．视频网站

以哔哩哔哩、Acfun（弹幕视频网）、腾讯视频等为代表的视频网站，品牌可以直达用
户，能更好地与传播内容相融合，并且可以通过弹幕等方式及时获取用户反馈。

6．短视频平台

以抖音、快手、美拍、秒拍等为代表的短视频平台，迎合受众的信息接受模式的变化
和移动端的使用习惯。在视频移动化、资讯视频化和视频社交化的趋势带动下，短视频营
销正在成为新的品牌风口[②]。

[①] 新媒体营销的概念及特点，https://haokan.baidu.com/v?pd=wisenatural&vid=4524172113619258866.
[②] 资源来源：https://a.newrank.cn/trade/news/69.

8.1.4 新媒体营销的方式

新媒体营销是内容与渠道的结合。新媒体营销的方式是指新媒体内容在各渠道呈现的形式，内容呈现的形式主要有文字、图片、视频等[①]。

1. 文字

文字是最为常见的内容呈现形式。例如，加多宝凉茶在输掉与广药集团的官司后，发布了一组微博图片，配文为"对不起"，如图 8-1 所示。

这组图片选取了四个哭泣的宝宝，并以一句文案配图诉说自己的弱势。加多宝的悲情牌一经打出，立刻博取大量网民的同情，其官方微博上的四张图片获得了超过 4 万的转发量，加多宝也一举将输掉官司的负面新闻成功扭转为为赢得广泛同情的公关营销事件。

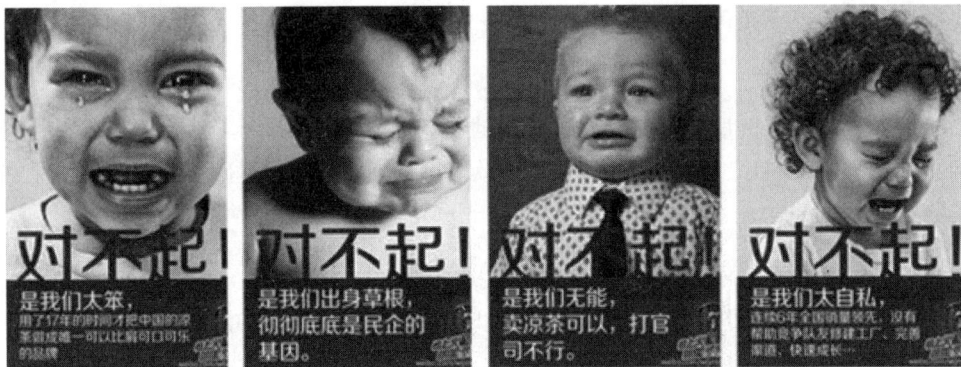

图 8-1 加多宝"对不起"系列微博内容[②]

2. 图片

用会被转载的图片做广告，这种直观的视觉方式让读者在瞬间记住图片所要宣传的产品或思想。例如，化妆品品牌百雀羚在其微信公众号上发布的"一九三一"长图广告（图 8-2），长图主要根据百雀羚 1931 年诞生在上海的历史，以民国时代为背景，画面由

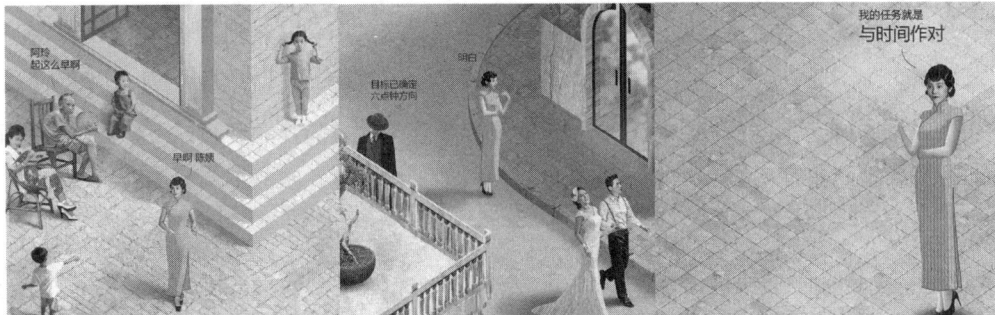

图 8-2 百雀羚微信公众号上的"一九三一"长图广告[③]

---

① 资源来源：https://a.newrank.cn/trade/news/69.
② 百度图片，"加多宝对不起"。
③ 资料来源：https://www.sohu.com/a/139483818_282116.

身着民国时期旗袍的女主角，以及经过设计的人物组成，画风清奇，浓浓的历史气息让人仿佛行走在几十年前的大上海。广告贴合了手机端用户的使用习惯，形成了刷屏的效果。

3. 音频

用音频进行营销，不需要占用双眼，即可以实现伴随式的营销。例如，2016 年天猫双十一与上海彩虹合唱团合作，推出了《我就是这么诚实》这首推广曲，歌词切中痛点，开启了双十一的声音营销，如图 8-3 所示。

图 8-3　天猫 + 上海彩虹合唱团：双十一唱响《我就是这么诚实》[①]

4. 视频

用视频进行营销，包括电视广告、网络视频、宣传片、微电影等各种方式。例如，美国 Blendtec 公司为宣传自家的搅拌机，以一个老头将各种稀奇古怪的东西扔进搅拌机为主题，在过去的 15 年里（自 2006 年始）拍了一系列视频，主人公 Tom Dickson 的白大褂、护目镜和搅拌机都是雷打不动的道具，连他自己和 15 年前看起来都没有什么改变（图 8-4）。基本上唯一在变化的，是搅拌机里搅拌的物品，这些堪称暴殄天物的操作，吸引了众多网友的围观甚至期待，"Will It Blend" 频道不仅成了网红，还成了网络营销的经典案例。

图 8-4　无所不能碎的 Blendtec 搅拌机[②]

---

① 截图来自：https://www.digitaling.com/projects/19813.html。
② 资料来源：https://k.sina.com.cn/article_2634877355_9d0d09ab01900uu4g.html。

5. H5 动态页面

这是近年来兴起的一种营销方式。利用各种创意的设计进行营销，因为形式多样，往往能起到良好的传播效果。例如，支付宝推出的"支付宝十年账单"H5 页面，如图 8-5 所示。2014 年 12 月 8 日，支付宝公司发布"十周年账单"，帮用户算了一次总账，每位用户都能直观地查看过去十年间购物、支出、理财、公共事业缴费等方面的数据。数据显示，自 2004 年支付宝公司成立以来，3 亿"剁手族"的网络支付总笔数已达 423 亿笔。

"支付宝，十年之前我不认识你，你不属于我，十年之后面对账单留下太多爱和愁，然而，爱恨岂在十年间？大数据时代，与其叹息'一入淘宝深似海'，不如'一边享受，一边泪流'，一起'长大'，一起'成熟'"。网友的感叹一波又一波，迅速脱离了支付宝本身，在微博、微信朋友圈形成了刷屏。

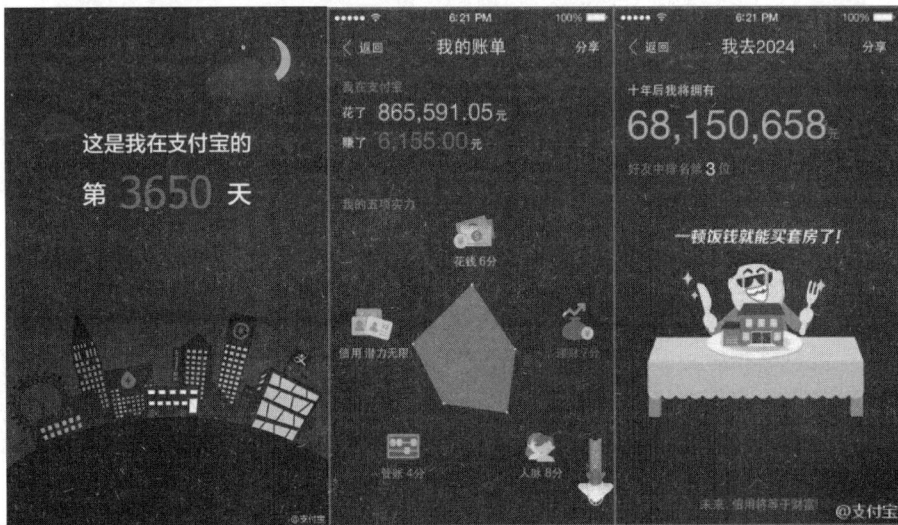

图 8-5　支付宝十年账单①

8.1.5　新媒体营销的策略

从传统营销到新媒体营销，最根本的思维改变就是将原有的宣传（Propaganda）向参与（Involvement）转变，把做商品、做服务、做品牌、做贩售的流程开放，让客户能够积极参与进来，创建一个可触碰、可拥有、和用户共同成长的品牌。为了实现培养用户的参与感，对用户进行消费的心理引导，企业在新媒体营销中可以结合营销内容使用以下方法。

1. 病毒式营销

病毒式营销就是利用大众的积极性和人际网络，让营销信息像病毒一样进行传播和扩散。病毒式营销是公众自发形成的传播，其主要的特点就是快速复制、广泛传播并能给人留下印象。病毒式营销可以说是新媒体营销最常用的网络营销手段，经常用于产品、服务

① 资料来源：https://www.ithome.com/html/it/116097.htm.

的推广。病毒式营销的八种传播方式如图 8-6 所示，用这种方法进行营销最主要的着力点就是让人们对其产生印象。

　　要想成功地做好病毒式营销，需要注意以下四点。首先，独创的病毒营销方案才具有最大的传播效果。其次，病毒营销要找到关键利益点，以满足大众对于新鲜事物的好奇心和为大众提供优质产品，否则产品将缺乏曝光动力。再次，要找准营销平台及核心的传播人群，微信朋友圈这个营销平台就非常合适。最后，要尽量跟踪管理病毒式营销的传播结果，及时发现问题并进行舆论导向[①]。

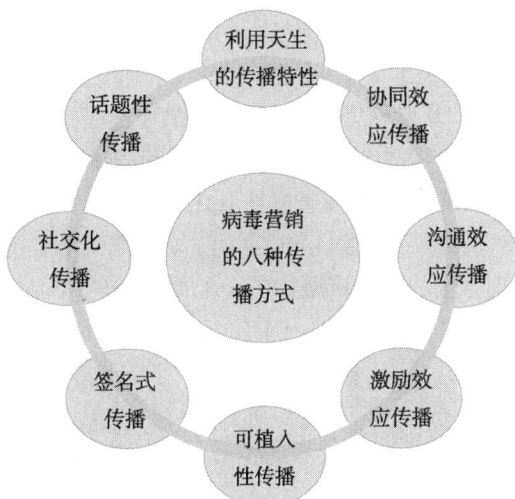

图 8-6　病毒营销的八种传播方式

2. 事件营销

　　事件营销就是利用有新闻价值、社会影响以及名人效应的人物或事件，通过策划、组织等技巧来吸引媒体、消费者的兴趣和关注。其作用主要是为了提高企业产品、服务的认知度和美誉度，为品牌建立良好的形象。事件营销的步骤如图 8-7 所示。

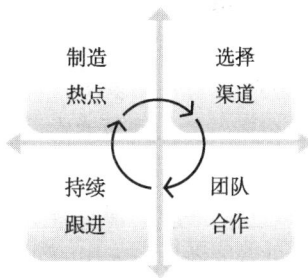

图 8-7　事件营销的步骤

3. 口碑营销

　　口碑传播是指企业在创建知名品牌的过程中，利用消费者之间的互相沟通交流将商品信息或企业品牌传播开来。

　　让每一位顾客都能传颂自己生意上的"美德"，是企业经营者梦寐以求的事情，但口碑的形成绝不是意外和巧合，是有规律可循的。以下几点将决定口碑营销的成功与否。

　　①提供有价值的产品或服务，制造传播点。并非所有的商品都适合做口碑营销，口碑营销在不同的商品中所发挥的作用也不尽相同。人们乐于传播信息的产品种类依次是：服

---

① 资料来源：https://www.zhihu.com/question/21391726.

装鞋帽、日用百货、家用电器和食品饮料。因此，企业要对产品做深入研究，判定是否适合口碑营销；要充分挖掘产品在外观、功能、用途或价格等方面的独特性，提炼传播点。

②谙熟口碑打造模式。口碑打造主要有三种模式：一是利用用户进行口碑传播，又分用户主动口碑和用户被动口碑，前者是用户自觉自愿的传播行为，后者是采用用户口碑奖励方法，让不愿意主动进行口碑传播的用户参与口碑传播；二是利用意见领袖进行口碑传播，明星和达人拥有众多粉丝，是典型的意见领袖，通过意见领袖的"种草"，可以达到口碑传播的目的；三是企业自己制造口碑，企业让营销人员和员工扮演用户在互联网的相关媒体上发帖，通过发帖、跟帖、转发、点赞制造口碑。例如，某公司刚创办时，为了让其产品实现火爆销售，动用了公司几乎所有的人员，包括老板和高管都参与网络论坛发帖。首先，公司老板在互联网上发表了《互联网思维七字诀》（专注、极致、口碑、快），引爆了"互联网思维"的话题，使"互联网思维"迅速在网络上走红，这不仅让用户迅速知晓了公司和公司的产品，同时也提升了用户对公司产品的好感和信任度，成为口碑营销的"教科书"。

③搭建用户沟通平台和渠道。例如通过社会化媒体（如微信）、评论类媒体（如大众点评）、在线客服等，建立广泛、快捷的沟通渠道，方便客户表达意见。

以微信为例，其口碑营销的操作策略如图 8-8 所示。

图 8-8　微信口碑营销的操作策略

4. 饥饿营销

产品供应者故意降低产量、控制供求关系，制造"供不应求"的假象，进而获得高售价和高利润的营销策略。

饥饿营销的商家通常都是先用"秒杀""限量"等引起顾客的购买欲望，再降低供应量，制造"供不应求"的现象，以大大提高人们的购买欲望，为日后的大量销售奠定基础。饥饿营销的实施步骤如图 8-9 所示。但是，运用饥饿营销也需要视情况而定，并不是每一个企业都能随便拿来用的。在市场竞争不充分、消费者心态不够成熟、产品综合竞争力和不可替代性较强的情况下，饥饿营销才能较好的发挥。

图 8-9　饥饿营销的实施步骤

5. 知识营销

知识营销就是通过有效的传播方法和合适的传播渠道，将企业所拥有的对用户有价值的知识传递给潜在用户，这些知识包括产品知识、最新研究成果、经营理念、管理思想和优

秀的企业文化等，使其逐渐形成对企业品牌和产品的
认知，在此基础上进一步促进潜在用户最终转化为实
际用户的营销行为。

知识营销有一个最基本的核心点：要让用户在消
费的同时学到新的知识。

用知识来推动营销，需要企业提高营销活动策划
中的知识含量，重视和强调知识作为纽带的作用，帮
助消费者获取某一方面的知识。其中，教育培训行业
是最常利用这种营销手段的。常见的知识营销途径如
图 8-10 所示。

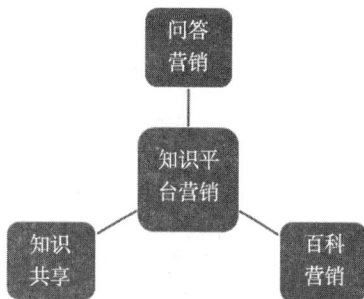

图 8-10　知识营销的途径

6. 互动营销

新媒体相较于传统媒体，最大的特点就是互动。新媒体可以拉近企业和消费者之间的
距离，产生强烈的互动。互动营销就是企业与消费者之间通过互动来进行沟通交流，进而
达成交易的一种方式。互动营销的实施步骤如图 8-11 所示。

想要有互动的产生，企业需要抓住自身与消费者的利益共同点，找到其中巧妙的沟通
时间和方法，将彼此紧密联系在一起。

互动营销最大的好处就是可以促进消费者重复购买，有效地支撑销售。企业需要了解
消费者的真正痛点，建立长期的客户忠诚，实现消费者利益最大化。

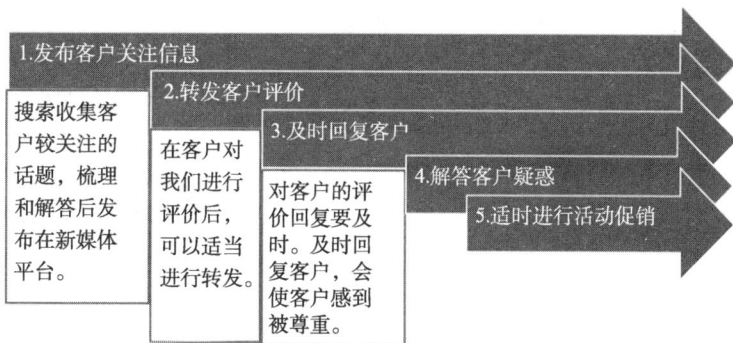

图 8-11　互动营销的实施步骤

7. 情感营销

如今是一个情感消费时代，消费者购买商品时所看中的已不只是商品质量、价格这些
因素了，更多的时候是一种感情上的满足，一种心理上的认同。情感营销就是把消费者个
人的情感差异和需求作为营销推广战略设计基础的营销方式。

情感营销通过借助情感包装、情感促销、情感广告、情感口碑、情感设计等策略来实
现企业的营销目标，其最终的目的就是引起消费者的情感共鸣，为企业品牌建立一种更加
立体化的形象。情感营销的方法如图 8-12 所示。

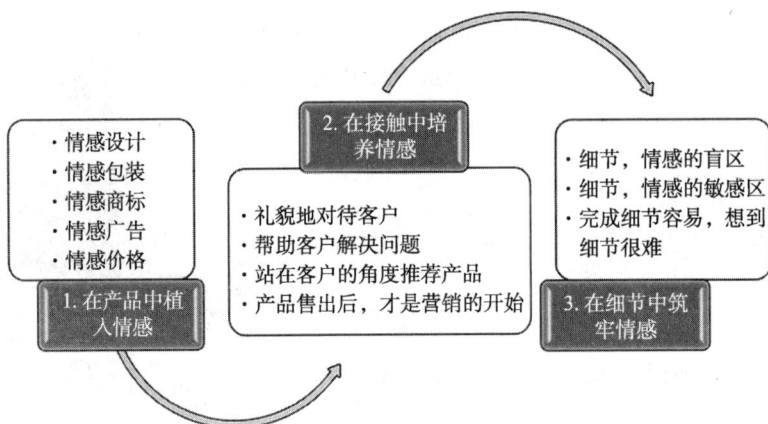

图 8-12 情感营销的方法[1]

8. 会员营销

这种营销方式在传统媒体营销中也经常被应用。在新媒体营销中，其价值更是被最大化地开发。企业利用新媒体背后的大数据，对消费者、潜在客户的信息进行挖掘，细分客户种类，并对相应的用户采取更为合适的促销手段。会员营销的方法如图 8-13 所示。

会员营销是一门精准的营销课程，它需要通过设计完整的商业环节，把每一项工作不断地做到极致，达成更高的目标，来实现企业效益和规模的不断放大[2]。

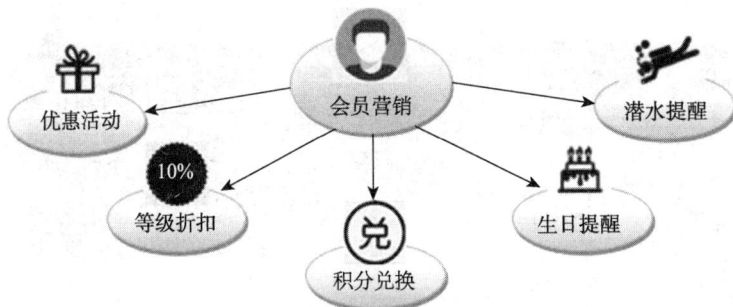

图 8-13 会员营销的方法

8.2 微 博 营 销

微博营销是指通过微博平台为企业或个人发现并满足用户需求，从而创造价值的一种营销方式。微博营销以微博作为营销平台，将每一个微博用户都当作营销对象，企业通过发布微博向网友传播企业信息、产品信息，树立良好的企业形象和产品形象，通过经常更新微博内容或者发布网友感兴趣的话题跟网友交流互动，以达到营销的目的。

---

① 参考来源：冯超博客，http://www.yunmajp.com/315.html.

② 参考来源：https://www.sohu.com/a/214131703_100091980.

微博营销注重价值的传递、内容的互动、系统的布局和准确的定位，随着微博用户数量的快速增长和热度的不断提升，其营销效果日益显著。微博营销涉及的范围包括认证、有效粉丝、朋友、话题、名博、开放平台、整体运营等。自 2012 年 12 月后，新浪微博推出企业服务商平台，为企业在微博上进行营销提供帮助。

8.2.1 微博营销概述

1. 微博营销的特点

（1）成本低

微博发布门槛低，可以做到几乎零成本的信息发布，效果却不差。人们只需要简单的构思，就可以完成文案，使内容制作更容易更快捷，因此成本极低。与传统的大众媒体（报纸、流媒体、电视等）相比，受众甚至更广泛。

（2）覆盖广

微博信息支持多种终端，包括手机、电脑与其他传统媒体，同时传播的渠道具有多样性，可以实现跨媒介、跨平台的转发，而且转发非常方便。另外，利用名人效应能够使事件的传播量呈几何级数放大。

（3）见效快

微博营销是投资少、见效快的一种网络营销模式。一条微博在触发微博"引爆点"后，短时间内的互动性转发就可以使其内容迅速传向整个微博世界，甚至登上微博热搜，其营销方式和模式可以使企业在短期内获得巨大的收益。

（4）手段多样化

从技术上，微博营销可以同时方便地利用文字、图片、视频、流媒体、直播等多媒体技术手段来展现产品或服务，使受众更形象直接地接受信息。

（5）互动性强

微博的博主能与粉丝即时沟通，及时获得反馈。

2. 微博营销的类型

微博营销分为个人微博营销、企业微博营销和行业资讯微博营销。

（1）个人微博营销

个人微博营销是指利用个人的微博账户进行营销活动。个人通过注册微博账户，然后吸引粉丝，当粉丝达到一定的数量后，个人微博便具有发布营销信息的价值，就可以开展个人微博营销。能够成功进行个人微博营销的多是社会上的知名人士，如各类明星、知识精英、业界达人等。他们通常是利用个人的知名度来吸引别人的关注。日常通过发布粉丝感兴趣的内容来保持自己的热度，通过代言或植入广告等方式开展营销活动。

（2）企业微博营销

企业注册专属于企业的微博账号，成为企业的官方账号，利用企业的官方账号进行企业宣传，可以增加企业的知名度；进行产品或活动的宣传可以帮助实现产品销售；进行话题的炒作可以增强与粉丝的互动，提高粉丝的黏性，达到吸粉增粉的目的；进行消费者意见建议的收集可以帮助改进产品和服务，提高消费者的满意度。企业还可以建立多个定位不同的官方账户，形成企业微博矩阵，开展整合营销传播。企业微博营销比个人微博营销往往要难许多，因为知名度有限，企业进行微博营销时应当事先建立起固定的消费粉丝群，与粉丝多交流、多互动，必要时要有一定的投入，对微博账号进行推广。

（3）行业资讯微博营销

以发布行业资讯为主要内容的微博，往往可以吸引众多用户关注，类似于通过电子邮件订阅的电子刊物或者 RSS 订阅等，微博内容成为营销的载体，订阅用户数量决定了行业资讯微博的网络营销价值。因此，运营行业资讯微博与运营一个行业资讯网站在很多方面是很类似的，需要在内容策划及传播方面下很大工夫①。

8.2.3 微博营销的方法

微博营销的价值主要体现在引流上，因此微博营销的方法主要是研究如何通过微博引流。那么，具体该从哪些方面利用微博进行引流呢？

1. 用好关键词

企业可以在微博上利用关键词搜索，按照时间或地域等进行精确查找，获得的客户较为精准。在搜索时最好是输入核心关键词，如果企业的产品是奶粉，因为买奶粉的客户通常都是年轻的父母，所以关键词可以锁定在"我家宝宝"或"我家闺女"等；也可以按照昵称来搜索，如"妮妮妈妈"或者"花花妈妈"等。

2. 善用竞争对手

企业应多关注竞争对手的动态，设法从对手那里发现精准客户。企业可以直接关注对手的微博，多与其粉丝进行互动，并建立起长期的信任关系，从而将对手的粉丝转化为自己的客户。

3. 关注热点话题

企业平时要多关注与自己的产品相关的热点话题，然后找出关注相同话题的人，这些人往往都是潜在客户，尝试与他们取得联系，并维护好关系，就可以获得一批精准客户。

4. 借鉴热门微博

企业可以通过参与微博互动，找到相关行业的热门微博，观察转发和评论该微博的人，从这些人入手同样可以获得目标客户群。

5. 增强互动交流

企业可以多做调查，关注一些相关人群。通常情况下只要你关注了他们，基于礼尚往来他们也会关注你，但注意不要一上来就发生硬的广告，这样容易让对方产生反感。博主平时可以多发表一些积极向上的评论，在有了一定信任基础后，可以将新的产品信息或优惠活动发给他们，从而建立起长期的互动关系。

---

① 百度百科，"微博营销"。

6. 保持微博热度

为了让微博信息保持一定的热度，企业可以设置一些问题让人来回答，甚至可以展开辩论，让你的消息及其回复不断地引起波澜，产生震动。

企业利用微博引流不能以单纯做广告为目的，而要将有价值和娱乐性的内容分享给大家，这样才能真正获得粉丝的支持。

8.2.4 微博编写的技巧

对于企业来说，微博文案的好或坏在很大程度上能够决定营销的成败，不容小觑，因此，为了能编写出好的微博文案，需要掌握以下几点。

1. 内容简练

现在的微博虽然已经不再受 140 个字的限制，但微博的内容如果过多，有违"微"博的初衷，也会给浏览者的阅读造成负担，所以微博的文案还是要做到简练。一般来说，微博文案可以将字数控制在 100～120 字之间，这样就可以使用户在转发时带上评论，从而更乐意进行转发。

2. 内容包含三要素

在微博内容的编写上，最好是同时包含@、#和链接三个要素。其中@指向某一用户，可以在很大程度上保证该用户会阅读内容；#则增加了微博被搜索到的概率，有利于被粉丝之外的人看到；链接则是分享内容的有效途径，更容易激发起用户的关注兴趣。

3. 选择链接位置

很多人都会选择在文案最后添加链接，实际上这样做的效果并不明显。企业可以选择在中间比较醒目的位置，如重点符号、字词前后添加链接，往往可以达到很好的吸粉、吸睛效果。

当然除了上述技巧之外，企业还可以通过其他形式，如在内容中添加一些互动性和趣味性因素等，以此来达到吸引粉丝眼球的目的。

8.2.5 微博内容的建设

微博内容是将受众或浏览者迅速转化为粉丝并长期存留的关键因素，因此具有一定质量的内容对后续建设工作来说至关重要。在创建微博内容时，要遵循"定制＋非定制"的原则，如图 8-14 所示。

无论是定制的内容还是非定制的内容，微博的内容建设都应围绕其最初的定位，为了更好地吸引粉丝，可以结合各种类型的热门话题进行延伸发展，在撰写微博内容时该注意哪些问题呢？

图 8-14 创建微博内容要遵循的基本原则

1. 微博内容的质量要有保证

无论话题和要推广的商品有没有关系，博主都要认真地撰写微博内容，发表高质量的微博。粉丝不是简单潦草的敷衍就能得到的，一个微博大 V 所具有的影响力都是通过认真的态度积累下来的，没有哪个大 V 的成功是一蹴而就的。微博的内容决定了粉丝的拥有量，企业（博主）只有认真对待才能获得预期的影响力和广告效果。

2. 积极互动，善用评论和话题

微博最鲜明的特点就是互动性强，互动周期短。作为博主要经常查看粉丝的评论，并积极和粉丝进行互动，拉近和粉丝之间的距离。博主通过查看粉丝评论的内容，可以摸索粉丝的喜好和厌恶程度，并据此有选择性地发表微博。

3. 微博内容的原创性

一条热门微博的原创博主和话题中的人物都很容易被人们记住，所以要尝试做那个原创，而不是转发话题的人。现在知识产权越来越受到人们的重视，因此不要在未经作者同意的情况下抄袭他人的文章。

4. 内容发送的连续性

在确保微博质量的前提下，企业博主要定时、定量、定向地发布内容，让用户能不断地获得该产品的最新资讯，不要让自己的微博在每日新增的海量信息中被快速淹没。

5. 发广告需要一定的技巧

企业博主在发布商品的广告信息时措辞要含蓄，尽可能地把广告嵌入有价值的内容当中，这样既能起到宣传产品的作用，又因为能为粉丝提供有价值型的内容而不会引起粉丝反感。这样的广告因为具有一定的隐蔽性，所以转发效率更高，营销效果更好。像生活中的小技巧、免费的资源、有趣的事等，都可以成为植入广告的内容。

8.2.6　微博的发送策略

微博文案编写好后，接下来就是发送环节了。发送并不是一件简单的事，需要博主根据现实情况，选择适合自己的发送策略。一般来说，发送微博需要注意以下两个方面。

1. 选择合适的发送时机和频率

专业人士经过统计和研究发现，发微博的最佳时机主要集中在三个时间段，分别为9:30～12:00、15:30～18:00、20:30～24:00。在这三个时间段内，上微博的人较多，即微博的活跃度较高。如果企业博主能够抓住这些有利时机，发送高质量的微博内容，往往会达到良好的宣传效果。

对于微博的发送频率，则最好控制在一个有限的范围内，不要过于频繁，以免引发粉丝的反感。一般来说，20～60 分钟发布一条微博，一天内发布 10～15 条比较适宜。

2. 注重发送的连续性

微博和一本定期更新的电子杂志很像，都需要博主定时、定量、定向地发布相关内容，以此来达到吸引用户持续关注的目的。需要注意的是,微博内容的选择一定要注重质量,因为质量低劣的内容很容易引发粉丝的不满,使他们失去对该微博的信任,从而不再关注微博内容,最终影响营销效果。

8.2.7　微博活动的策划

在微博建设的初期,策划活动是必不可少的环节。它可以更好地调动粉丝的主动性和参与性,企业可以趁着粉丝高涨的热情,设法融入并积极和粉丝进行互动。通过策划活动,企业可以使自己的粉丝成为一个活跃的群体。

1. 策划活动的注意事项

①确定主题。主题是策划活动的精神所在,所以企业一定要仔细考量。

②明确目标。企业策划活动时需要清楚地知道本产品的适用人群,明确本次活动针对的是何种目标群体。

③制定方案。一个详细、清晰的方案是活动有序开展的基础,也是活动能否详细执行的关键,关乎活动最后所取得的的成效,所以必须谨慎。

④制定宣传语。宣传语是吸引粉丝关注的重要因素,所以企业要认真制定简单清晰、让人难忘的宣传语。

2. 微博活动的策划方法及手段

（1）有奖活动

这种活动是基于利用企业微博账户推广产品而诞生的,更适用于企业微博的初期建设。企业可以通过大量的有奖活动来激发用户的参与性,达到圈粉的目的。有奖活动一般分为有奖转发、有奖征集、有奖竞猜和有奖调查等 4 种。

有奖转发是应用最多的活动形式,只要粉丝和其他用户转发、评论微博,并@好友就有机会中奖。这是最简单的方法,也是粉丝最不用操心的方法。这种方法是通过粉丝撒网分散式的传播,达到快速打响产品品牌和圈粉的目的。

有奖征集就是通过征集某一问题的解决方法来吸引粉丝和其他用户参与,常见的有奖征集主题有广告语、段子、创意等。这种通过奖品的诱导,充分调动粉丝和其他用户兴趣的方法有效并且有趣,适用于企业微博中期的推广和运营阶段。

有奖竞猜是微博主出一条谜语或题目,通过征集和揭晓谜底或答案的方式来吸引粉丝和其他用户参与,对猜对者进行抽奖。竞猜包括猜图片、猜文字、猜结果、猜价格等,虽然应用得不是很多,但是策划得好还是能带来很多互动,不仅有利于传播,而且对保持粉丝黏性也有极大的价值。这种方式偶尔用一次就好,并不适合常用。

有奖调查应用得也不是很多,主要是企业通过奖品的诱导来激发粉丝和其他用户回答所调查的问题。它一般不是为了销售和宣传商品,而是为了收集用户的反馈和建议。

（2）爱心活动

这种活动更适用于个人微博账户。爱心活动主要是激起粉丝和其他用户的爱心和同情心,通过转发和评论使粉丝群活跃起来,同时还能赢得其他用户的关注,可谓一举两得。

8.2.8　微博墙的使用

微博墙又名微博大屏幕，它可以让现场参与者和网友发送的微博同时显示在大屏幕上，并可以使场内外观众在第一时间内传递和获取现场活动的信息。微博墙经常用于产品展览会、婚礼现场、科技产品发布现场等主题会场。

1. 微博墙的申请要求

微博墙至少需要提前 3 天进行申请，申请成功后，申请者可按新浪网工作人员给的软件入口进行相应的操作。现场需要大液晶屏或投影设备。

微博墙申请资格（符合其一即可）：①加 V 认证的用户；②绑定手机且粉丝数在 100 人以上，发微博数在 50 条以上。

2. 微博墙的申请步骤

微博墙的申请步骤如图 8-15 所示。

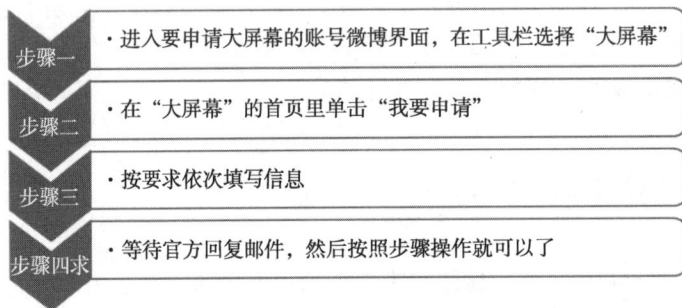

步骤一　·进入要申请大屏幕的账号微博界面，在工具栏选择"大屏幕"

步骤二　·在"大屏幕"的首页里单击"我要申请"

步骤三　·按要求依次填写信息

步骤四求　·等待官方回复邮件，然后按照步骤操作就可以了

图 8-15　微博墙的申请步骤

审批通过，系统下发的邮件如图 8-16 所示。

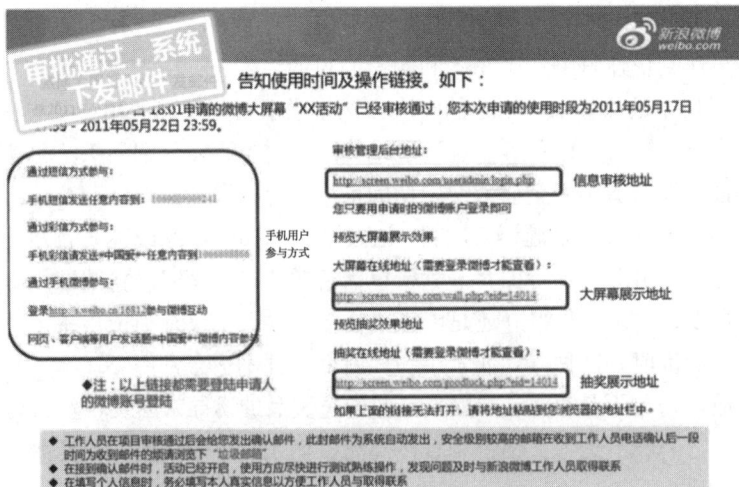

图 8-16　微博墙申请通过的回复邮件①

---

① 微博大屏幕使用说明，https://www.renrendoc.com/paper/120536127.html.

案例 8-1

野兽派花店的微博故事营销

野兽派花店是一家很特殊的花店。说它特殊，是因为它既没有实体店铺，也没有淘宝店铺，而是一家开在微博上的花店。但是，它凭借微博上的几张花卉照片和一段段文字介绍，竟然在不到一年的时间里从无到有，吸引了近 20 万粉丝的关注。其中，很多人甚至成为野兽派花店的忠实拥趸。野兽派花店认真倾听每位顾客的故事，并将故事转化为充满意境的花束，以此来满足不同顾客的需求。例如，祝福自己结婚周年快乐的、祝福父母身体健康的、想念心爱的人又不好意思表白的。这些不同的情感，都被野兽派花店转化成相应的故事，并巧妙地融入不同的花束之中。此外，野兽派花店所选花卉大多是进口的高级品种，经过精心修饰雕琢后，添加上具有文艺气息的名字和包装，通过微博私信下单的方式，出售给具有不同心境的人。

案例分析：

通过上面的案例我们不难发现，野兽派花店的成功并不是偶然的。在进行微博营销的过程中，野兽派花店善于挖掘引起顾客共鸣的故事。在具体的经营过程中，花店认真倾听每位顾客的故事，并将故事转化为充满意境的花束，经过精心修饰雕琢后，添加上具有文艺气息的名字和包装，通过微博私信下单的方式，出售给具有不同心境的人。这种经营方式不但提升了花卉的品位和层次，而且充满了创意性，引发了众多顾客的追捧，进而取得了出色的售卖效果[①]。

后记：

如今，野兽派花店已经走过了十年的成长路程，微博上的粉丝数量已超过了 100 万，成立了上海野派电子商务有限公司，有了独立的官网和天猫旗舰店，风格依然是淡雅精致，如入芝兰之室。

8.3　微　信　营　销

微信营销是伴随着微信的火热而兴起的一种网络营销方式。用户注册微信后，可与周围同样注册的"朋友"形成一种联系，相互间可以发送文字、语音短信、图片和视频等，可以单聊及群聊，还能根据地理位置找到附近的人，带给用户全新的移动沟通体验。用户订阅自己所需的信息，商家通过提供用户需要的信息，推广自己的产品，从而实现点对点的营销。

8.3.1　微信营销概述

1. 微信营销的优势

（1）高到达率

营销效果很大程度上取决于信息的到达率，这也是所有营销工具最关注的地方。与手

---

① 杜一凡，胡一波. 新媒体营销[M]. 北京：人民邮电出版社，2017: 66-72.

机短信群发和邮件群发被大量过滤不同，微信公众账号所群发的每一条信息都能完整无误的发送到终端手机，到达率几乎高达100%。

（2）高曝光率

曝光率是衡量信息发布效果的另外一个重要指标，信息曝光是在信息到达的基础上被打开被阅读的状态，与微博相比，微信信息拥有更高的曝光率。在微博营销过程中，除了少数一些技巧性非常强的文案和关注度比较高的事件被大量转发后会获得较高曝光率之外，直接发布的广告微博很快就会被淹没在微博滚动的信息中，除非是博主刷屏发广告或者用户刷屏看微博。而微信是由移动即时通信工具衍生而来，天生具有很强的提醒力度，比如铃声、通知中心消息停驻、角标等，能够随时提醒用户收到未阅读的信息，曝光率几乎高达100%。

（3）高接受率

2021年1月19日，微信创始人张小龙公布最新数据，每天有10.9亿用户打开微信，3.3亿用户进行视频通话；有7.8亿用户进入朋友圈，1.2亿用户发表朋友圈，其中照片6.7亿张，短视频1亿条；有3.6亿用户阅读公众号文章，4亿用户使用小程序[①]。

毫无疑问，微信已经成为目前最热门的网络聊天工具，覆盖受众群体庞大，其广泛和普及性成为营销的基础。由于公众号的粉丝都是主动订阅而来，信息也是主动获取，基本不存在信息抵制抵触的情况。

（4）高精准度

微信公众号一般都会有清晰的定位，受众群体特征明显，尤其是那些垂直行业微信公众号，通常都拥有数量庞大且用户群体高度集中的粉丝，是真正炙手可热的营销资源和推广渠道。比如酒类行业知名媒体佳酿网旗下的酒水招商公众号，拥有近万名由酒厂、酒类营销机构和酒类经销商构成的粉丝，这些精准用户粉丝聚在一起相当于一个盛大的在线酒类交易展会，每一个粉丝都是潜在客户。

（5）高便利性

微信定位于移动应用，与PC端相比，智能手机不仅可以拥有PC端所具备的各种功能，而且可以方便地携带。凭借移动终端、社交网络和支持地理位置识别的优势，微信将为商家的营销带来了极大的便利。

（6）强关系机遇

微信这种点对点的营销形式，决定了微信可以通过互动将普通的关系发展成强大的关系，从而产生更大的价值。企业公众号以互动的形式与用户建立联系，互动就是聊天，可以解答疑问、讲故事，甚至可以"卖萌"。在任何形式下，企业和用户都可以形成朋友关系。你不会相信陌生人，但你会相信你的"朋友"。

（7）营销成本低

传统营销一般需要借助大众媒体或开展落地活动，营销推广成本高；而微信本身是免费使用的，企业利用微信组建团队、运营推广、监控管理的成本都较低。

虽然微信营销有着诸多的优势，但如果企业不顾用户的感受，强行推送各种不吸引人

---

① 搜狗百科，"微信"。

的广告信息，则很容易引起用户的反感。凡事理性而为，善用微信这一时下最流行的互动工具，让企业与客户回归最真诚的人际沟通，才是微信营销真正的王道[①]。

2. 微信营销的价值

微信营销的价值主要表现在三个方面。

（1）输出个人品牌

以微信为代表的社交软件的出现，让个人可以成为传播的主体。人们能够在社交软件上展示自己鲜明的个性和情感特征，在符合大众的消费心理或审美需求下，成为可转化为商业价值的一种注意力资源。

（2）刺激产品销售

这是微信营销最基本的价值，通过个人微信的朋友圈发布产品信息，用微信聊天与买家进行沟通、提供咨询服务，用微信支付功能完成付款等，实现社交电商。

（3）维护客户关系

微信是人与人之间便捷沟通的一种手段。个人由于业务关系添加了很多客户的微信好友，通过聊天联系或朋友圈互动就有了与客户加深情感的可能，让客户有进一步了解你的机会，成为维护客户关系的有效工具。

随着微信的火热兴起，微信营销也逐渐走进人们的视野。微信不仅缩短了人们之间的距离，也建立起自己与好友之间的朋友圈，还是很多企业宣传推广品牌的重要工具。微信营销包括了朋友圈、微信群、公众号等多元化营销模式。

8.3.2 朋友圈营销

在朋友圈可以看到朋友分享的内容，所以许多商家通过加好友后，在朋友圈发软文、做推广，通过朋友圈的导购信息和好友转入微信私聊，促使消费者进入店铺链接成交。还有商家鼓励消费者将优惠券等促销内容分享到自己的朋友圈里，在朋友领取优惠券或进行分享后获得相同的优惠，从而加大促销的力度以及宣传层次。那么，商家要如何做好微信朋友圈的产品营销呢？

1. 打造个人形象 IP

能看见你微信朋友圈信息的肯定都是你的朋友，但认识程度、交情深浅都可能存在巨大的差别，所以想要通过朋友圈做营销，首先要打造个人形象 IP，也就是先推销自己，再宣传产品，这样会增加信任感。打造个人形象 IP 需要做好以下几点。

①微信头像：应使用真人照，忌非主流、黑暗系这类头像，没有人会有兴趣跟用这样头像的人聊天，也不要把产品作为头像，产品会掩盖你天然的个性化优势。

②微信名字：要用真实名字，取得对方信任是成功的关键一步。

③微信地区：要设置真实所在地。

④微信签名：使用自己的语录、座右铭或积极向上的句子都可以，最重要的是传递你的态度。个性够鲜明（非另类）的签名人们会容易注意到。

---

① 百度百科，"微信营销"。

⑤微信朋友圈相册封面：不要放产品介绍及宣传语，应使用原创的有自己风格的内容，可以是展示、说明个人爱好、经历的图文等。

2. 不要刷屏

朋友圈里毫无节制地滥发产品广告，会严重地骚扰朋友，最终结果只有一个，就是被拉黑或者被举报从而导致封号。

朋友圈营销算是熟人经济，是一种由感情支撑的无声沟通，当沟通成为骚扰时，感情会无声地隐去，朋友圈就可能成为独角戏，营销也就不存在了。所以，建议个人把每天发送朋友圈的广告信息控制在 3 条以内。

3. 内容要有趣有利

如果你的朋友圈常有一些有趣有料的内容，能让朋友感觉到轻松愉快，那么久而久之你就会在朋友圈里获得认可，当你间或发几条广告时别人也就不会太反感。如果你还能用诙谐幽默的语言来宣传产品，把广告文案写成段子，这样别人不但不会对你发的广告产生反感甚至会表现得兴致盎然，爱屋及乌，欣然接受你的产品。如果广告文案做不到妙趣横生，也可以考虑诉诸利益，一旦戳中朋友圈中好友的痛点，其效果也能立竿见影。

4. 善于分享，假他人之口

有人购买你的产品要及时分享出去，让大家看到你的产品有多受欢迎。这是一个刺激其他人产生购买行为的有效方式。当人们确信你的产品是个好产品的时候，就会帮你转发，促成更多的交易。

另外，买家的好评、买家的使用心得、买家秀，甚至客户送的礼物，都可以在朋友圈中适当地分享，假他人之口为产品背书。

5. 多创造与朋友互动的机会

在朋友圈做营销一定要多和朋友互动。

在互动形式上，商家可以发起话题、奖励产品、有奖评测、小游戏等，既做到了产品宣传，也激活了朋友圈的参与感，还为自己的下一步产品宣传积累了真实的评测口碑。所谓"无互动不营销"，软性推广远比硬性推广能给予客户更好的体验。

在方法上，你发的广告总会戳中一些人的痛点，这时他们就会来找你咨询，你可以和客户聊天，先了解需求，再对症下药，增加信任感。看到有朋友点赞或评论，你要抓住机会，争取能转为私聊，平时也要去他们的朋友圈点个赞，评论一下。人性无法逃避的弱点：虚荣心。每个人都喜欢被赞美，被表扬！经常点赞或评论，就跟经常电话交流一样，就能让朋友很快地记住你。这样才能做到朋友间的：交流→交心→交易。

你要做到 20%的时间在发朋友圈，80%的时间在与好友互动。

6. 朋友圈的内容要让人有生活感

在微信个人账号上，不能只是一味地推送广告，应该合理分配好广告、生活、互动等不同类型内容的比例，可以参考以下的内容安排。

①大众类内容 1 条，该类内容与日常生活相关度比较高，可增强阅读性。比如，转发

热点话题、新闻、流行的事物，然后发表自己对事件的见解，让粉丝知道你是一个有思想、有正义感或者是幽默、有娱乐精神的人，呈现一个有个性、有态度的你。

②客户喜好类 1 条，该类内容能较好地切中客户的兴奋点，增加粉丝的黏度。

③专业知识类 2 条，靠近推销的产品或服务的专业知识可以树立专家形象兼推广产品。

④自身内容 1～2 条，生活中一切好玩、有趣、能够让人向往的事情都可以考虑拿来发朋友圈，呈现最真实的自己，展现生活感。

⑤纯粹的产品推广 2～3 条，要把产品的实用价值分享出来，要求图文并茂、制作精良、文字活泼有亲和力。

以上内容的发布可以以 2～3 天或一个星期为一个周期。

客户没有义务和你建立所谓的关系。你要做的是两个字：利他！你每一次接触客户的目的，就是要给他创造价值。

7. 朋友圈内容发布的时间

微信账号发布朋友圈内容要学会把握住黄金时间，如早上正是大家起床开始一天生活的时候，拿起手机如果第一时间看到你的信息，那就会对你印象深刻。午休时间也是不错的时间段，休闲的时间正好可以用来了解品牌及产品等。晚餐后正是放松的时候，看朋友圈的朋友也会多起来。

朋友圈内容发布的黄金时刻表如下。

7:00 前：晨型人，有较高自律性，偏向学习思考类内容，适合推送功能型、教育型软文。

7:00—8:00：普通上班族起床时间，匆忙看一眼手机便要起床赶时间去上班。偏向篇幅短，精炼的内容或图片。

8:00—9:00（黄金）：上班路上，人们会阅读较长的文章。

9:00—12:00（雷区）：工作时间，人们较少看手机，就算看手机也是短暂的订餐时间，很匆忙。

12:00—14:00（黄金）：午餐午休时间，人们会看内容且会与同事、朋友做交流讨论，可发话题性的内容。

15:00—16:00（小黄金）：下午茶时间、人们容易出现疲劳的时间，可能会刷朋友圈缓解，适合发娱乐性、让人容易清醒的内容。

18:00—19:30：可能是一个雷区时间，人们的下班晚饭时间，较少阅读时间，就算阅读也是较疲惫的时刻，建议发一些篇幅短的放松性内容。

20:00—21:30：会有两部分人存在，一部分是闲下来的人，可以刷手机浏览内容，另一部分人进入学习时间。

22:00—24:00：深夜时间，情绪做主导，人们喜欢看走心、鸡汤或容易引起共鸣的内容，所以这段时间往往有很多情感型的公众号在争抢流量[①]。

---

① 慧博科技. 朋友圈营销：10 大技艺，快速吸引客户. https://baijiahao.baidu.com/s?id=1649617603657648343&wfr=spider&for=pc.

朋友圈营销. https://wenku.baidu.com/view/ede65bafcdc789eb172ded630b1c59eef9c79a3d.html.

8.3.3　微信群营销

微信群可以把有共同兴趣爱好或目标的人组成一个圈子，并且能快速实现组员之间的交流、互动。对于很多行业来说，利用微信群来进行客户的维系、拓展、推广往往比传统的电话联系更为高效，那么如何用微信群来进行营销呢？

要进行微信群营销首先得有群，进入营销群不外乎两种方式，一种是自建群，吸引用户加群后完成自己的营销目的；另一种是加入别人建好的、有自己潜在目标客户的群。前者针对性更强，目标客户特征明显，群主的控制力也强。后者容易上手、门槛低，但目标客户的针对性不强，互动不好，还有可能随时被踢出群。下面分别介绍如何创建群、管理群和在群中实施营销活动，实现营销目标。

1. 如何建立微信群

建立微信群通常要从以下三个方面入手。

（1）从资源来找定位

在建立一个微信群之前，群主首先要审视手头已有的资源。所谓社群是由有共同点的人组成的，这些共同点可以是爱好、行为，也可以是空间、阶层、标签、需求等，找出其中共同且利于发展客户及营销的点，就可以大致确定群的方向。

（2）人员构成需要门槛

首先，设置核心管理人员是必要的。管理人员可以从较为积极且乐于提供价值的人员中选取。其次，保证成员整体素质接近。成员整体素质接近容易运营，参差不齐的人员则容易失控。第一批新成员往往是群主自己挑选的不用担心，但后续会通过活动拓展及群员拉人的方式引入新成员，这个时候就需要设置门槛，只有通过审核的人才可以加入，这样才能保证微信群目标的一致性。

（3）规模需要控制

群并不是越大就越好，一味扩张可能会适得其反，因此微信群到了一定规模的时候就应该对成员进行清理，比如长期沉默者、旁观者、捣乱者就可以踢出，以保持群的活跃性和成员的存在感。清理成员的时候，群主或管理人员最好能够私下事先告知当事人以示尊重，并随时欢迎其加回来。

2. 如何管理微信群

每个人的微信里都会有少至几个，多则几十个的微信群。很多人建了微信群后发现，微信群平时没人说话，一发红包大家都出来抢，一说正事就都消失了。群主既没有收入还要投入大量的时间管理，这样的微信群实际上已经变成了死群，除了发广告就没人说话，想解散又不甘心，"食之无味，弃之可惜"。如何改变这种情况呢？

要想管理好微信群，重要的是做好顶层设计。顶层设计主要是规定好群活动的一些基本规则，包括群规的设定、群文化的建立和分享的组织。

（1）设定群规

设定群规的目的主要是在活跃度和诱发刷屏两者之间寻求平稳点，同时给成员一种仪式感和规范感。对于不同形式的群来说，群规也不尽相同，以下几点可供借鉴。

①要求成员修改群昵称，"地区+职业+姓名"是较为常见的一种形式。

②禁止使用表情、符号和少数文字等形式刷屏、霸屏。

③发广告前须发一个不少于规定数额的红包，同时限制单人每日发送广告的次数。

④不发过长的文章，少发转载类的文章；不要发语音，语音常常会被忽略。

⑤大家可以一起探讨问题，但严禁出现人身攻击或恶意捣乱的情况。

⑥鼓励价值分享及原创。

群规可以以群公告的形式存在，也可以由管理员私信给新加入的成员。

（2）打造群文化

群主还可以为微信群打造群文化，作为共同理念或共同追求，以此来促进大家共同成长和进步。在移动互联网时代，共同利益固然重要，但想靠此就能形成长久稳固的连接是不太现实的，所以要让群成员树立起共同的理念和追求，只有做到志同道合才能从根本上建立起联系并延长连接的寿命。

（3）组织分享

分享是微信群的基本活动，是维系群活跃和给群成员以价值的主要形式，规范分享活动将有助于提升群的价值。分享主要有以下两种形式。

①群成员讨论分享。讨论分享不需要太过严肃，每个成员都可以是分享者，大家在确定感兴趣的话题后可以轮流有序发言，分享时间、形式和内容都可以较为随意，不需要太多条条框框，可以有效地提高成员参与度。另外，讨论分享非常重要的一点是找好一个话题引导者，让大家讨论的方向不至于跑偏。

②直播分享。直播分享主要以一个分享者为主，通常这个分享人是某个领域的专业人士或拥有干货的人，由群主邀约而来，可以是群内的也可以是群外的。分享过程中其他群员不能随意插话，可以在分享结束后设置一个答疑和讨论环节用来发言。如果直播采取的是语音的形式，事后还需要整理一篇文字回顾①。

（4）处理无效成员

对于违反群规不听劝阻的、长期潜水一言不发的，或经常发言但发言内容与本微信群主题无关的成员要定期处理，直至清除出群。这些成员不仅不会给微信群带来活力，反而会引领大家向负面方向发展，只有及时处理才能保证群成员的纯洁度和活跃度。

3. 如何在群内实施营销活动

要想在微信群内开展营销活动，重要的是做好底层设计，底层设计要遵守营销活动的基本规律。群主只有做好底层设计，才能维护好微信群，才能做好微信群营销。底层设计主要包括三个方面。

（1）要有一个场景或一个事件

一个特殊的事件、一个奇葩的新闻、一个热点，或者一个节日等，这种就叫做场景。比如，9月1号开学，教师节、国庆节，这都叫场景，或者如王宝强事件、王健林和董明珠事件，这种都叫做事件。

---

① 如何建群和维护？https://haokan.baidu.com/v?pd=wisenatural&vid=11863306771078867243.

（2）要设计增加黏性的内容

为此，在内容设计的时候一定要注意下面几个事项。

①一定要有门槛，没有门槛，就不会有价值感，设计门槛的目的在于筛选你想要的人，同时对方也想要微信群给他带来价值。

②一定要能对群主产生价值，只有对群主有价值，群主才愿意持续不断地来管理这个群；同时要对群成员有价值，这样成员才会配合你做一切活动，否则这个群很快就会变成死群。

③要能创造群收益。为什么要建这个群？群里会不会持续的产生现金流？没有现金流就没有生命力。

④要有共同利益，每个人在这个群里都能找到自己的利益，每个人就会为这个群提供内容和价值，有价值就会有黏性。

（3）善用红包功能

微信的红包应用是一个非常有趣的设置，抢红包是许多人留在微信群里的原因之一。虽然对于整个群的庞大基数来说，每个人抢到的红包数额并不会很大，但它确实可以让整个群活跃起来。除活跃微信群外，将红包用于广告和打赏也均有奇效。

案 例 8-2

一个微信群救活一个店

我有一个专门卖断码的耐克、阿迪、特步等品牌鞋的朋友。有一次我们在泡茶聊天的时候，朋友就跟我说，他的鞋子卖得不好，让我帮他出出主意把鞋子卖出去。我们关系还不错，于是我就帮他做了一个群，一个用于营销的微信群。那我是怎么做的呢？

（1）场景设计

我们选择针对大学生，其对应的场景需要解决大学生为什么要来、为什么要留、为什么要他的问题。我是这样帮他设计场景的，时间选择9月1号开学日，对象找活跃的大学生合作，一起做微信群。每个学校每个班级肯定都有比较活跃的人，我们要找的就是这些活跃的人。记住，一定是吸引想进来的人，而不是随随便便找人进来，随便进来的人是没有用的。

（2）内容设计

设计进群的门槛。门槛是什么呢？门槛就是要进群的人要交150元的入群费。或许有人就要问："进群还要交150元，会有人进吗？"别急，还没说完呢，交150元的人，进群以后送一双价值258元或者288元的运动鞋。进群之后，我们每个星期都会在群里面上新款，只要是群里的成员就可享受优惠，群成员统一打八折。

我们来算一笔账，假定大学生一学期消费一双运动鞋，这个不过分吧？只要你把他们锁定了以后，一年两双，大学四年就八双，不都在你这里买了吗？另外，大学生最喜欢玩的，如篮球、爬山，要是不小心鞋坏了，说不定一年两双还不够他穿的。虽然我们一双价值258元或288元的运动鞋只收了学生150元，以后还给他们终身享受打八折的优惠，但肯定还是有利润的。他们为什么来呢？因为150元可以换来一双价值258元或288元的鞋。

他们为什么留在群里，因为我们每周都会上新款，而且还有八折优惠。我们为什么要他呢？因为我们要招代理，群成员还有权利成为我们的代理商，实现自己创业。同时，群主有权利成为合伙人，当然要交一点点的合伙费用，这样群主才会用心，钱在哪里心在哪里。群里会不会产生现金流？当然，群里每周都会上新品，就会持续不断地产生现金流。这就是我帮朋友做的底层设计。后来，朋友的微信群越建越多，一个群变成两个群，最后变成'N'个群，生意也越来越好，现在每个月会赚几十万元。

案例 8-3

超级 VIP 群展现微信群营销魅力

我有一个表姐卖鞋子的，在我们那里的商业街开了一家鞋店，店铺面积只有 30 平方米，店里只卖女鞋，鞋子价格大概都在 150 元～300 元。鞋子明码标价，不可以还价。鞋子的款式都不错，主要走薄利多销路线。店铺刚开业的时候生意非常好，毕竟是在商业街，人流量大，第一个月就创造了 20 万元的流水。这对于一个小店来说也算一个奇迹了，但是好景不长，没多久同一条街又开了四家类似的店，走同样的路线，表姐的生意开始下滑。幸运的是经营了半年时间，店铺有一批忠实的老顾客，因为这些人认同表姐的为人，认同鞋子的质量和价格。眼看奇迹就要消失，表姐心急火燎地回来找我，让我帮她想想办法，我在了解了情况后帮她设计了一套微信群营销方案。整个方案的计划是：第一步，先建一个微信群；第二步，找老客户进群，每人收 300 元；第三步，让老顾客持续在本店消费；第四步，让老客户带新客户来本店消费；第五步，让群里的人全家人都来店里买鞋。

这个方案，听起来是不是很疯狂？客户怎么会这么容易就被我们牵着走？下面介绍详细的操作方法。

首先是招募成员，我们规定每位老顾客必须交 300 元才能进群。这一步的设计很微妙，300 元只是一个必要条件，并不是任何人付 300 元就可以进群的，我们还设置了一个前置条件是你必须是本店的老顾客，或者说必须是认可表姐和产品的人。因为这个群不是一个普通的群，而是一个超级 VIP 群。如果你是老客户，那么你一定知道本店从来不打折，既然知道不打折你还来就证明你对本店的认可，所以为了回馈老顾客，本店推出了超级 VIP 优惠政策。政策就是只要是超级 VIP 成员，买鞋永远享受八折优惠。虽然平时是不打折的，但仅仅一个八折的优惠还不足以撬动老顾客付 300 元的入群费，为此我们做了一个进群的附加值，即送 500 元的代金券，每张券 50 元，总共 10 张。入群的老顾客每购买一双鞋在享受八折优惠的同时还能使用一张代金券。花 300 元换 500 元的代金券，而且永久享受八折优惠，这对于陌生人来讲，可能会因为害怕不敢进群，但是对于老顾客就没有那么顾虑了，很快招募了 50 个老顾客。

接下来的事情就是顺其自然。这些老顾客进群以后迫不及待地做了两件事情。第一件事是先至少买一双鞋，为什么？因为老顾客想立刻享受代金券和八折优惠，有的直接买两三双，因为从来没有这种好事，一次性就能把 300 元的入群费给赚回来，那种心理的满足感可能瞬间爆棚。第二件事，马上带着自己的闺蜜、妈妈、朋友、姐妹、同事过来买鞋，为什么？因为老顾客拥有特权和代金券，再说这家店的店主、鞋子的价格和质量都值得推荐。因为第一批成员的推荐，店铺又有多了一批老客户，也就是他们的闺蜜、妈妈、女儿、同事，并且每个老客户都会告诉他们有一个超级 VIP 群，而且你已经符合条件加入了，就这样经过不断的裂变，不到 3 个月 500 人的群就满了，你也许会认为很神奇，但这只是才刚开始，好戏还在后头。

至此，这个超级 VIP 群已实现群主与顾客之间的强感情联接，这时我让表姐进了几款爆款的男鞋、童鞋、运动鞋，但是不在店里销售，毕竟店里面是卖女鞋的。我让表姐在超级 VIP 群里告诉大家，这几款鞋都是今年的爆款。从款式到质量都是一流的，价格也很便宜，如果有意向购买，可以带你的丈夫、男朋友、儿子、老爸、同事来店里试穿，然后统一团购，用最低价在厂家拿货，给大家最大的优惠。由于这个福利只针对群里的超级 VIP 成员，结果出乎意料的好，大家蜂拥而至。这种预售团购也让表姐彻底地享受了一次社群营销的魅力，不用压货，不用压款，实现零成本套利。

没多久，表姐有个开童装店的朋友，因为生意不好，店铺关门了，手里剩了一批童装，想处理掉。于是表姐在群里告诉大家，朋友开了一家童装店，不开了，上等的童装，原价168 元，现在只要 60 元就卖，并且把图片发到群里。这样的待遇只有超级 VIP 群成员才有，结果童装被一扫而空。虽然不是每家都有小孩，但是大家都不想错过这个机会，就算帮亲戚朋友买也很划算①。

8.3.4　微信公众号营销

微信公众平台是腾讯以微信为基础而增加的功能平台，无论是个人还是企业都可以在微信公众平台上申请一个微信公众号，通过微信公众平台能够进行产品推广和自我展示。背靠微信庞大的用户群，越来越多的企业和商家都走上了微信公众号营销的道路。那么，如何才能做好微信公众号的营销呢？

1. 公众号营销的实施步骤

（1）目标人群的定位

目标人群定位的参考对象是要营销的产品或服务，然后根据这一类型人群的喜好决定公众号应该推送的内容。需要注意的是，在锁定人群范围时一定不要过于宽泛，即范围越窄越好。

（2）内容塑造

内容塑造是运营公众号的核心部分，通过输出个性化的内容，来展现产品和品牌，吸引用户的关注和转发，通过用户的传播来获取更多的流量，最终达成营销推广的目的。一般情况下，企业会采用多平台相结合的方式来提高营销的效率，比如将微信、QQ、微博等多种新媒体推广渠道结合起来，使各种渠道相互增益，形成 1+1 > 2 的效果，也可以采用商业合作的方式来实现推广。

（3）获取流量

每一个微信公众号都是从一无所有开始一步步获取流量的。通过数据分析，大多数用户都是通过朋友圈的转发而关注公众号的，有些用户则是通过其他公众号的推荐而关注

---

① 如何用微信群营销. https://haokan.baidu.com/v?pd=wisenatural&vid=9278049141696177596.

的，还有用户是通过自己搜索公众号名称进行关注的。这三种方式是比较常见的。针对这三种方式，相应的操作如下。

①利用朋友圈来引导好友进行转发关注。

②可以寻找一些流量比较大的公众号帮助推广，以商务合作的方式去进行，但是这种方式一般都需要一定的成本。

③采用线下地推的方式来获取流量，通过在客流量比较大的地方进行地推，常用邀请扫码关注就赠送小礼品等方式。

除此之外，企业还能够通过网站或者软文来获取用户的关注，达到引流的效果。

（4）内容输出

公众号在引流拉新的同时，还要保证内容的持续输出。让用户能够不断地从公众号发布的内容中获取对自己有价值的内容，才能更好地实现用户留存和拉新效果。公众号应制定合理的内容更新时间。此外，把文章同步发布到其他自媒体平台，对于微信公众号营销推广也有一定的促进作用[①]。

案例 8-4

微信公众号涨粉营销

小王是一位线下经营内衣的实体店主，由于这几年受线上电商平台的影响，生意持续滑坡，业绩一年不如一年。正在走投无路的时候，她遇到一个擅于新媒体营销的大咖小张。小张问小王都有哪些新媒体号，小王说去年刚注册了一个微信公众号，但没写过文章。小张就出主意说："那就从公众号开始吧。"在小张的耳提面授下，小王亦步亦趋地开始了微信公众号的营销。

（1）首先垂直定位内衣领域，一个星期最少写 4 篇文章，分享内衣科普知识。

（2）内容可以到知乎、小红书、今日头条、豆瓣、淘宝、京东等平台搜索。

（3）发布的时间为早上 7:00—8:00，中午 11:00—12:00，晚上 8:00。

（4）文章的末尾上传自己的公众号二维码，提示用户关注+转发朋友圈收集点赞 48 个，可获赠价值 100 元的礼物。

（5）每隔半个月做一次公众号赠送礼品活动，持续 4～5 次，以促进粉丝不断裂变。

经过一波操作之后，微信公众号积累了 148 个粉丝，店铺一天的销售额也能达到 4000元，对此，小王深有体会："这个办法太好了。很多客户根本不懂内衣的基本知识，通过我的公众号分享，知道了 A、B、C 分别代表内衣罩杯的大小，知道如何测试胸围等。客户说我推荐的内衣尺码罩杯都合适，并且还帮助她们科普内衣知识，现在客户特别信任我。"[②]

2. 公众号营销策略

公众号运营者要想提高影响力，更好地满足用户需求，谋划好公众号的营销策略并切

---

① https://jingyan.baidu.com/article/11c17a2c5dad48b547e39d68.html.

② https://www.zhihu.com/question/22084460.

实执行是非常必要的。

（1）前期

前期一定要做好认证工作，运营者最好是先申请订阅号，待发展到一定程度之后再考虑服务号。除此之外，还要注意以下几点。

①不要一上来就打广告，这样容易降低粉丝的黏性。

②定时发朋友圈，以此来获得大量转发机会。

③定期举行活动，一个月最少三次，事前要与商家进行充分的沟通。常见的活动有"转发即送××""关注就送××"等。

④做好粉丝管理，可以按照地区来划分，也可以按照其他标准来划分。

⑤收集用户资料，据此策划活动。注意用户的手机就是资料来源，可以设计这样的活动："关注微信，回复您的姓名和手机号即可获得精美礼品一份。"

（2）中期

中期还是要关注用户资料的收集，当然也离不开活动的策划。下面是一些常见的案例。

①化妆品店可以要求用户关注微信号后，回复肌肤类别、姓名、年龄、性别、手机号等信息，然后发放赠品。

②童装店可以要求用户回复孩子的年龄、身高、姓名、性别、父母手机号等信息，然后发放赠品。

所有营销活动都要根据公众号运营者对结果的设定来进行策划，还要对结果进行预估。当然也少不了一定的投入，毕竟没有付出是不可能会有回报的。

在公众号运营期间，运营者一定要学会试探用户。首先，要掌握广告发送的时间和技巧（这点在后面相关章节会提到）。其次，还要注意内容的撰写，注重真实性和专业性，并在结尾处鼓励用户积极回应和评价。最后，根据所收集的评论来对用户进行分类，只要是给予文章好评的用户都是潜在客户，也都是将来广告投放的目标对象。需要注意的是，公众号发送的广告要以用户的兴趣为依据，并为用户设置等级来决定他们的权利。当然权利也要满足带动粉丝加入、客户带动客户的需求。例如，公众号可以这样设定：客户 A 如果能够带来客户 B，那么客户 A 就可以得到相应等级，每月还可以获得相关赠品和商品折扣等。另外，公众号还要注意客服的设定，不要总是设置自动回复，只有专业客服的互动和沟通才能真正打动客户。

（3）后期

后期主要是售后的管理。公众号运营者在客户购买完成后要做好售后的回馈和关注，这样在一定程度上就可以提高转化率。如果条件允许的话，还可以尝试做个 App。

在制定微信营销策略时，企业要学会体贴客户，真正打动客户，最终是会有所收获的。

3. 公众号营销实用技能

（1）掌握好发布的时间

据统计，广告发布后曝光量与时间点有如下的规律。

①凌晨 4:00，这是全天广告曝光量的最低点。（用户大多都在睡觉）

②上午 8:00，是上午时间段内广告曝光量的最高点。（上班高峰期）

③中午 12:00，是中午时间段内广告曝光量的最高点。（午餐时间）

④晚上 22:00，是全天广告曝光量的最高点。（下班后以及睡前）

此外，公众号还需要根据发布内容来选择发布的时间点。比如，公众号都是笑话、小段子、小常识之类的"快消品"，用户在极短时间内就能阅读完毕，就可以考虑在早中晚发。由于时间碎片化，而且不需要集中精神去深度阅读，用户轻轻一瞟就能完成阅读。

如果公众号的文章是那种有深度的、需要沉浸其中的，就要考虑在晚上发布，因为夜深是最适合人思考的时候。

公众号如果以前都是在一个固定时间段推送内容，并且用户很多，特别是那些带了"晨阅""夜谈""午时""X 点"这些强烈时间提示名称的公众号，就不需要改变发布时间。

总体上来说，晚上 21:00～22:00 点发送文章是阅读量最高的时候，但因为每个公众号都具备自己独特的属性，所以可以根据实际情况做相应调整①，可参考图 8-17 所示的发布规律，纵轴表示中国微信 500 强在某时点发文的数量占全天发文数量的百分比。

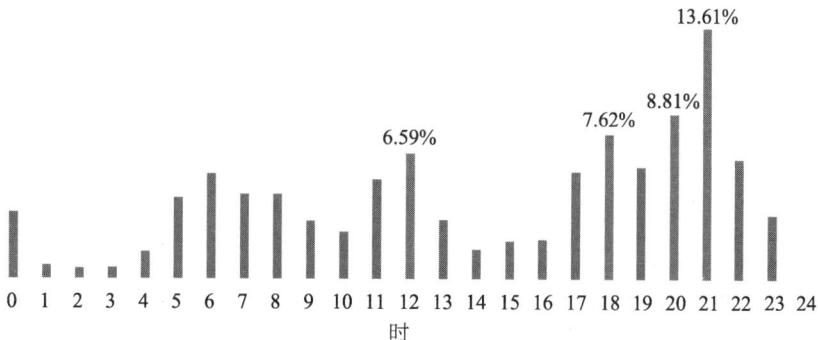

图 8-17　中国微信 500 强 24 小时发布规律②

（2）用好"阅读原文"的跳转

在公众号营销中，公众号运营者基本没有权限在内容中添加"外链"，这就意味着，很难将微信用户直接引流。但在权限管理中，微信还是为移动营销"网开一面"，提供了一条"外链"出口，即"阅读原文"。

公众号可以利用"阅读原文"，在文章左下角添加一条超链接。当用户从某渠道阅读了微信文章之后，公众号可以引导用户点击"阅读原文"，实现引流。

①流量引导

公众号可通过设置点击"阅读原文"跳转到"点击上方蓝字添加关注"页面。具体关注什么呢？这就要根据公众号的营销主力平台进行选择。一般而言，大多数营销人会引导用户关注自己的微信公众号，其他选择还包括其他微信公众号、公众号历史消息、微博账号、今日头条、搜狐自媒体、QQ 兴趣部落等。

②传送商品页面实现便捷交易

① https://jingyan.baidu.com/article/e3c78d6495acd43c4d85f57c.html.
② 图文资料来源：https://zhuanlan.zhihu.com/p/81575644.

好不容易接了个广告，怎样才能服务好广告主让他多卖点儿货呢？公众号可以利用"阅读原文"跳转到商品的购买页（如图8-18），为读者搭建一键购买的桥梁。

公众号不应该放过任何一次引导机会，在每一篇微信文章中添加"阅读原文"，并根据营销需求进行设置。

图8-18　"阅读原文"链接购物页面

4. 做好客户分析

客户分析属于公众号后台管理的一个功能。通过客户分析，公众号运营者可以对新增客户、取消关注客户、净增客户、积聚客户、增长来源及客户属性进行观察，以更直观地掌握公众号粉丝的走向。

（1）新增客户

新增客户显示的是近一个月内每日新增的人数，以图表曲线的形式展现，效果更直观，更容易帮助运营者对未来发展趋势做出判断。

（2）取消关注客户

取消关注客户显示的是近期取消关注的人数。当运营者发现大批粉丝取消关注时先不要心慌，很可能是由以下两种原因造成的，都属于正常现象。

①红包活动或有奖活动过后大批粉丝取消关注。

②公众号近期无优质内容推送，经常发广告文案。

如果不存在以上两种情况，但粉丝数量仍然出现骤降，那么运营者一定要提高警惕，找到掉粉的原因并设法解决，否则长此以往会造成不良的后果。

（3）净增客户

净增客户 = 新增客户 – 取消关注客户

公众号运营者要时刻关注净增客户数量，使其保持在正数。一旦净增客户数量为负值，就表示公众号进入了下行状态。

（4）积聚客户

运营者只要登录公众平台，就可以在首页看到积累的客户数量。另外，运营者通过观察订阅客户增长曲线图，还可以分析公众号的发展状况。

（5）增长来源

打开新增客户数的下级菜单，运营者就可以观察到客户数量增长的来源（图 8-20），也就是粉丝关注公众号的渠道（图 8-19）。

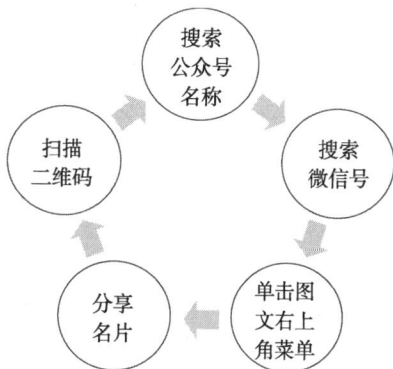

图 8-19　关注公众号的渠道

大部分客户都是通过扫描二维码来关注公众号的，但也有很多客户是通过搜索名称来查找公众号的。如果以上五种渠道中某一种是你的公众号粉丝基本上不使用的，那就说明在该渠道上公众号的营销力度不够，需要加强推广，以达到事半功倍的效果。

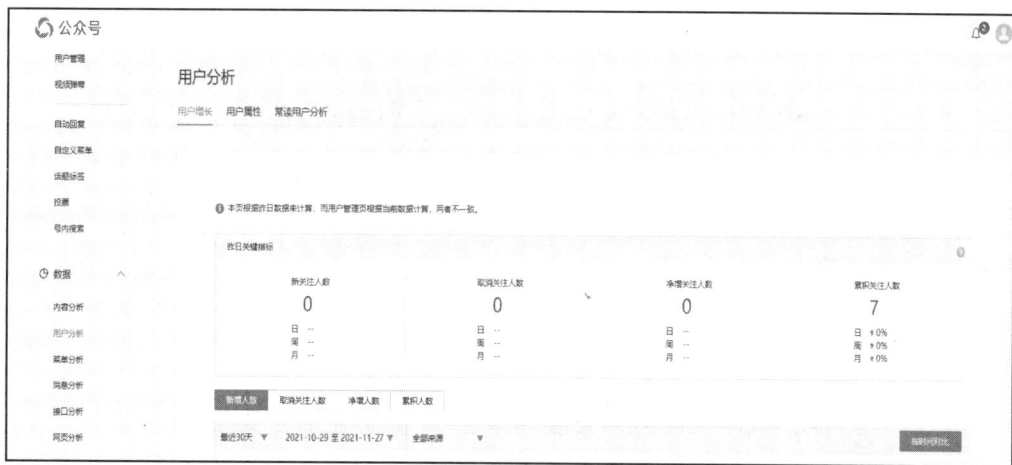

图 8-20　微信公众平台后台公众号管理平台之用户分析

（6）客户属性

前面介绍的都是可以直接观察到的数据分析，而客户属性相对来说没有那么直观，但对公众号运营者来说又是十分重要的。客户属性包括客户的性别、语种、地域以及所使用的智能终端类型等，常常以饼状图或柱状图等形式呈现，用以帮助运营者对客户群体进行客观分析，进而做出有价值的决策。如果公众号北方客户比南方客户多的话，那么在做线下活动时就可以选择在南方举行。或许从表面上看活动不一定非常成功，但在该地域产生的效果可能还是非常可观的。

4. 做好内容分析

前面提到的客户分析可以帮助运营者把握公众号的近期发展状况，同时从宏观角度对公众号进行分析。内容分析则能帮助运营者从微观角度分析公众号内容（图 8-21），通过全部群发的阅读次数、分享次数、跳转阅读原文数量、微信收藏和群发篇数，以及单篇群发的阅读次数、分享次数、阅读后关注人数、送达阅读率、阅读完成率来分析客户对近期内容的反应。

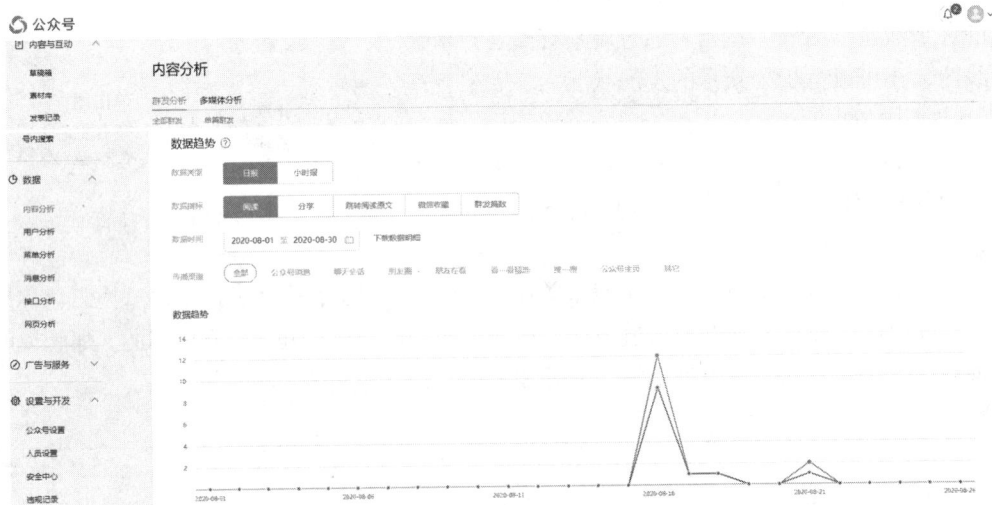

图 8-21　微信公众平台后台公众号管理平台之内容分析

（1）图文页阅读次数

这是指用户点击图文页的次数，包括非粉丝的点击，阅读来源包括公众号会话、朋友圈、好友转发、历史消息等。

（2）分享转发次数

转发或分享到朋友、朋友圈、微博的次数，包括非粉丝的点击。

（3）微信收藏篇数

公众号文章被用户收藏到微信的数量。

（4）群发篇数

公众号文章被用户群发的数量。

（5）送达阅读率

这是指图文消息群发时，送达的人数占粉丝数的比例，通常在 95%～100% 之间是正常的。

（6）阅读完成率

公众号文章被完整阅读的粉丝或非粉丝数量占全体阅读人数的比例。

（7）跳转阅读原文数量

用户通过点击阅读原文跳转到原文的点击次数，包括非粉丝的点击[1]。

---

① 杜一凡，胡一波. 新媒体营销[M]. 北京：人民邮电出版社，2017: 96-98.

8.3.5　短视频营销

自 2017 年开始，短视频席卷了人们的日常生活，使人们的视听内容发生了翻天覆地的变化。短视频给予每个参与者非常巨大的发挥空间，并成了一种新的社交语言。经过几年的快速发展，短视频已成为人们发现世界、探寻美好生活的平台，也为品牌形象的建立和内容传播提供了新的介质。

1. 短视频营销的相关概念

（1）短视频概念

短视频，顾名思义即时长较短的视频，目前学术界尚未给出一个明确的定义。它是互联网内容传播的一种方式。当视频短片在互联网新媒体上传播时，一般时长在 5 分钟以内的视频都可以称为短视频。

国外最先定位于短视频的应用是 Vine，它的 6 秒短视频吸引了大量用户，其强劲的表现吸引了大量互联网巨头，如脸书和推特也相继在 2013 年发力短视频。国内已有微视、抖音、快手、美拍、微信短视频等先行者做出了探索。这些平台的短视频一般具有以下特点：①视频长度短一般控制在 30 秒以内；②制作门槛低、无须专业拍摄设备；③其传播主要依靠各种社交媒体平台。

（2）短视频营销概念

短视频相较于传统信息传播方式（文字、图片）有很大的突破，它的信息密度更大、展示更直观形象，制作精良、内容优质的短视频可以在很短的时间在各大社交媒体上流行起来，实现病毒式传播。这种借助短视频，将品牌或者产品的营销信息融入其中，通过选择目标受众人群，吸引他们了解企业品牌、产品和服务，最终形成交易的方式就是短视频营销。短视频营销与传统的营销不同，是在用户观看短视频时，将产品信息不知不觉地传达给用户。当用户对产品或者视频内容感兴趣时，会主动地去分享或者下单购买产品，最终实现裂变引流的目的。

（3）快手、抖音等短视频营销概念

在短视频营销概念的基础上，可以将快手、抖音等短视频营销定义为：个人或者企业在快手、抖音等平台发布营销短视频，借助短视频向受众传播其产品信息或者营销信息，或在快手、抖音等平台上投放广告，宣传产品理念和品牌价值的营销方式[①]。

2. 短视频营销的优势

（1）灵活的互动性，沟通更方便

短视频营销很好地吸收了网络营销的优点，互动性很强。所有的短视频都可以进行单向、双向甚至多向的互动交流。对于企业而言，短视频的这种优势能够帮助企业获得用户的反馈信息，从而更有针对性地对自身进行改进。对于用户而言，他们可以通过与企业发布的短视频进行互动，助力企业的品牌传播，或者表达自己的意见和建议进行与企业的沟通。

---

① https://baijiahao.baidu.com/s?id=1701948412740029351&wfr=spider&for=pc.

（2）低成本打造高效传播

与传统的广告营销少则几百万元、多则几千万元的资金投入相比，短视频营销的成本算是比较低的，这也是短视频营销的优势之一。成本低主要原因是：制作、传播和维护的成本都比较低。

在制作短视频时，创作者需要具备几个重要的条件才能持续打造出质量上乘，能够吸引受众目光的作品：①创意性、趣味性良好的内容创造；②能分工协作，具备高效的执行力；③齐心协力的团队。

低成本的短视频能够迅速地传播并且不耗费太大的成本，关键在于打造的短视频的内容，能真正击中用户的痛点和需求点。

（3）购物方式快捷方便

短视频是一种时长较短的图文影音结合体，因此短视频营销能够带给消费者图文、音频所不能提供的感官上的冲击，这是一种更为立体、直观的感受。因此，短视频只要符合一些标准，就可以更容易赢得目标受众的青睐，使其产生购买产品的欲望。

那么利用短视频进行营销时，它需要符合哪些标准呢？短视频需要符合的标准主要有以下三点：内容丰富、价值性强、具有观赏性。短视频营销的效果还是比较显著的，与传统电商相比因为其画面感更强，更容易打动消费者；与传统电视广告相比因为短视频可与电商、直播等平台结合，可以实现更加直接的转化。

（4）锁定目标受众，精准营销

与其他新媒体营销相似，短视频营销也具有指向性强的优势，它可以帮助企业准确找到目标受众，从而达到精准营销的目的。那么，短视频是如何在茫茫人海中找到产品对应的受众群体的呢？一方面，短视频平台通常都会设置搜索框并对搜索引擎进行优化，目标受众一般都会在网站上用关键词进行搜索，漫无目的闲逛的可能性不大，这一行为使得短视频营销更加精准。另一方面，短视频平台会发起活动和比赛，聚集目标受众。

（5）迅速传播，激发兴趣

短视频还拥有传播速度快、难以复制的优势。一条包含精彩内容的视频如果能够引发广大用户的兴趣，并被他们积极转发，就很有可能达到病毒式传播的效果。再加上短视频时间短，适合现在人们的快节奏的生活，因此更能赢得广大受众的青睐。

（6）营销效果可数据化跟进

短视频营销的语言都是由数据构成的，大致可分为：点击次数、浏览量，转载次数、粉丝数量、评论人数以及互动效果。这些语言形式基本上都是公开性的，不管是社交平台的短视频还是垂直内容的短视频，都会展示播放量、评论量等[①]。因此，可对短视频的传播和营销效果进行数据分析。

3. 短视频运营技巧

互联网时代，人们对网络的依赖越来越大，这使得流量对于企业来说越来越有价值。流量在哪里，财富就在哪里。以前的流量入口大多在微博和微信，但是在移动互联网时代的下半场，人们的休闲娱乐时间更多地被短视频占用，短视频也让很多人找到了另一个可

---

① 唐美玉. 短视频营销的概念和优势. http://www.ibodao.com/Video/info/id/67814/claid/63655.html.

以展示自己的机会和平台。我们能看到抖音每天都有那么多，几十万甚至几百万的点赞量。流量的红利期正开始往短视频方向转移。

短视频平台不仅有抖音，还有快手、西瓜、好看、皮皮虾等，微信也不甘示弱，强势推出了微信视频号，他们都拥有巨大的短视频流量，吸引了大量企业商家的关注，短视频已经成为网络营销的一片新的蓝海。

那么如何做好短视频的运营呢？

1）前期的准备工作

（1）了解短视频受众

拍视频之前，制作者要了解短视频的受众是哪些人，以及他们喜欢看什么内容。对于"90后""00后"来说，比起传统概念的新闻，他们更喜欢吐槽、脱口秀点评或者有趣的长图文的形式。在他们的眼中，娱乐是天性的释放，在家或者公司压抑许久后，刷刷短视频，是一种可以令他们快乐的方式，尤其是关于一些段子手的视频更合他们的口味。对于"80后""85后"，阅历相对比较丰富，对很多事情的看法已经成熟许多，所以他们是比较"爱读书"的一类人，与"00后"相比，早已过了闹腾的年纪，只求安稳生活。对于长辈来说，从朋友圈就看出，他们最喜欢心灵鸡汤、养生秘诀等类型的内容，喜欢感悟人生和回顾过往。

（2）完善信息，确定定位

很多人注册完账号，就开始去想要发什么样的视频内容。其实，视频号管理者大可不必着急，这个时候应该完善好主页信息，包括主页头图的设计，还有头像和简介文案。想要完善这些主页内容，包括之后更好的延伸视频内容，就需要管理者对这个账号有一个清晰的定位，在自己的领域进行视频创作。创作领域千万不要一天更换一个，这样运营短视频难以积累粉丝，后期自然就会放弃。所以进行短视频运营的时候一定要重视领域定位的重要性，不随便发布领域之外的内容。

例如，抖音大号"喜马拉雅"。喜马拉雅作为一个听书平台，在打造抖音的时候，大胆舍弃了画面冲击，把自己准确得定位到"以听动人"的位置上（图 8-22）。因此，喜马拉雅的短视频可以说不算是视频，而是把自己平台上的声频配上静态图，转移到抖音；同时邀请很多名人念白，最终他们的粉丝也有部分沉淀为喜马拉雅的忠实粉。此外，喜马

图 8-22　喜马拉雅抖音号的主页信息

拉雅时不时也会追追热点，比如结合综艺当红炸子鸡"声临其境"，点赞轻松破万①。

（3）选择合适的短视频平台

合适的短视频平台对于自媒体运营者来说至关重要，入驻平台的流量、用户人群将影响日后的运营绩效。因为即便是视频内容再好，如果选择的平台不合适，无论运营者怎么努力，流量都可能上不去，也就达不到预期的效果。短视频没有用户观看，就是白白地浪费时间与精力。所以进行短视频运营的时候一定要选择好平台，短视频运营平台有很多，比如：快手、抖音、头条、大鱼、优酷、腾讯、搜狐、美拍等，运营者一定要定位好自己的目标人群，选择合适的平台进行运营。

（4）养号是不可省略的步骤

在账号的定位想清楚之后，运营者千万不要急着发视频，可先用一个星期左右的时间把这个账号养起来。该账号可关注一些同类型的大号，收集一些热门话题、背景音乐，或者是一些比较好的文案。每天至少要用这个短视频账号看一个小时的视频，碰见比较好的作品可以关注点赞和评论，让这个账号一直保持活跃的状态。

2）短视频运营技巧

（1）选题的原则

选题的好坏，很大程度上决定了视频的传播效果。选题应该围绕目标受众的需求来定，因为只有满足了目标用户的需求，才能被用户认同。

选题方法可以从以下三个方面考虑。

①价值高

选择价值含量高的痛点热点话题，如热点新闻、热点人物、科学知识、生活常识等。话题痛不痛，有多痛，决定了视频的打开率，但是话题的痛点程度，不能只凭运营者的主观判断，而是应该站在用户角度考虑。运营者要多问自己：这个话题是平台用户所关心的吗？与我想影响的受众有什么利益或情感关联点？

例如，现在有两个视频标题。

"男女朋友吵架，为什么女的气得半死，男的却已经呼呼大睡？"

"大脑有90%未开发？"

现在做个测试，仅从标题来看，你对哪个标题更感兴趣？

想必大多数人都更喜欢前者。因为"男女朋友吵架"是每个人都将经历、正在经历，或经历过的事情，话题的痛点程度高，更容易引发用户的情绪共鸣。再来看"头脑开发"的选题，是不是离用户生活较远，不够接地气。

这么一比较，你就应该明白了：做选题，应多做"痛点高"的选题，少做"不痛不痒"的选题。

②受众广

受众基数的大小将直接影响短视频账号的后续发展，也就是说，选题受众基数越大，就有越大的可能性戳中用户的需求点。

比如前面举的例子，"大脑开发"这个话题的受众一般是对科学好奇的人群，而 "男

① 从几个抖音大号案例分析了解抖音营销，https://www.shiwan123.com/news/detail/5093.html

女情感"话题的受众几乎覆盖了所有的用户,更容易吸引住用户的视线,让用户为短视频驻足停留,能够做成爆款视频的概率也就越大。

但是不能只做标题党,在这里建议视频号在蹭热点的时候可以往两个方向走,一个方向就是死蹭,热点是什么,视频就说什么,成为发布热点事件的一个新渠道;另一个方向就是巧蹭,根据热点新闻,将短视频作品和热点巧妙地结合。

③有创意

在选题上,切不可用老掉牙或用烂了的内容,一定要巧妙地选取角度,用创意展示短视频作品,为用户带来新鲜的体验感。可以结合短视频制作者的经历、认识,创作富有创意的原创内容或对既有内容进行别出心裁的创造[①]。

(2)选题的渠道

选题的原则就好比你手上的尺子,如果需要的物品到不了手上,没有可以去丈量的物品,你也只是空有尺子。选题的渠道就是要告诉视频号运营者哪里可以找到需要的物品。

①热点日历选题法

热点日历选题法,就是利用一年中所有的热点节日,到这些节日时,视频号就可以发与节日相关的内容,这样一定受人喜欢,以几个节日为例。

10 月 1 日国庆节,这七天长假里视频号可以分享假期趣事,或被迫加班的痛苦等。

除夕,"晒年夜饭"就成了很关键的环节,家家户户都在晒年夜饭。你家的年夜饭足够有特色吗? 没关系,有没有特色都可以拿出来晒晒。

大年初一,与春节有关的拜年、走亲戚串门的趣事都可以分享,比如今年有没有被催婚,七大姑八大姨又是怎么评价你的职业。

这些热点日历完全可以用视频的形式去展现出来,就像公众号追节日热点,短视频也一样可以追,只是展现形式不同而已。

②高赞视频选题法

高赞视频选题法,即把很多经典的长视频进行截取,选择其中最精彩的片段作为短视频,效果也非常好。

比如在《乡村爱情》中,谢广坤问孙子谢飞机为什么推人家小女孩,谢飞机回答:"她扒拉我。"本来很简单的一个桥段,在短视频平台突然火了起来,不仅这段视频被无数次发出来,还有更多的人进行模仿。在抖音上"他扒拉我"这个小版块里视频的播放量达到了 3000 万次。

③高赞图文选题法

高赞图文法选题法,是把一些精美的人文照片、风景图片、句子图片作为内容剪辑到短视频里,配上契合的文案和好听的音乐。图片一般采用动图,在短视频里看起来更有动感。图片可以在微信、微博、小红书等各个平台找。还是那个方法,找关键词、找明星、找当下火热的综艺节目和影视剧、找书单,找完之后简单地拼剪到一起,制作者要做的就是把标题和文字弄得最显眼,图文风格根据主题来定,例如,励志书单就做得励志一些,写个大大的"奋斗";养生的就把字体放大,加些岁月静好的鲜花图片,专门给 50 岁以上

---

① http://chinae.com.cn/innews/20200805/20200805418.html.

的用户点赞和收藏。

④高赞评论选题法

高赞评论选题法，就是把一些音乐、电影、书籍的高赞评论收集起来，利用短视频传播。例如抖音号"网易云热评墙"，视频内容都是把网易云音乐里某首歌曲下点赞量最高的评论搬运到抖音上面（图8-23），目前收获171万粉丝，获赞1346.3万次①。

图 8-23　网易云热评墙

⑤爆款模仿法

视频号运营者可以关注各大热播榜单（可以通过今日热榜一网打尽），比如抖音热榜、微博热搜、头条指数、知乎热搜等，以及第三方平台的各类热搜榜单，掌握热点话题，熟悉热门内容，选择合适的角度进行选题创作和内容生产。热度越高的内容，用来选题越容易引起用户的观看兴趣。

（3）内容的要求

①保证内容垂直度

内容垂直度其实是指视频号发布的内容与选择的领域是属于一个方向的，而且持续输出的内容也是一个方向。比如视频号选择的是美妆领域，做的内容却是美食，这样就是不垂直的内容。内容垂直有两个方面的优势，一方面是持续生产更有吸引力的内容；另一方面是增加自己的账号权重，不易脱粉。

内容垂直度不仅体现在内容方面，还体现在输出方式上。许多账号运营者运营短视频一段时间之后会觉得比较费事，于是会挑选图文样式运营，这样做就是没有考虑到内容垂直度的问题。

②保证内容质量和更新频率

短视频运营一定要保证内容质量，除了使用前面介绍的选题方法确保内容主题能够产

① http://www.360doc.cn/mip/930319818.html.

生多人的共鸣外，还要为内容设计好的文案。好的文案可能一举奠定视频曝光的基础，比如微信视频号"走吧网"中的短视频"朝圣路上"，讲述了一行四人十二个月在路上的不辞艰辛和执着。文案"只要出发，就能到达……"（图 8-24），表达了对视信仰如生命这种精神和信念的肯定，也祝福了所有坚守信仰的人，瞬间直击人们的灵魂深处，引起了无数人内心强烈的共鸣，获转发 7.4 万次，获评 1.6 万条。此外，创作者还要有较高的拍摄技巧，最好能聘请专业的摄影师进行拍摄，以确保视频的质量。短视频运营最忌讳的是恶劣搬运视频，没有解说、没有字幕、没有开头结尾，这种视频是难以获得推荐的。所以，在制作短视频的过程中，创作者一定要注意这些细节，结合自身领域、人群，保证输出的内容的可竞争性。除了内容质量之外，还要保证内容的更新频率，断更或者停更除了会影响短视频账号权重之外，也会伴随着掉粉的情况。

图 8-24　短视频"朝圣路上"

（4）圈粉的技巧

①利用从众效应

心理学上有个典型的现象叫做从众效应。意思就是，当一些人看到别人做什么，也会不由自主地跟着做起来。比较典型的一个例子是，大街上，当一个人长时间抬头看天时，在好奇心的驱使下就会有第二个、第三个人抬头看天，跟着就会有更多的人不约而同地抬头看天，虽然他们自己也不知道在看什么。

视频号想要引发从众效应，就要先造势，造的势越大引发的从众效应也就会越大。视频号可以先提高人们对某件事的关注度，当关注度足够高之后，再做这件事就能引发人们的从众效应。本质上来说，还是利用人们的好奇心。这个过程中，大家对事件的期望不断提高，好奇心会驱使他们想要一探究竟。

②互动裂变

如果短视频账号获得了一定数量的粉丝后，长时间不再有新粉增长，说明运营者没有充分利用自己的资源。当短视频账号发布了一定量的短视频且建立了一定的粉丝基础后，运营者一定要关注视频下方的评论，积极与粉丝进行互动，做好维护的工作。例如，视频号可以做一些转发评论的抽奖活动，增加用户体验度。这样可以更好地了解用户的需求，短视频创作者才能够根据用户需求进行创作，才会给视频号带来更多的流量。

跟视频号的忠实粉丝打好关系，建立信任感，这些忠实粉丝会自动自发地免费帮你宣传，向身边的朋友、同事等推荐你的账号。新粉的不断涌入，你的内容持续稳定的输出，并且能让这些新粉也真实地喜欢上你的短视频内容，那么，他们也会变成忠粉。忠实粉丝的基数也因此扩大，循环往复，你的账号粉丝数也会越来越多[①]。

案例 8-5

抖音短视频吸粉引流的四个小技巧

技巧一：提升抖音四个指标

抖音评价视频账号在冷启动环节中的表现，主要看点赞量、评论量、转发量、完播率四个指标。因此，视频账号想获得推荐就必须在视频发出之后，发动所有资源去提升这四个指标。

（1）在视频描述里，引导用户完成点赞、评论、转发或看完视频的动作。

很多短视频会在视频描述和视频开头、结尾写到"一定要看到最后""心疼小姐姐的快点赞吧"，就是为了提升完播率和点赞数。

（2）在视频描述里，设置一些互动问题，引导用户留言评论，提升评论量。

（3）通过回复用户评论，提炼视频核心观点，引导更多用户参与到话题讨论中来，进一步提升评论量。

（4）提前准备神评论，视频发出后，让好友写在评论区，引导用户围绕这个话题展开更多互动，以提升这四个指标。

技巧二：积极参与挑战

短视频上热门的方式有很多，但最简单、效果又最好的方式，就是利用抖音的"热门挑战"功能。在抖音上，每天都会有不同的挑战，运营者可以通过综合的对比来判断话题火爆的潜力，然后选出自己认为最可能会火的话题进行模仿，这样可以提高上热门推荐的概率。

技巧三：持续维护

抖音的推荐算法有时候会"挖坟"，从而带火一些优质的老视频。所以，对于比较优质的视频，运营者要持续做点赞、评论、转发，不断运营，也许过段时间这个视频就会被推荐了。

技巧四：巧用抖音官方 DOU＋功能

DOU+是一款内容加热工具，是抖音官方的广告投放平台，可以帮视频账号把视频推荐给更多潜在用户。运营者可以把自己认为比较优质的视频花点成本通过 DOU+增加曝光率。

（5）视频发布时间

发布短视频也需要选择最佳的时间，这样才能保证最大限度地被让网民看到。这个时

---

① 短视频运营技艺，https://www.sohu.com/a/403705137_120244135.

间基本上是对应着网民的正常作息时间，需要注意的是短视频从提交到发布有一个平台审核的时间差，以下是几个重要的时间段。

①早上 7:00—9:00

此时用户大多都在上班的路上，即使是不上班的用户，也会醒来，他们会有零碎的时间去刷视频。此时发布的视频如果内容足够好，用户就会有更多的时间去观看评论。

一般而言，在这段时间里，社会新闻、热点新闻、正能量类等内容和可以给用户带来新鲜知识的视频最受欢迎。

②中午 12:00—14:00

这段时间用户人多数在午餐和午休放松，他们更愿意花时间来刷视频和评论。因此，如果在此期间发布视频，分配的流量将得到更精确的使用。

③下午 18:00—20:00

这段时间不用多说，又是一波刷视频小高峰。下班高峰，有人在路上，有人在等人吃饭，一般而言，在这段时间，搞笑娱乐类、八卦类等能让人放松的内容会更能吸引用户观看评论。

④晚上 21:00—24:00

此时段大部分人都在休息，准备睡觉，是当日刷视频高峰期。假如视频账号经营者的作品内容足够出色，试着投个 DOU＋，购买一些流量，那更容易出爆款视频。

诚然，短视频是否会成为热门有很多因素，发布时间的选择只是其中的一个小技巧。

问题与思考

一、即测即练

自学自测　　扫描此码

二、简答题

1. 在微博中，你还见过哪些营销形式（在微博中植入广告的方式）？

2. 在微博中植入广告需要注意哪些方面？

3. 怎样从微信营销的优势认识微信营销的价值？

4. 从具体实例出发谈谈你了解的微信群营销，可以从微信群的定位、微信群的管理、微信群内容发送的特点等来展开说明。

5. 比较分析短视频营销与微博营销、微信营销的优势。

6. 结合实际案例，谈谈短视频内容制作的技巧。

参 考 文 献

[1] 陶应虎. 广告理论与策划[M]. 2 版. 北京：清华大学出版社，2014.

[2] 涂伟，白雪. 网络广告学[M]. 武汉：武汉大学出版社，2010.

[3] 乔炎林. 浅析广告的情感诉求[J]. 新闻前哨，2004(9)：74-75.

[4] 龙腾文化. 广告的功能与作用[EB/OL]. [2014-05-17]http://www.ltwh.com.cn/ article-819.html.

[5] 高力，王晓清，黎明. 网络广告学[M]. 成都：电子科技大学出版社，2005.

[6] 陈培爱. 中华传统文化与广告伦理探析[J]. 山西大学学报（哲学社会科学版），2007，30(3)：125-131.

[7] 廖小平，李雨纯. 现代广告的真实性及其伦理问题[J]. 长沙理工大学学报(社会科学版)，2013，28(4)：129-133.

[8] 高云. 伦理与道德关系刍议[J]. 南京财经大学学报，2014(1)：92-95.

[9] 徐皞亮. 网络传播的特点 [EB/OL]. (2009-12-08)[2015-01-09]http://wenku.baidu.com/view/d60b5b23ccbff121dd3683b0.html

[10] 唐志东. 网络广告学[M]. 北京：首都经济贸易大学出版社，2010.

[11] 林升梁. 网络广告原理与实务[M]. 厦门：厦门大学出版社，2007.

[12] 李莹. 网络广告的特点[EB/OL]. (2011-10-16)[2015-01-22]http://abc.wm23.com/ lonley/113661.html.

[13] 冯英健. 网络营销基础与实践[M]. 北京：清华大学出版社，2016.

[14] 张家超，俞海莹. Internet网络广告的分类学研究[J]. 连云港职业技术学院学报，2003(02):41-43.

[15] 郭心语，刘鹏等. 网络广告定向技术综述[J]. 华东师范大学学报(自然科学版)，2013(3):93-105.

[16] 陈建萍，王金环. 网络舆情传播中网民个体行为分析[J]. 新疆职业大学学报，2013，21(4):42-46.

[17] 屠忠俊. 网络传播概论[M]. 武汉：武汉大学出版社，2007.

[18] 夏艳. 网民群体行为的心理探源[J]. 新闻世界，2011(12)：236-237.

[19] 史树梅. 网络事件中的网民心理特点与行为影响研究[D]. 济南：山东师范大学，2011.

[20] 王磊. 网络传播的受众心理特征及其引导 [EB/OL]. (2005-06-24)[2015-04-08]http://media.people.com.cn/GB/22114/44110/44111/3494714.html.

[21] 赛来西·阿不都拉，季靖. 广告心理学[M]. 杭州：浙江大学出版社，2007.

[22] 马谋超. 广告心理学[M]. 北京：中国市场出版社，2008.

[23] 周象贤，孙鹏志. 网络广告的心理传播效果及其理论探讨[J]. 心理科学进展，2010，18(5)：790-799.

[24] 江波. 网络广告心理效果模式初探[J]. 心理学动态，2001，9(3)：270-278.

[25] 莫梅锋. 互动广告发展研究[M]. 北京：新华出版社，2012.

[26] 周楚莉. 数字传播时代 RTB（实时竞价）广告模式研究[J]. 中国记者，2013(11)：120-121.

[27] 陈刚. 网络广告[M]. 北京：高等教育出版社，2010.

[28] 路盛章. 网络广告实务[M]. 北京：中央广播电视大学出版社，2008.

[29] 冯章. 广告创意与策划—方法·技巧·案例[M]. 北京：经济管理出版社，2009.

[30] 冯晖. 网络广告实务[M]. 北京：中国水利水电出版社，2009.

[31] 刘友林，汪青云. 广告策划与创意[M]. 北京：中国广播电视出版社，2003.

[32] 郭宏霞，闫芳. 网络广告策划[M]. 北京：电子工业出版社，2012.

[33] 杨坚争，李大鹏，周杨. 网络广告学[M]. 北京：电子工业出版社，2008.

[34] 李霞，王蕾. 广告策划案例教程[M]. 北京：高等教育出版社，2008.

[35] 阮可，郭怡. 现代广告学概论[M]. 北京：中国传媒大学出版社，2011.

[36] 胡建. 浅谈网络广告媒介策略[J]. 全国商情，2005(3)：41-45.

[37] 浅析 Ad Exchange 广告交易模式[EB/OL]. (2012-08-28)[2015-06-01]http://auto.163.com/12/0828/10/8A04NI5300084TV5.html.

[38] 为什么会出现 Ad Exchange？[EB/OL]. (2008-12-13)[2015-06-01]http://www.zhihu.com/question/20320181.

[39] 浅析 Ad Exchange——RTB 模式[EB/OL]. (2014-01-19)[2015-06-01]http://www.skywod.com/141

[40] 邓文峰，周朝明. 浅析网络广告效果评价方法[J]. 上海管理科学，2005(3)：270-278.

[41] 赵民，李东. 公益广告的现状及其发展的几点建议[J]. 新闻大学，1997(2)：87-88.

[42] 杜一凡，胡一波. 新媒体营销[M]. 北京：人民邮电出版社，2017.

教师服务

　　感谢您选用清华大学出版社的教材！为了更好地服务教学，我们为授课教师提供本书的教学辅助资源，以及本学科重点教材信息。请您扫码获取。

≫ 教辅获取

本书教辅资源，授课教师扫码获取

≫ 样书赠送

市场营销类重点教材，教师扫码获取样书

清华大学出版社

E-mail: tupfuwu@163.com
电话：010-83470332 / 83470142
地址：北京市海淀区双清路学研大厦 B 座 509

网址：https://www.tup.com.cn/
传真：8610-83470107
邮编：100084